GW00385515

Legarda Martínez, Astrid María
El verdadero Pablo: sangre, traición y muerte / Astrid María Legarda Martínez — Bogotá: Ediciones Dipon, Ediciones Gato Azul, 2005.
320 p.; 24 cm.
ISBN 958-97-6047-3
1. Escobar Gaviria, Pablo, 1949-1993 2. Cartel de Medellín 3. Narcotráfico - Colombia - Relatos personales 4. Velásquez Vásquez, Jhon Jairo - Entrevistas I. Tít.
354.157 cd 19 ed.
AJE5337

CEP-Banco de la República-Biblioteca Luis-Angel Arango

# EL VERDADERO PABLO

## Sangre, traición y muerte...

**Astrid Legarda**

# EL VERDADERO PABLO

## Sangre, traición y muerte...

**Ediciones Dipon**
**Ediciones Gato Azul**

Segunda Edición: agosto de 2005
Tercera Edición: octubre de 2005


E-mail: dipon@andinet.com
Bogotá D.C., Colombia


E-mail: edicionesgatoazul@yahoo.com.ar
Buenos Aires, Argentina

ISBN: 958-976047-3

Preparación editorial:
Ediciones Dipon

Diseño de portada:
Germán Bello

Fotografía de carátula
Cortesía periódico El Espectador

Diagramación:
Arte & Color Publicidad

El texto y las afirmaciones del libro, son responsabilidad exclusiva del Sr. Jhon Jairo Velásquez Vásquez . La autora del libro actuó como recopiladora del presente trabajo periodístico. Ni los editores, ni el impresor, ni los distribuidores, ni los libreros, tienen alguna responsabilidad por lo escrito en éste libro.

Impreso por Printer Colombiana S.A.
Impreso en Colombia – Printed in Colombia

*A nuestras familias que con paciencia y amor*
*han soportado los errores que hemos cometido*
*y siempre han estado ahí...*

*A mis amigos... que con su valentía y sacrificio*
*nunca se sometieron y hoy merecen otra*
*oportunidad...*
*por la paz de Colombia*

*Al pariente y su primo Félix «El Gato con Botas»,*
*por estar cerca de nosotros y brindarnos su amistad*
*sin esperar nada a cambio.*

*Agradezco a la Editorial por creer en mí y tener el*
*valor, cuando todo el mundo prefirió seguir*
*callando lo que el país necesita saber...*

*Gracias a todos los que de una u otra forma*
*contribuyeron a que el sufrido pueblo colombiano,*
*conozca la verdad de esa parte de la historia de*
*guerra que jamás debe volver a ocurrir...*

# CONTENIDO


| | | |
|---|---|---|
| Capítulo I | El comienzo | 17 |
| Capítulo II | La forja de un capo | 27 |
| Capítulo III | El becerro de oro | 33 |
| Capítulo IV | Incursionando en política | 39 |
| Capítulo V | Camino sin retorno | 45 |
| Capítulo VI | La doble moral sandinista | 53 |
| Capítulo VII | El altar de los holocaustos | 65 |
| Capítulo VIII | Mensajes de fuego | 71 |
| Capítulo IX | La justicia en la mira... | 75 |
| Capítulo X | El presidente se tira la fiesta | 79 |
| Capítulo XI | El martirio de un periodista | 85 |
| Capítulo XII | Caramelos para la DEA | 89 |
| Capítulo XIII | La guerra sucia | 97 |
| Capítulo XIV | ETA: Origen del terrorismo | 103 |
| Capítulo XV | Secuestros VIP | 113 |
| Capítulo XVI | Pactando con el diablo | 147 |
| Capítulo XVII | Muerte por error | 153 |
| Capítulo XVIII | «¡Mátalo Pablo..!» | 161 |
| Capítulo XIX | «El vuelo de la muerte» | 177 |
| Capítulo XX | Se busca... | 181 |
| Capítulo XXI | Explota el DAS | 187 |
| Capítulo XXII | Muerte de un mito | 189 |

| | | |
|---|---|---|
| Capítulo XXIII | Promesas incumplidas | 193 |
| Capítulo XXIV | Burlando el cerco | 201 |
| Capítulo XXV | Conexión México - Cuba | 219 |
| Capítulo XXVI | Enroque y jaque mate | 225 |
| Capítulo XXVII | Buscando una cárcel | 229 |
| Capítulo XXVIII | Más sangre inocente | 233 |
| Capítulo XXIX | Constituyentes en venta | 239 |
| Capítulo XXX | Saldando cuentas | 245 |
| Capítulo XXXI | Las mujeres de Pablo | 247 |
| Capítulo XXXII | Cárcel a la medida | 255 |
| Capítulo XXXIII | El éxodo | 281 |
| Capítulo XXXIV | Una tumba en Colombia | 297 |
| Capítulo XXXV | Arma de doble filo | 311 |
| Epílogo | | 317 |

## *«Hola linda, yo soy Popeye»*

En 1998, conocí a *Jhon Jairo Velásquez Vásquez,* alias *«Popeye»*, lugarteniente del *Jefe* del *Cartel de Medellín,* **Pablo Escobar Gaviria**. Este primer encuentro se dio en el patio de alta seguridad de la cárcel *Modelo* en Bogotá.

Yo visitaba el centro de reclusión con frecuencia, como periodista del canal R.C.N TELEVISIÓN. Permanentemente estaba realizando entrevistas o dialogando con los reclusos, para registrar noticias de lo que pasaba dentro de la cárcel.

En esa época, los enfrentamientos entre guerrilleros y autodefensas, eran pan de cada día. Diariamente se escuchaban las balaceras dentro de la prisión, los diferentes bandos peleaban por su control.

Siempre quise conocer a alguno de los miembros del *Cartel de Medellín*, tenía curiosidad de saber quiénes eran, cómo lucían y qué pensaban estos hombres que pertenecieron al más poderoso *Cartel* de drogas que haya existido en Colombia. En este patio pude hablar con dos de ellos. El más representativo, *Jhon Jairo Velásquez Vásquez,* alias *«Popeye»...*

*«Hola linda yo soy Popeye»...,* el hombre que tenía frente a mí me miraba fijamente; su palidez reflejaba los 6 años que llevaba en prisión y parecía que nunca tomaba su hora de sol.

*«Popeye»*, me sonreía con curiosidad, mientras sus fríos ojos me examinaban de arriba a bajo. Nos presentó otro recluso, Ángel Gaitán Mahecha, sindicado de paramilitarismo y homicidio.

Mi primera impresión fue de sorpresa y curiosidad; yo también lo examiné de arriba a abajo. No sobrepasaba el 1.70 metros de estatura, su cuerpo delgado y su sonrisa a flor de piel, no causaban temor alguno. Yo pensaba que así, desde mi perspectiva, este hombre no asustaba a nadie, pero tampoco podía desconocer la cantidad de homicidios en los que participó.

Quería saber cómo era su mente, cómo se planearon y quiénes participaron en los más tenebrosos homicidios que el *Cartel* realizó en la época de la guerra contra el Estado.

Yo había imaginado al lugarteniente de Pablo Escobar Gaviria como a los asesinos de las películas de terror: frío, de pocas palabras y actitud de malvado todo el tiempo. Pero no, este malo estaba dotado de una genialidad increíble, no sólo para el crimen también para hacer reír a todo el mundo. Sus compañeros de reclusión ya estaban acostumbrados a sus bromas, para todo tenía una respuesta...

*Popeye* me tomó del brazo y me dijo: «tranquila linda, que yo no muerdo» y me invitó a tomarme un tinto en medio de la mirada curiosa de sus compañeros...

Nos sentamos en una mesa grandísima que servía de comedor a los internos. No había comenzado a tomarse su tinto, cuando yo ya lo estaba bombardeado con toda clase de preguntas. Mi curiosidad periodística no se saciaba con nada; el hombre me respondía todo sin ocultar detalle, reía a carcajadas con tanta *preguntadera*.

Como periodista no podía perder semejante oportunidad de saber cómo pensaban y actuaban Pablo Escobar y sus secuaces.

Al finalizar el día, hacia las cinco de la tarde, el guardia anunció que terminaba la visita y era hora de salir de la cárcel. Para ese momento yo ya le había propuesto a *Popeye* que escribiéramos un libro; él rió y me confesó que yo le inspiraba confianza y que si algún día se decidía a hacerlo, sería conmigo.

A mi salida de la cárcel y después de conversar con el lugarteniente de Pablo Escobar, estaba sorprendida de la capacidad de maldad que pudo acumular un grupo de hombres que se creía con la verdad absoluta, y peor aún, de la corrupción de personas pertenecientes a varias instituciones del Estado que fueron capaces de sucumbir a los encantos del dinero de Escobar Gaviria.

Pero lo increíble de las historias escuchadas ese día, era que habían pasado en Colombia y sabía que muchísima gente, al igual que yo las desconocía. Por eso decidí que, a pesar de su primera negativa por escribir el libro, seguiría, durante el tiempo que fuese necesario, insistiéndole a *Popeye,* para que se animara a relatarme sus vivencias y así poder confrontar su destino.

Lo cierto es que, destino o no, *Popeye* decidió autorizarme para realizar su libro. Él dijo que lo haría cuando llegara el momento y ese momento se dio hace diez y seis meses, cuando me llamó y me dijo con su forma particular de molestar: *«Hola linda me fugué».*

La voz al otro lado de la línea era inconfundible. *«Popeye»* estaba llamando desde la cárcel de máxima seguridad de *Cómbita*, en *Boyacá*. Ya me había acostumbrado a su sentido del humor; mantuvimos contacto telefónico durante todo el tiempo.

«Linda, póngale ganas, vamos a escribir el libro».

Yo pensé que seguía bromeando, pero ahí estaba él, entusiasmándome con la idea. Acordamos la cita para el siguiente domingo, día en que yo entraría a la cárcel de Cómbita, en calidad de visita familiar, para coordinar cómo comenzaríamos a trabajar.

El reloj marcó las tres de la mañana; lo miraba insistentemente esperando que me recogieran. El frío, el sueño y la ansiedad me impacientaban. A las 3:15 el carro llegó; partimos hacia la cárcel de *Cómbita*, situada a tres horas de Bogotá. En el patio 2 de la cárcel me esperaba *«Popeye».*

Después de los innumerables trámites e incomodidades a los que hube de someterme debido a la burocracia carcelaria, pude por fin escuchar el «hola linda» del saludo de *«Popeye».*

El rostro del hombre que tenía enfrente ya reflejaba las huellas de la cárcel. Hacía 3 años que no lo veía. Su cabeza estaba completetamente blanca. A pesar del corte militar y del paso del tiempo su cuerpo se veía atlético, en esa ocasión.

Durante un rato hablamos de diversos temas, pero, ante la premura del tiempo, empezamos a fijar los lineamientos de cómo hacer este libro. Él escribiría sobre todo lo que se acordara, desde su infancia hasta su estadía en la cárcel; no importaba el orden, pero se trataría de manejar todo, cronológicamente. Se denunciarían algunos personajes relevantes dentro del entorno mundial, pero lo más importante era la historia de *Popeye* al lado de Pablo Escobar Gaviria; su vida, sus gustos, las anécdotas que permitieran al lector conocer la vida real y verdadera personalidad del hombre que le causó tanto daño al país.

Sacar de la cárcel las libretas con los apuntes fue realmente una verdadera odisea. Basándonos en esas sus memorias y apoyándonos con las visitas que le hacía cada quince días, finalmente terminamos el libro, en el que también pude consultar a otras personas que permitieron corroborar algunas historias.

Este libro tiene algunos errores de ortografía, redacción y tiempos, así se ha querido mantener para conservar el valor histórico de la crónica escrita y contada desde la cárcel por Jhon Jairo Velásquez Vásquez, alias *Popeye*, uno de los bandidos más famosos que sobrevivo a la guerra del *Cartel de Medellín* quien hoy acepta que no valió la pena la muerte de tantas personas inocentes y menos, el sacrificio de su propia juventud detrás de un ideal que finalmente resultó utópico. Por eso él siempre afirma que, a pesar del esfuerzo de algunos guardianes por destruirle su libro, quiere que se conozca la verdad.

*Astrid Legarda*

...Yo soy *Jhon Jairo Velásquez Vásquez*...

...Yo soy *Jhon Jairo Velásquez Vásquez*, alias «*Popeye*», por muchos años hombre de confianza de *Pablo Emilio Escobar Gaviria, «el Patrón»*...

...Yo soy uno de los únicos tres supervivientes de la cúpula del *Cartel de Medellín*.

Esta es la historia de mi vida y de mi actuación dentro del *Cartel*, de mi amistad con *Pablo Escobar Gaviria*, y de los crímenes presenciados y cometidos bajo sus órdenes.

Esta gélida celda ha sido mi hogar en los últimos 12 años. Aquí he agotado los días finales de mi juventud, he encanecido y hoy todos me llaman *«el viejo Pope»*.

Nunca estuve solo en estos años de prisión. El fantasma de *Pablo Emilio Escobar Gaviria* ha permanecido a mi lado, en los interminables días y las largas noches; su presencia, todavía vigente, sigue hoy marcando los tiempos de mi vida. Vivo o muerto, su avasalladora personalidad continúa señalando mi camino, tal como lo hiciera desde el primer día en que le vi...

*«El Patrón»* me brindó su amistad, me hizo parte de su más cercano grupo, adentrándome en su intimidad, lo cual me ha permitido descifrar en algo su compleja personalidad. Por eso, estoy seguro que mi crónica contribuirá a forjar la imagen de *El verdadero Pablo*... el hombre cuya sangre fría mantiene aún su indeleble huella en el país que sometió y transformó a su antojo. Los errores que cometimos, ahora pesan más que nunca sobre mis hombros.

Hoy es 8 de enero de 2004. En esta lóbrega y fría celda del penal de *Cómbita, Boyacá*, escribo las líneas finales de éste, mi testimonio...

## *Capítulo I*

# *El comienzo*

Me mira a los ojos en forma penetrante. Es como si estuviera leyendo todo mi pasado. Su pupila, en milésimas de segundo, recorre cada rasgo de mi rostro. Mirándome a la cara registra mis facciones. Sé que observa el corte de pelo que tengo. Cuando contesto su pregunta, se detiene en el movimiento de mis labios, como si dominara un código secreto con el que detecta si se le dice la verdad o se le miente. Se fija en mis manos. Son segundos eternos. No sé, en ese momento, si lo que siento es miedo o profundo respeto. Lo que sí sé, es que es uno de los mejores días de mi vida. ***Pablo Emilio Escobar Gaviria***, el *Capo de Capos*, el *Señor*, el *Patrón*, el *Jefe*, el hombre más temido, poderoso, y rico de Colombia, se ha fijado en mí...

—*¿Y usted quién es*?, —me pregunta.

—*Me llaman* «Popeye», *Don Pablo, y soy el chofer de la señorita Elsy Sofía,* —le contesto.

Lo de señorita, le debe parecer una ironía, porque se dibuja en sus labios una sutil sonrisa. Tamborea con sus dedos suavemente en el marco de la ventanilla de la camioneta donde estoy sentado. Coloca los pulgares dentro de sus pantalones, como sujetando su barriga contra la hebilla del cinturón de cuero que lleva puesto; se dirige a paso lento al interior de su hermosa casa, ubicada en una colina del prestigioso barrio *El Poblado,* de Medellín. Está sereno y radiante. La mujer que le acabo de llevar es realmente hermosa. Nada menos que la señorita Medellín... Una rubia de la alta sociedad *paisa*, de rasgos finos y elegantes. Su piel es blanca y suave. Las piernas le llegan al cuello. Viste ese día un delicado traje rojo, que hace juego con sus elegantes zapatos, cuyo modelo deja al aire los talones. Lleva un finísimo reloj *Cartier* y, en su cuello, un solitario diamante de muchos quilates. Como muchas otras cosas, se los ha regalado el *Jefe* en anteriores citas amorosas. El perfume que usa es realmente exquisito. Desde el momento que la recojo en su casa, advierto que no tiene puesta ropa interior, excepto un minúsculo corpiño negro de encaje, que sujeta su hermoso y exuberante busto. Esta mujer es una verdadera fantasía para cualquier hombre. No tiene nada que envidiarle a ninguna de las estrellas de moda en Hollywood.

. . .

La primera vez que nazco, —porque en el transcurso de mi vida, me he muerto muchas veces—, lo hago en *Yarumal*, un pueblito de clima frío a 230 kilómetros de la ciudad de Medellín, el 15 de abril de 1962.

Mi padre, pequeño ganadero y negociante de la región; mi madre, ama de casa, mujer santa y de sólidos principios, creyente y totalmente practicante. Aferrada a su fe, reza todos los días el rosario en compañía de sus hijos. No falta la ida a misa, sin excepción, los domingos. Al salir de la iglesia siempre nos da el premio de un helado. Nuestro único privilegio es escoger entre dos sabores: vainilla o fresa. Una de las cosas que más disfruto es ir donde mi abuela paterna, quien siempre me ofrece un delicioso dulce de leche. Pero ese placer tiene su precio. Debo cruzar por el cementerio. En este lugar reposan los restos de dos de mis hermanitos que, según mi madre, nacieron muertos. El camposanto de noche es fantasmagóricamente blanco y más frío que el resto del pueblo. Cruzarlo es mi gran pesadilla.

Sin darme cuenta de nada, ya he alcanzado los cinco años de edad, cuando un día mi padre decide cambiar nuestro lugar de residencia y nos lleva a vivir a *Itagüi,* una población a escasos 30 kilómetros de la ciudad de Medellín. Allí, el mundo se me abre dramáticamente y en forma frenética. La felicidad me llega sin avisar y sin curso de preparación. Niños por doquier, jugando, montando en bicicleta, yendo y viniendo del colegio, haciendo fila para el cine. La actividad es total, locales por todas partes llenos de dulces, cientos de automóviles y motocicletas. Música de cantina, billares, *bailaderos*. Aunque de nuevo la iglesia es el sitio de asistencia obligada para mi mamá todos los domingos, ahora ese aburrimiento es llevadero y soportable, porque presagia la fantástica hora en que termina la tediosa misa, para poder salir a jugar con los demás niños y, por supuesto, cobrar el premio mayor: un verdadero y gran helado, no como los de mi pueblo. Ahora, además de la vainilla y la fresa, están el chocolate, la mora, el ron con pasas, el coco, la guayaba, el tamarindo, la guanábana y muchos sabores ofrecidos en colores hermosos. Allí los helados son verdaderamente fríos. Ahí descubro que el congelado de mi pueblo es mentiroso. La venta de helados queda a seis casas de la mía, en un pequeño local. Es el lugar de mis sueños, mi nuevo santuario.

Llega la época del estudio, donde debo ingresar al colegio. Me siento importante. Incluso mi padre me entrega modestas sumas de dinero y descubro con ello la libertad. Puedo comprarme los helados que quiera. Pero la felicidad no viene sola, con ella me llega el odio. La culpable: una maldita profesora que nos maltrata físicamente y nos intimida con el infierno. Su sola presencia infunde miedo. Es aquí, en el colegio, donde tengo mi primer gran problema. Me toca hacer el aseo del salón de clase, como castigo a una de mis tantas pilatunas; realizando la labor encomendada, el trapeador tropieza accidentalmente en la base de madera sobre la cual reposa la insignia del colegio. Tumbo, sin querer, al *Niño Jesús de Praga*. La estatua de yeso vuela en mil pedazos. Nunca he visto tanto odio en los ojos de una persona. La profesora me pega, casi con sevicia y además me profetiza lo que efectivamente algún día me ocurre. Me dice que el diablo vendrá por mí. A partir de ese día, emocionalmente quedo intimidado. Nuevas pesadillas me acompañan. Sin embargo, mis reflexiones de niño me dicen que esa profecía es imposible que se cumpla, porque en mi casa se reza todos los días el rosario y los domingos sin falta asisto a misa. Yo soy técnicamente amigo de Dios y se supone, en consecuencia, de su equipo. Me sé de memoria muchas oraciones. Eso me tranquiliza un poco. No obstante, la bruja profesora día tras día me tortura tanto con mi viaje al infierno que, cuando voy a la iglesia, siento que los santos ubicados en las alas laterales de la misma, con su mirada fija e inquisitoria y la postura de sus manos, constantemente me condenan. A tal punto llega aquello que, por temor, decido esconderme en las procesiones típicas de Semana Santa, cuando las figuras son sacadas a recorrer el pueblo. No sé por qué razón deduzco que si no soy amigo de Dios, entonces Dios no es mi amigo, ni de nadie. Es imposible que Él esté del lado de la bruja. Termino el año escolar y me marcho del maldito colegio.

Ocurre entonces lo que tiene que ocurrir. Me topo de sopetón con el diablo. Es el día en que veo de frente y a los ojos, a la mismísima muerte. Se arma una pelea tremenda entre dos hombres, con machete, en la esquina de mi casa. El sonido del metal con metal, retumba en forma estereofónica en mi cerebro. Empieza a salpicar la sangre por todos lados. Mi corazón palpita a mil por hora. Es una mezcla de miedo y placer. El miedo al futuro. El placer de la curiosidad morbosa. La pelea llega hasta el único lugar al que jamás debería llegar... a mi santuario, a la venta de helados. Uno de los combatientes tropieza y cae al suelo; allí es brutalmente ajusticiado por su oponente, quien le corta la yugular. La sangre brota a borbollones. Sorprendentemente, no corro; todo a mi alrededor ocurre en cámara lenta. La sangre ejerce su fascinación y quedo hipnotizado. Mis sentidos se agudizan. Su color es hermoso, brillante, limpio. Es la vida. Es Dios. Es el diablo. Espero hasta que la víctima muera y el victimario huya. Me quedo mirando al muerto y no siento miedo. Nunca volveré a sentir miedo. Ahora sé que puedo pasar frente al cementerio de mi infancia sin temor a sus blancuras fantasmagóricas. Camino lentamente hacia mi casa. Yo ya no soy el mismo. Dejo de ser niño. El bautizo ha sido en el santuario de mi heladería. He perdido la inocencia. Nazco a un nuevo mundo inimaginado, insospechado. Desde ese día, inconscientemente, busco la violencia. Me la quiero encontrar de frente. Me vuelvo rebelde, peleador, pendenciero y agresivo. Quiero ser malo, todo un bandido. Porto una pequeña daga. Robo fruslerías en los almacenes y en mi casa. Nada me importa. Al fin y al cabo Dios no me ayuda, por más que rece el rosario y repita las oraciones aprendidas. No me ayuda. Entonces, como lo presagia la bruja de mi profesora, me convierto en el más firme candidato para llegar al infierno.

Transcurre el tiempo y un buen día mi panorama empieza a dibujarse con trazos que dan mensajes equivocados. La persona más importante de *Itagüí* en ese momento, un Coronel del Ejército Nacional, cae en combate contra las *Fuerzas Revolucionarias Armadas de Colombia* (FARC) en las montañas cercanas al lugar. Su cuerpo es llevado al pueblo y velado en la sala de su casa. Yo, aún con mis pantalones cortos, soy uno de los pocos privilegiados que puede ingresar a la residencia. En la sala, cuatro cirios enmarcan un imponente y hermoso féretro color café, cobijado con la bandera tricolor de mi patria y sobre ésta, un sable acompaña el laureado kepis del oficial. Me doy cuenta que ser militar en este país es ser alguien importante. Unas viejas feas lloran desconsoladas. Algunas mujeres oran con respeto reverencial, como si estuvieran en presencia de un santo. Todos narran las innumerables hazañas militares del fallecido coronel. El lugar huele a gloria y a grandeza. El cortejo fúnebre solemnemente recorre las calles hasta el cementerio de la localidad. Lo acompañan dolientes, chismosos, gente importante del pueblo y muchos militares. Con la fosa abierta y despidiendo al coronel, suena la trompeta del ejército entonando una hermosa diana. Pareciera que la trompeta llorara. Nace entonces mi fascinación por la vida militar. Siento la misma atracción espiritual percibida el día en que vi mi primer muerto.

La violencia generada por los enfrentamientos políticos arrecia en mi pueblo, y sin duda me vuelvo beligerante y polémico. A los doce años, tengo mi segundo encuentro violento con el destino. Cuando voy camino al colegio, dos hombres a bordo de una motocicleta marca *Lambretta*, atracan a un policía que transporta el dinero de las ventas de un almacén de cadena llamado *El Ley*. El policía, al oponer resistencia, muere en un cruce de disparos, no sin quedar uno de los asaltantes herido, aunque el dinero finalmente es tomado como botín por los bandidos. Cuando ya formo parte de la organización, como lugarteniente de Pablo Escobar, en una de las innumerables tertulias, me cuenta Pablo que en sus comienzos en el mundo del crimen y acompañado por el *Negro Pabón*, asaltaron a un policía por el producido de un día de ventas del almacén *El Ley,* en mi pueblo de infancia. Ese día Pablo es el herido. Curiosa paradoja de la vida, mostrándome mi destino. Yo, el niño inocente, sin saberlo, contemplaba a mi futuro maestro. Desde entonces Pablo Escobar no guarda buenos recuerdos de la región, ya que también allí es capturado con un cargamento de cocaína que le decomisan. Es la mafia que conmociona la cotidianeidad de *Itagüí* y determina los ideales de aventuras y riesgo de muchos jóvenes, entre los cuales yo me encuentro, pues las peleas a machete y cuchillo son ya historia. Las armas de fuego entran en escena y nos cautivan. Hablamos y soñamos con tener un día nuestros propios *fierros*. Empiezo a oír cuentos callejeros de presencia, en la localidad, de presuntos secuestradores buscados por las autoridades. Un día cualquiera, en una prendería a la vuelta de la manzana en donde vivo, el C.A.E.S. (*Comando Antiextorsión y Secuestro*), un organismo civil de seguridad, ametralla a todos los que se encuentran allí. Son cinco los muertos. Dicen que van tras una banda de secuestradores; un gran charco de sangre es el único testimonio de las víctimas. Presencio mi primera masacre a manos del Estado.

Estudio en el colegio del Rosario, en mi municipio, cuando es plagiado el industrial y benefactor *Diego Echavarría Misas*, el hombre más rico de la región. Ayuda a mi colegio con dotaciones, dona la biblioteca pública de *Itagüí* y sus limosnas en la iglesia tienen fama por lo generosas. Los profesores nos hablan de él con exageración y nos obligan a quererlo hasta la idolatría. Mi colegio se ensombrece de repente. Una vez más, la muerte es la protagonista. Los secuestradores han asesinado al benefactor del pueblo. Todos vamos al entierro, conmovidos. Algunas compañeras lloran desconsoladas. La banda de guerra del colegio toca con duelo, pompa y lástima.

Entre tanto, mi padre avanza, prospera en sus negocios y compra una casa en el centro de *Medellín,* sacándonos de *Itagüí* al nuevo barrio llamado el *Éxito de Colombia*, habitado por personas de clase media alta. Estreno nuevamente otro mundo, integrado esta vez, por personas tranquilas y reservadas. Ingreso a estudiar al colegio *Ferrini,* cerca del barrio. Es una época bonita, libre de influencias violentas. Sigo motivado con mi admiración por la vida militar. Ingreso, sin mayor dificultad, a la *Escuela Naval de Grumetes* en la ciudad de *Barranquilla*. La *Escuela Naval* se ve muy bonita en los folletos de promoción, pero sobre el terreno es otra cosa muy distinta; por ningún

*Jonh Jairo Velásquez Vásquez con uniforme de la Escuela Naval de Grumetes*

lado se ven los barcos y las lindas travesías por el Océano Atlántico. La escuela es un horno lleno de incomodidades y con nada me identifico. Desmotivado, pido ser dado de baja, lo que me valió la burla de mis vecinos y el apodo que me a acompaña desde entonces, cuando Diana, la hija de un comerciante en maderas, al verme comentó: «*Ya está de vuelta Popeye el marino*».

Intento nuevamente luchar por mi ideal de gratas impresiones y concurso para ser admitido en la *Escuela de Oficiales de la Policía Nacional*, donde ingreso como aspirante a cadete en la *Escuela General Santander*. Sueño que recibiré un día los mismos honores del coronel de mi infancia. Sin embargo, la felicidad dura poco. Una vez que visto el uniforme verde, el cual porto con orgullo, entusiasmo e inocentes ilusiones de grandeza, un alférez, llamado *Hernán Darío Gallo,* me empieza a mostrar cómo se corrompe la oficialidad dentro de la institución, recibiendo regalos de los mafiosos y los políticos que defienden el régimen. Si la cosa es por plata, mejor me voy a buscarla en otro lado… es mi conclusión. Quiero ser bueno, pero el destino se empeña en no permitírmelo... Esa doble moral de la institución me desalienta y con la lección bien aprendida, me retiro desencantado. Ahora sé que los policías tienen un precio. Desde luego, saber ésto salva muchas veces mi vida. Con el alférez *Gallo*, ya hecho oficial y con el grado de capitán, el destino nos cruza en un restaurante del barrio *Laureles* de la ciudad de *Medellín*; uno de sus hombres muere, otro sale herido y él, ileso; yo recibo un raspón, en mi muñeca derecha, de una de las balas del capitán. Es el hado caprichoso y jugando con mi vida. Cuando regreso a mi barrio, fracasado en mis intentos de ser un muchacho bueno, me encuentro con el juicio cruel de mis compañeros: «*Vos, Popeye, no servís pa` nada*».

Una persona llamada «*Nandito*», un hombre buena vida que trabajaba para Pablo Escobar en las labores administrativas, me pide que lo acompañe a revisar un toro mecánico a una hacienda del mafioso. Parto, con el ingeniero, al Magdalena Medio Antioqueño. Llegamos a una gran hacienda que tiene una pequeña avioneta decorando su portal. Es la famosa *Hacienda Nápoles* de Pablo Escobar Gaviria y Gustavo de Jesús Gaviria Riveros. Nos dirigimos al área de la piscina, donde está empotrado un toro mecánico. Mientras el ingeniero revisa la máquina, yo me deslumbro con la riqueza y el poder que se respira en aquel lugar. Le paso las herramientas a «*Nandito*» pendiente todo el tiempo, queriendo ver al famoso Pablo Escobar. Unos hombres armados, sentados en las sillas alrededor de la piscina, delatan su presencia en la *Hacienda*. Cuando ya nos vamos, Pablo se asoma al balcón del segundo piso. Ahí está, pensativo, mirando al horizonte. Ensimismado y distraído; como resolviendo un problema. Nosotros salimos de la casa, satisfechos con el espectáculo. Todo el camino en silencio, gratamente impresionado con la imponencia y el poder magnético que inspira este hombre…

En mi barrio, las mujeres hermosas eran cuatro. Enloquecían a todos los muchachos con su porte y su cadencia al caminar. Yo, particularmente moría por una de ellas, la más bella; pero desde mi posición de fracasado, era imposible pensar en tenerla. La frecuentaba *Roberto Striedinger*, uno de los pilotos de Pablo Escobar Gaviria. Conduciendo sus flamantes automóviles, la buscaba en las tardes, cuando ella estaba aún en uniforme de colegio. Sin embargo, el destino la marcó para que más adelante fuese mi esposa y me diera a mi único hijo, Mateo. Con el tiempo descubrí que Ángela María Morales Velásquez es una mujer sin principios. Lo que le sobra de piernas y cuerpo le falta en decencia. Una muñeca al servicio de la mafia. Pero por mi niño Mateo vale la pena haberla tenido de paso. Otra de las muñecas es Claudia Zapata, quien termina su vida en los líos que genera la mafia. Las otras dos muñecas, también marcadas por las leyes de la mafia, son Sandra y Mónica.

Pero la ambición por el dinero y la codicia destruyen todo lo que tocan. Mi vida trascurre monótonamente en el barrio, entre las inocentes locuras de la juventud y mis suspiros de enamorado platónico por Ángela María.

Dejo mi empleo con el ingeniero y estoy un año desempleado. Una tarde sentado en la esquina de mi casa, junto con mis amigos Hugo Franco y Juan Diego Morales, hermano de Ángela María, llega mi dramático destino disfrazado de oportunidad de empleo. Un conocido nos ofrece, a los tres, el trabajo de chofer y guardaespaldas de una bella mujer. Estamos en la calle tomándonos una cerveza y escuchando tangos. Hugo, hijo de un médico, lo rechaza de plano y se ofende. Juan Diego, hijo de un pensionado, hace lo mismo. Yo acepto de inmediato. Tomo mi empleo con responsabilidad y entusiasmo. Mi nueva patrona, Elsy Sofía, es la amante de Pablo. No lo puedo creer. Yo, el niño de Yarumal, que ya no le teme a la muerte, que quiere honores de coronel, ahora conozco los lugares secretos en donde el Capo de la mafia más poderosa del mundo, disfruta de sus citas amorosas. Mi misión es llevarla a las tiendas exclusivas de *El Poblado* y *Oviedo*, a la peluquería, a los gimnasios, a las clínicas de cirugía estética donde se pone bonita para el *Jefe*. La espero, hasta altas horas de la madrugada, cuando concluyen sus lujuriosas y lascivas noches de amor. Ahí, haciéndome poco a poco amigo de los guardaespaldas de Pablo Escobar, obtengo su aprecio y confianza, en medio de las sonrisas que nos producen los gritos y los quejidos de la mujer, durante sus orgasmos. No cabe duda, el *Patrón* es afortunado. La señorita Medellín es un buen polvo.

Viniendo en helicóptero de un viaje de placer, hacia *Medellín*, Escobar, en compañía de Elsy Sofía y Rubén Londoño, la *Yuca*, uno de sus guardaespaldas, se accidentan sobre *Envigado,* en la loma de *El Chocho*. El motor de cola del helicóptero falla y el aparato se precipita a tierra, cayendo sobre un frondoso árbol. Un colchón de barro detiene la caída de los ocupantes de la aeronave. Escobar rápidamente se pone de pie sin un solo rasguño, cubierto de barro hasta las orejas. Elsy se quiebra la mano izquierda, la *Yuca* se lamenta de la quebradura de su pierna derecha y el piloto, ileso, está atrapado en el helicóptero, que aún reposa sobre el gran árbol. Un segundo helicóptero que acompaña siempre a Pablo, ve el accidente y sin pérdida de tiempo se aproxima. Aterriza y recoge a Pablo, Elsy y la *Yuca,* llevándolos al hospital de *Envigado*. Luego de esto, Elsy Sofía iba, con su mano enyesada, a donde Pablo la citara. Pero Pablo Escobar no era hombre de una sola mujer, siempre había una nueva, más bonita, más joven, más lujuriosa, más fina y con más clase. O no necesariamente con más clase, pues muchas de las más bellas mujeres de su colección, provienen también de las comunas, humildes barrios y modestos municipios. Algunas madres le ofrecían sus hijas al *Señor*, preparándolas previamente para complacerlo en la cama.

Yo me voy familiarizando en la organización, con tanto éxito y es tan apreciada mi lealtad, que llega el día en que Pablo Escobar, al terminar su relación sentimental con mi patrona, me dice: «*Ve Popeye ¿vos querés morirte conmigo*?». Yo le contesto con una buena dosis de optimismo: «*Patrón, usted no se va a morir nunca*». De ahí en adelante, no habría un día más importante en mi vida: ingreso al mundo de la mafia. En el barrio se riega la noticia como pólvora. Todos murmuran, con no pocas dosis de envidia: *«a Popeye lo matan este año».* Los que más hacen cábalas sobre el día de mi muerte son mis amigos, Hugo Franco y Juan Diego Morales. Paradojas del destino: yo sigo vivo y Hugo muere abaleado por un lío de faldas; Juan Diego encuentra la muerte a manos de la guerrilla.

Varios años después vuelvo a *Yarumal*. Mi pueblo es el mismo. Me dirijo a la plaza principal. En los pies de una vieja y fría estatua hay un cartel que dice:

***«Se busca a***
***Jhon Jairo Velásquez Vásquez, alias «Popeye», vivo o muerto.***
***Recompensa $50,000.00 US».***

No siento nada. Me alejo, callado y pensativo, de mi pueblo. El cartel ha reemplazado los honores de coronel con los que soñé, y ahora…ahora sólo soy un bandido...

*Capítulo II*

# *La forja de un Capo*

Pablo Escobar, a lo largo de su vida, no olvidará jamás sus orígenes humildes, desarrollando una personalidad sencilla, sin ínfulas ni complejos de superioridad. Come cualquier alimento sin quejarse. Igual disfruta de una langosta con caviar que de un sencillo plato de arroz revuelto con huevo. No abandona sus zapatos tenis de taches, sus *blue jeans*, las camisas de manga corta, vistiéndose igual con ropa de marca o con la que adquiere en los almacenes *El Éxito*, de Medellín. De 1,68 mts., de estatura, cabello negro ondulado y condición robusta, es dueño de una mirada inquisidora y penetrante; permanece casi siempre de buen humor. Su vocabulario en todo momento es el adecuado, y trata a su personal de seguridad y de trabajo, con total familiaridad. Se hace querer de sus más íntimos colaboradores. Aunque es parrandero y trasnochador, nunca se emborracha ni consume cocaína. Sólo bebe cerveza, la que suele acompañar con tres pitazos de marihuana. Se *traba* cuando está muy contento por el éxito de alguna operación delicada. Prefiere las reuniones familiares a las sociales con amigos, o a las de negocios. Pero, si como amigo es el mejor, como enemigo es el más despiadado y sanguinario que se pueda encontrar. No perdona una traición y la violación de un pacto es la peor ofensa que se le pueda hacer. Es un guerrero en todo el sentido de la palabra…

Hijo de doña Hermilda, una maestra de escuela y de don Abel, un humilde celador de barrio, Pablo Emilio Escobar Gaviria nace el 1 de diciembre de 1949, en *Río Negro, Antioquia*, un pueblo de clima frío a 70 kilómetros de la ciudad de *Medellín*. Su juventud la vivió en el barrio *La Paz,* del municipio de *Envigado,* a 35 kilómetros de la capital antioqueña.

El adolescente Escobar Gaviria crece en medio de una sociedad de clase baja, influenciada por la cultura de la droga, en la que, de la marihuana a la cocaína, se genera una pujanza en la economía, enriqueciendo fácilmente a aquellos que se dedican, en forma clandestina, a arriesgarse con el negocio. Siendo muy joven y en edad escolar, influenciado por profesores que militan en movimientos sociales y que promueven una lucha de clases, Pablo Escobar lidera manifestaciones izquierdistas, participando en pedreas contra la policía. En esas caldeadas actividades conoce a quien, en el futuro, será su esposa: María Victoria Henao, la *Tata*, de la cual se enamora profundamente y a la que nunca dejará de querer, hasta el día de su muerte.

…«En una de esas largas noches de nuestros ocultamientos, y durante las no menos largas charlas que solíamos tener el *Patrón* y yo, luego de preparar y servir para ambos su plato preferido de arroz revuelto con huevo, me atreví a preguntarle:

—*Patrón, ¿y cómo fue que usted empezó en ésto?*

—*Popeye, que pregunta me hacés vos… vení te cuento*:

«Todo comenzó cuando, siendo muy muchacho, instalé en mi barrio un taller de reparación y alquiler de bicicletas. Con lo producido por ese pequeño negocio pude comprar una moto *Lambretta*. Pero no estaba dispuesto a convertirme en un simple mensajero, yo no estaba *pa`esas vainas*. La utilicé para atracar diferentes establecimientos comerciales. Esta forma fácil de ganar dinero me entusiasmó y armamos una sociedad con mi primo Gustavo Gaviria Riveros y con el que después fue mi cuñado, Mario Henao. Pero eso sí, todos los trabajitos los planeé con el mayor cuidado, poniéndole atención a todos los detalles. Yo hacía inteligencia previa, cronometraba las rutinas de nuestros objetivos elegidos, estudiaba las rutas de escape, elaboraba planes y por sobre todo, trabajábamos con disciplina. Así nos iba bien y corríamos los menores riesgos posibles. Con el tiempo me especialicé en el robo de automóviles. Nos levantamos un infiltrado en un concesionario *Renault* quien, no sólo nos conseguía los duplicados de las llaves de los automóviles, sino también las direcciones de los compradores. Esos robos nos resultaban muy fáciles y casi no enfrentábamos ningún peligro.

«Luego trabajé un tiempo con un contrabandista llamado Alberto Prieto, que me enseñó las mañas del comercio ilegal. Después me agarraron *in fraganti* robándome un carro y fui a parar a la cárcel *La Ladera,* de *Medellín*. Estuve poco tiempo, pero me sirvió de escuela porque, sabés Popeye, que para ser un buen bandido, es imprescindible un tiempito en la escuela de la prisión...

«Cuando salí de la cárcel hicimos, junto con Gustavo y Mario, nuestro primer trabajo importante. Secuestramos al viejo *Diego Echavarría Misas*, un industrial lleno de plata.

*—¿Verdad Patrón, usted lo secuestró?... ese era el benefactor de mi colegio.*

*—Sí, Popeye... y nos tocó bajarlo.*

*—Yo me acuerdo que a todo el pueblo le dio muy duro. Fue un entierro con toda la pompa.*

*—Bueno Popeye, no me interrumpás...*

«Después de esto nos iniciamos en el tráfico de drogas, muy modestamente, vendiendo pequeñas dosis de cocaína. Yo mismo, en un *Renault 4*, atravesé todo el país y me fui hasta Ecuador, a comprar cinco kilos de pasta de coca que venían del Perú para procesarla en *Medellín*. Por supuesto, había un montón de controles policiales y militares; para evadirlos se me ocurrió contratar una grúa, argumentando así, en los retenes, que el carro se había varado. Entonces metíamos *la merca* entre cables y cajas de herramientas. ¡La cosa caminó muy bien!

«Viendo el montón de plata que el negocito nos dejaba, empezamos a traer grandes cantidades de cocaína del Perú para mandársela a los gringos. Y ahí cometí mi primer error. El 16 de junio de 1976, en *Itagüí,* me cogieron preso agentes del *DAS* al descubrir la cocaína que llevaba metida en la llanta de repuesto de un camión. Un mayor retirado de la Policía, llamado Carlos Gustavo Monrroy Arenas, Jefe del *DAS*, había ordenado el operativo en la frontera con Ecuador. El tipo tenía información de que unos *paisas* estaban ingresando, ya no pasta de coca, sino cocaína pura. Los detectives Luis Fernando Vasco Urquijo y Jesús Hernández Patiño nos descubren. A pesar que les ofrecimos una fuerte suma de dinero para que nos dejaran libres, rechazaron el soborno, así que nos decomisan veintinueve kilos de coca y vamos presos con Gustavo Gaviria y otros tres que nos acompañaban. Dado que la droga la traíamos de la frontera con Ecuador y el pedido de la captura lo había hecho un fiscal de Pasto, nos trasladan a esa ciudad, donde quedamos detenidos. Casi tres meses más tarde, el 10 de septiembre de 1976 y después de haberle dado buena plata al juez, logramos que nos revoquen el auto de detención. Regresamos a *Medallo* totalmente convencidos que el negocio de nuestra vida tenía que ser el tráfico de drogas. Empecé a ver el asunto en grande. Ya no más los pequeños cargamentos terrestres; usando avionetas comenzamos a traer la base de coca del Ecuador y del Perú, para procesarla en los laboratorios que instalamos con Gustavo y Mario; allí la convertíamos en cocaína pura y quedaba lista para enviarla a los Estados Unidos.

«Pero los desgraciados detectives Vasco y Hernández nos siguieron fastidiando y una noche, estando en Envigado, nos detienen a Gustavo y a mí. Nos llevan a una loma solitaria y alejada de la zona poblada, llamada *El Pajarito.* Allí nos hacen arrodillar con las manos en la nuca y, apuntándonos a la cabeza con una pistola *Smith & Wesson*, nos anuncian que nos van a matar. Yo, jugado por jugado, bajo mis brazos y, abriéndolos en cruz, siempre arrodillado, comienzo a intentar convencer al detective Vasco que matándonos no ganaría demasiado y sí perdería la oportunidad de taparse de plata.

«Te aseguro, *Popeye,* que oler la muerte tan de cerca le da a uno una elocuencia impresionante. Lo cierto es que bastaron quince minutos para convencer a esos *malparidos* de que, a cambio de una gran suma de dinero, no nos mataran. Dejando a Gustavo como garantía, fui con Vasco a buscar la plata, entregándosela al maldito en la cafetería en que nos habíamos citado.

«Fue de esta manera que logramos salvarnos de una muerte segura y quedar libres. Pero, una vez tranquilizados, le comento a Gustavo, refiriéndome a Vasco y Hernández: «estos detectives se mueren mañana». Gustavo, alterado, me replica: «espérate, Pablo, no podemos matar a agentes del Estado». Le contesto: «mira, si no los matamos, estos cabrones nos van a estar chantajeando toda la vida».

«Y así fue... Recuerdo que a eso de las 11:30 de la noche del 30 de marzo del 77, Jairo Mejía, a quien yo apodaba *JM,* me avisó que los detectives estaban tomándose unos aguardientes en su local, llamado *Toscana*. Los esperamos en un auto *Simca* conducido por Gustavo, hasta que ellos salen y abordan su *Dodge Dart* azul. Los seguimos sin perderlos de vista, hasta que, al llegar a la oreja del puente de *Pan de Queso,* ellos disminuyen la velocidad; acelerando, Gustavo empareja los dos coches, y eso me permite descargar íntegramente la pistola sobre los dos tipos. De esta manera me cobré las que me hicieron estos desgraciados, sobre todo la arrodilladita. ¡Me apunté mis primeros agentes del *DAS*!

«Y por ahí empezó la cosa...»

## *Capítulo III*
# *El becerro de oro*

Esa noche del 30 de Marzo del año 77, en que Pablo Escobar descargaba su arma en las cabezas de los detectives Vasco y Hernández, no sólo está cobrándose los tres meses de prisión que tuvo que soportar en Pasto, por culpa de estos agentes del *DAS,* está notificando al mundo que se encuentra dispuesto a venderle su alma al diablo, con tal de convertirse en el bandido más temido y más rico de Colombia, y quizá del mundo… El destino le ha puesto en bandeja a sus victimarios. Le ha dado el dinero para sobornarlos y, si fuese necesario, asesinarlos. Además, ha aprendido la lección. No volvería a transportar él mismo, por carretera, la mercancía. Es una estupidez arriesgarse tanto. Basta con contratar *mulas* e intermediarios. Se jura a sí mismo no volver a pisar una prisión. Nunca más permitiría que nadie lo arrodillara, ni que nadie lo amenazara con un arma. A partir de ese momento, y en forma meteórica, la riqueza, el tamaño de la estructura criminal y el poder de Escobar, alcanzarían dimensiones inimaginables.

La piedra angular de la organización está constituida por su propia flotilla de aviones, para atender las rutas de la droga y para su uso personal. A la cabeza está un *Lear Jet – 25*, piloteado por los capitanes Flavio Alarcón y Roberto Striedinger. Esta aeronave resultaba ser la de tecnología más avanzada en la época. Tres helicópteros complementaban esta flotilla. Puestos sus ojos en el *Magdalena Medio Antioqueño*, adquiere la *Hacienda Nápoles* enclavada en una zona rica en aguas y semi-selvática, perfecta para el montaje de laboratorios. Lo primero que hace es establecer una pista pavimentada para sus operaciones aéreas, junto con un hangar de mantenimiento. En recuerdo de sus difíciles comienzos, sobre la portada principal de ingreso a la *Hacienda*, queda como monumento una avioneta *Piper PA18*. Construye las carreteras necesarias y, entre otras propiedades, erige una gran casa. Establece un novedoso zoológico con elefantes, leones, tigres, jirafas, hipopótamos, canguros y toda clase de aves exóticas, adecuándoles su hábitat natural.

El clima tropical, entre 30 y 40 grados centígrados, le da a la *Hacienda* el ambiente adecuado, convirtiéndola en un paraíso. Varios lagos artificiales y naturales adornan y dan frescura al bello lugar. Los numerosos flamencos rosados hacen gala de la bonanza de la droga, junto con cebras, búfalos, gacelas, ciervos, avestruces, tortugas, mini-ponys, ñus, venados. Las aves adornan la casa principal y su algarabía es la voz del precioso paraje: guacamayas, tucanes, cacatúas, loros, periquillos. Al unísono confirman su hegemonía; los elegantes pavos reales se pasean en la zona de la piscina, mostrando su majestuoso plumaje. Los faisanes, comida de los reyes, aportan su cuota de elegancia. Una cancha de fútbol, donde van a prácticas los equipos profesionales, no puede faltar; la plaza de toros completa el conjunto. El zoológico es abierto al público y los visitantes del novedoso sitio circulan con sus automóviles, entre los animales; pero con la mirada puesta en la casa principal, esperan ver salir a Pablo Escobar con su escolta, que en más de una ocasión, se mezcla con los visitantes.

Luis Hernando Gaviria, llamado «*Nandito*», es nombrado por Pablo y Gustavo Gaviria como administrador de la inmensa *Hacienda Nápoles*. A cinco minutos el pueblo más cercano, *Doradal,* próspera grandemente por haberse convertido en destino turístico y lugar obligado para el abastecimiento de las propiedades de Pablo, así como para las compras de los propietarios de las fincas de recreo vecinas. A veinte minutos en carro está *Puerto Triunfo*, un pueblo a orillas del caudaloso *Río Magdalena*. Escobar ordena construir un gran lago para deportes náuticos y una bella cabaña de madera, a media hora en carro de la *Hacienda Nápoles*. La vegetación que rodea la zona y el agradable clima, enmarcan un bello y paradisíaco espacio. Entrando a la zona sobre el cristalino y caudaloso río, construye a orillas del mismo, otra lujosa cabaña de madera. A todo este paraíso le agrega su sello personal: una replica del carro de *Al Capone*, el célebre mafioso norteamericano, puesta en exhibición en el zoológico al lado de una de las garitas de vigilancia. Una madrugada que Pablo llegaba con sus guardaespaldas a la *Hacienda*, se queda mirando el auto y dice:

*—A este carro le falta algo, para que de verdad se parezca al del famoso Al Capone.*

Saca su pistola y le dispara, dejando marcados los agujeros que le dan *autenticidad*. Al oír los disparos, el celador que acaba de ser relevado, sale del baño y le dice al *Jefe:*

*—Don Pablo, hace un minuto que me acabo de parar del automóvil; ahí duermo cuando termino mi turno.*

Por poco, el pobre hombre es ajusticiado por el mismo Escobar.

Para esta época, ya lleva varios años de casado con la *Tata* y tiene dos hijos, *Juan Pablo* y la luz de sus ojos, su niña *Manuela*.

Con la extraordinaria bonanza del dinero de la cocaína y la cantidad de políticos que lo visitan, desde los sencillos concejales y diputados, hasta los senadores y grandes representantes a la Cámara, Pablo Escobar se deja tentar por el poder y comete el grave error de incursionar directamente en la política colombiana. Entre enero de 1979 y diciembre de 1980, crea un programa denominado *Civismo en marcha*, y otro, muy exitoso, bautizado *Medellín sin tugurios*; éstos le dan la base a su propio y nuevo movimiento político, el cual recibe por nombre *Renovación Liberal en Antioquia*. Apoyado y entusiasmado por políticos de renombre nacional como *Jairo Ortega* y *Alberto Santofimio Botero,* su movimiento se inscribe dentro del nuevo liberalismo fundado por el abogado y prestigioso político *Luis Carlos Galán Sarmiento,* quien fuera Ministro de Educación de la Nación, a los 26 años de edad.

Con su inmenso capital, producto del narcotráfico, construye un barrio de 300 casas, donándolo en su totalidad a personas pobres que habitan tugurios en el basurero de la ciudad. Va de barrio en barrio construyendo canchas de fútbol e iluminando las ya existentes.

*Pablo Escobar haciendo proselitismo político en compañía de William Jaramillo. (Foto cortesía periódico El Espectador)*

Aprovecha y micrófono en mano, empieza a coger confianza, pronunciando los primeros discursos ante su pueblo, haciendo conocer su propuesta política, basada en un mensaje elemental: *voten por mí y yo les doy plata*. Compra los mejores lotes, ubicados en el barrio *El Poblado* donde construye lujosos edificios, entre los que se encuentra el famoso edificio *Mónaco,* donde fija su residencia familiar, en el penthouse, dejando el resto del edificio vacío; sólo un apartamento es ocupado por su equipo de guardaespaldas. El barrio *El Poblado* es la residencia de los ricos de la ciudad. Invierte allí gran cantidad de dinero en propiedad raíz. Los banqueros buscan a Escobar para que mueva el dinero en sus entidades y le ofrecen todo tipo de seguridades y confidencialidad. El dinero de la droga cambia la vida de la ciudad y una nueva clase social emerge sobre los ricos tradicionales, quienes, a su vez, buscan a los prósperos mafiosos para venderles sus quebradas industrias y sus propiedades familiares, al triple de su valor real, en dinero líquido contante y sonante. Ya los automóviles de lujo no eran exclusividad de los mismos de siempre. La construcción se dispara en la ciudad, los bienes raíces se encarecen. Las discotecas son el lugar de bellas mujeres y detrás van los mafiosos. Las más ostentosas discotecas son construidas por los barones de la droga. La cultura del dinero fácil se riega en la ciudad. En el aeropuerto *Olaya Herrera,* de *Medellín*, Pablo tiene hangares para sus aeronaves. Entre tanto, la actividad mafiosa de Escobar va paralela con su actividad política. Una revista de circulación nacional le da portada como el *Robin Hood Antioqueño*.

El exclusivo, temible y poderoso equipo de seguridad de Pablo Escobar está compuesto por Rubén Londoño, alias la *Yuca*; Luis Alberto Castaño, alias el *Chopo*; Luis Carlos Aguilar Gallego, alias *Mugre*; Otoniel González Franco, alias *Oto*, todos del municipio de *La Estrella*; Luis Fernando Londoño Santamaría, alias el *Trompón* y José Luis, alias *Paskin*, del municipio de *Itagüí*; Jhon Jairo Arias Tascón, alias *Pinina* y *Julio Mamey*, de *Campo Valdés*; Carlos Mario Alzate Urquijo, alias *Arete*, de *Aranjuez*; *Flaco Calavera*, de *Manrique*; Jorge Eduardo Avendaño, alias *Tato* y Carlos Arturo Taborda Pérez, alias *Carlos el Negro*, de *Envigado*.

Pablo Escobar disfruta de su dinero y vuela, con sus amigos, en su jet privado a los carnavales de *Río de Janeiro*, en el *Brasil*. Gasta dinero a manos llenas, en bacanales y fiestas. Entra a los *Estados Unidos* en su avión e igualmente se da una vida de reyes en los mejores hoteles de *Miami,* y las otras ciudades principales del país, acompañado de su familia y amigos. Renta limusinas y helicópteros para sus desplazamientos. En uno de sus viajes lleva a su hijo *Juan Pablo* a la ciudad de *Washington D.C.*, y se toma la famosa foto junto con él, frente a *La Casa Blanca.* Es su forma de decir que ha alcanzado el sueño norteamericano. Adquiere una gran mansión de verano en *Miami*, e invierte en un condominio de apartamentos de la misma ciudad. Sus viajes de placer los completa con grandes fiestas en su *Hacienda*.

*Capítulo IV*

# *Incursionando en política*

El 2 de febrero de 1982, Luis Carlos Galán Sarmiento, líder del *Nuevo Liberalismo,* descalifica la lista del movimiento *Renovación Liberal de Antioquia*, que incluye en el primer renglón de suplencia a Pablo Escobar, siendo el principal de la lista Jairo Ortega. *Renovación Liberal* es el movimiento que representa en Antioquia al *Nuevo Liberalismo*.

En carta dirigida a Jairo Ortega, Luis Carlos Galán dice:

*...No podemos aceptar vinculación de personas cuyas actividades estén en contradicción con nuestras tesis de restauración moral y política del país. Si usted no acepta estas condiciones, yo no puedo permitir que la lista de su movimiento tenga vinculación alguna con mi candidatura presidencial...*

Adicionalmente a esta carta, Luis Carlos Galán, en plena concentración pública en el Parque Bolívar de Medellín, descalifica a Escobar en un mitin político.

Al ser expulsados del movimiento de Luis Carlos Galán, el Senador Alberto Santofimio los invita a que se unan a su grupo, cuyo directorio y gran caudal de votos, se encuentra en todos los municipios del Departamento del Tolima.

Pablo Escobar y Jairo Ortega, ya en las huestes del movimiento de Alberto Santofimio, también un movimiento liberal, enfrentan a Luis Carlos Galán y desestiman sus críticas ante los votantes, como un asunto de la contienda electoral, invitando a sus seguidores a no votar por él.

Pablo, con ardiente discurso contra la oligarquía, los políticos de siempre y mostrando sus obras, con *Civismo en Marcha* y *Medellín sin Tugurios,* va a las elecciones de corporaciones para la *Cámara de Representantes y Senado*. En 1982, el pueblo da sus votos al movimiento político y, tanto Jairo Ortega como Pablo Escobar Gaviria, salen elegidos. Escobar como Representante Suplente a la Cámara, siendo Jairo Ortega el principal. Ortega era un comodín de Pablo; cuando éste quería ocupar la curul, le ordenaba a Jairo que *lo dejara* y éste así lo hacía. El verdadero ideólogo de Pablo siempre fue Alberto Santofimio Botero, ya que Jairo Ortega era un político de provincia de tercera categoría. La votación fue aplastante y peligrosa para los políticos de siempre. Un hombre con los inmensos recursos económicos de Escobar, es una amenaza real para la clase política colombiana. Pablo construyendo barrios enteros, canchas de fútbol y aliviando el hambre del pueblo antioqueño, tiene una base fuerte; las clases menos favorecidas ven a Pablo Escobar como su benefactor y salvador.

Luis Carlos Galán, con su movimiento el *Nuevo Liberalismo*, gana una curul en el *Senado de la República*. Así queda planteada una pelea en el natural recinto de la alta política, entre Pablo Escobar y Luis Carlos Galán. En este campo, Escobar era un novato y Galán, un experimentado y recorrido contrincante.

El Presidente de la República, representante del Partido Conservador, Belisario Betancur Cuartas, da al movimiento de Galán el *Ministerio de Justicia,* en cabeza de Rodrigo Lara Bonilla.

Escobar es cobijado ahora por la inmunidad parlamentaria; los jueces no pueden tocarlo, mucho menos las autoridades policiales. Todo es perfecto. El escenario no puede ser mejor. Dinero en inmensas cantidades y una curul en el Congreso. Ha alcanzado un inmenso poder y su movimiento de bases populares en Antioquia, tiene el camino despejado para crecer insospechadamente.

...«Pero el *Patrón* me cuenta, en largas horas de diálogo, cómo le dan el primer golpe bajo. Es secuestrado su padre, don Abel Escobar, quien es sacado de su finca en la zona rural de *La Ceja, Antioquia*, por un grupo de delincuentes muy arriesgados, ya que

*Pablo Escobar acompaña a Alberto Santofimio en un acto político de Renovación Liberal (Foto cortesía periódico El Espectador - Revista Cambio)*

están poniendo a prueba a un bandido como Escobar, fundador del MAS (Muerte a Secuestradores) y uno de los mafiosos más grandes del país, si no el más grande. Pablo se va con todo. ¡A quien los secuestradores tienen ahora, es a su propio padre!

El *Patrón* distribuye grandes cantidades de dinero sobre financiadores de la industria del secuestro, buscando con ello una pista. También aprieta duro con su aparato militar. Los cadáveres de nuevo en las calles; el MAS en su furor. Las farmacias de la ciudad son alertadas y ofrecida recompensa para quien informe, si alguien se acerca a comprar, los medicamentos que usa don Abel. Mientras esto sucede, los secuestradores se comunican con Escobar y con burla le dicen:

—*Si sos tan verraco, vení quitanos al viejo…*

Le piden sumas astronómicas; Pablo les contesta que ese dinero no cabe ni en una tractomula. Ataca militarmente al gremio de secuestradores; todo sitio sospechoso de ser el lugar de cautiverio de don Abel, es cateado, utilizando helicópteros, aviones, automóviles… todo lo que se necesitare.

El ejército ayuda al *Capo* a buscar a su padre. En una nueva llamada los plagiarios hablan de una suma negociable. Con sorna, el jefe de la banda sigue burlándose de Pablo. Llegan a un acuerdo de sesenta millones de pesos con la condición de que los billetes no sean de numeración consecutiva. Pablo pide al banco el dinero y hace anotar la serie de cada uno para posteriormente poder rastrearlos. Intercala todos los billetes, desordenándolos, como pedían los captores.

El dinero es entregado y don Abel es liberado, pero Pablo sigue en su investigación; en un golpe de suerte, toma el hilo de la misma dando con el primero de los secuestradores; lo obliga a llamar al jefe de la banda y a ponerle una cita en un restaurante de la ciudad.

Pablo Escobar y algunos de los muchachos, le ponen las manos encima al jefe de la banda. El pobre diablo estaba ahora en manos de Escobar, el más fiero de los mortales en ese momento, para el secuestrador.

De entrada el plagiario niega cualquier vínculo con el secuestro, pero en una breve requisa le son encontrados billetes que figuran en la lista del pago del rescate y, para completar su desgracia, la *Yuca* prende una grabadora donde se escucha fuerte y clara la voz del jefe de la banda negociando el rapto y burlándose de Pablo.

—*Conque eras vos el que me decía que nunca te iba a coger…*

—*Pablo, no me matés que vos también sos secuestrador*, —le dice torpemente el jefe de la banda.

—*Sí, yo también soy secuestrador, pero no secuestro al papá de Pablo Escobar…* —le contesta el *Patrón,* mientras le parte la grabadora en la cabeza. De la misma forma que cae el jefe de la banda, Pablo va tras cada uno de los miembros de la ingenua organización delincuencial. Sólo uno logra escapar. La muerte de los secuestradores de su padre y el esclarecimiento del plagio, es un gran triunfo para Escobar; el mensaje para los delincuentes de la ciudad es claro:

«Con la familia de Pablo Emilio Escobar Gaviria nadie se puede meter»...

*Capítulo V*

# Camino sin retorno

El *Patrón* pone, por primera vez en su vida, un pie en el *Honorable Congreso de la República de Colombia,* teniendo en ese estreno un inconveniente en la puerta. La policía no lo deja ingresar sin corbata. El *impasse* se soluciona inmediatamente, cuando una cantidad apreciable de senadores y representantes amigos y lagartos de los que siempre hay en el Parlamento, le ofrecen diversos modelos:

*—Toma la mía Pablo.*

Le dice uno de ellos completamente arrodillado. Pablo sólo acepta una de sus escoltas. Allí se codea con la rancia clase política colombiana. Los oligarcas lo miran de reojo con no poca dosis de desprecio. Pero la gran mayoría de colegas, ahora le hacen antesala en su despacho, ubicado al lado del *Colegio de San Bartolomé.*

*—Puedes contar conmigo para lo que quieras, Pablo; no dudes en llamarme...*

Es la frase más escuchada por su cuerpo de seguridad, cada vez que un congresista sale de su oficina. Convierte sus hombres en escoltas oficiales. Cuando es requerido en un control policial, muestra su credencial de congresista y no tiene ningún problema. Viaja en comisiones parlamentarias al exterior. En una oportunidad lo hace a España con sus compañeros, entrevistándose con el jefe del gobierno español, Felipe González.

«...Me cuenta el *Patrón* que, en una visita a una discoteca de Madrid y bajo los efectos del licor, dos congresistas compañeros de viaje le piden cocaína para su consumo. Pablo se enoja con ellos y niega conocer la cocaína.

«Entre proyectos de ley y largos debates en la *Cámara de Representantes*, Luis Carlos Galán no oculta su desagrado de que Pablo Escobar sea congresista. Tiene al *Jefe* entre ojos. Los informantes del *Patrón* le comunican, que la *DEA*, la agencia norteamericana de administración estatal contra la droga, aborda a Luis Carlos Galán, comprometiéndolo para que ataque a Escobar y lo saque del *Congreso* y de la política.

«Galán, en compañía del Ministro de Justicia, Rodrigo Lara Bonilla, va tras Pablo para masacrarlo moral y políticamente.

«Pablo Escobar comentaba que en esta pelea, no tuvo ni oportunidad ni escapatoria, pues se enfrentó a una mafia más poderosa que la mafia misma de las drogas y el crimen: la mafia de la política colombiana. El Ministro Lara Bonilla buscó en el pasado de Pablo Escobar y le inició un despiadado ataque.

«El 7 de junio de 1983, el Juez Décimo Superior de Medellín le pide a la *Honorable Cámara de Representantes* que levante la inmunidad de Pablo Escobar, por su posible vinculación con el asesinato de los agentes del *DAS*, Fernando Vasco Urquijo y Gilberto de Jesús Hernández Patiño.

«Escobar, acostumbrado a pelear los intereses de sus propias causas, enfrenta al Ministro y lo hace públicamente el día 19 de agosto de 1983. Éste inicia proceso jurídico contra Escobar; lo acusa públicamente de narcotráfico y de tener vínculos en el MAS. Pablo contraataca y enseña un cheque en fotocopia, por un millón de pesos, que le fue girado al Ministro por el narcotraficante Evaristo Porras.

«Lara Bonilla esquiva el tema del cheque y logra manejarlo. El debate se prende en el Congreso, en los medios de comunicación y en todos los círculos de opinión del país. El Ministro tiene el apoyo de Luis Carlos Galán y de la *DEA*.

«Un nuevo ingrediente se suma a la polémica: el 7 de septiembre de 1983, la embajada de los Estados Unidos cancela la visa de turista al parlamentario Pablo Escobar. A las pruebas que el *Patrón* le exige al Ministro, éste argumenta sus aseveraciones apoyado por la *DEA*, que lo señala públicamente como un poderoso narcotraficante cuya red ha sido identificada por la agencia estadounidense.

«El Ministerio de Justicia ataca con todo y el 23 de septiembre del mismo año, el Juez Décimo Superior de Medellín profiere auto de detención contra el Parlamentario Pablo Escobar Gaviria y su primo Gustavo de Jesús Gaviria Riveros. Se les acusa de la muerte de los dos sabuesos del *DAS*.

«Lara Bonilla no deja a Escobar tomar fuerza y, el 18 de octubre de 1983, el Juzgado Primero Superior de Medellín dicta orden de captura contra Pablo Escobar por el crimen de los agentes del *DAS*. Escobar no es detenido ya que todavía lo cobija su inmunidad parlamentaria. El senador Luis Carlos Galán y el Ministro de Justicia preparan el terreno para el jaque mate político contra el *Jefe*.

«El *Patrón* está en el campo de juego de los dos políticos y éstos, apoyados por la *DEA* y la embajada americana, logran que ni sus influencias, ni su dinero le sirvan de mucho. Llega el fin de la masacre moral el 26 de octubre de 1983, cuando la plenaria de la *Cámara de Representantes* levanta la inmunidad parlamentaria de Escobar. *La Cámara* actúa en pleno, influenciada por el Ministro y liderada por Galán.

«El ataque del Ministro no se detiene y, el 17 de noviembre de 1983, logra que el *Inderena* le imponga a Escobar una multa de $ 450.000 pesos, por la importación ilegal de animales para su zoológico, en la *Hacienda Nápoles*. Después, el *Tribunal Superior de Aduanas* ordena el remate de los animales. El *Jefe*, por tercera persona, compra el remate y el zoológico continúa en su poder a través de testaferros.

«Pablo Escobar, tratando de parar la andanada en su contra por parte del Ministro y siguiendo la recomendación del asesor Santofimio Botero, anuncia, el 20 de enero de 1984, su retiro de la política y de las filas del movimiento de *Renovación Liberal*. Pero las recomendaciones de Santofimio van más allá: pensando en sacar del camino a sus adversarios más fuertes, para así facilitar su acceso al poder, azuzó a Escobar utilizando la frase que tantas veces repetiría en el futuro: ¡mátalos, Pablo!

«El *Patrón* se mueve en la clandestinidad, pero no se oculta. Desde su retiro, trata de subsanar el grave error cometido al incursionar en el peligroso campo de la política, pero ello no detiene la incesante persecución del Ministro.

«Escobar, ya en su terreno, manda a *Pinina, Chopo y Oto* a hacerle inteligencia al Ministro en la Capital de la República. El grupo de Escobar en Bogotá ubica la rutina del mismo y su escolta. Lara Bonilla nunca imagina que Pablo Escobar lo atacaría tan pronto. De todas formas, sabe que Escobar es un enemigo muy peligroso y busca refugio en los Estados Unidos, pero para el mes de mayo.

«El 8 de marzo de 1984, la policía antinarcóticos descubre dos complejos laboratorios para el procesamiento de la pasta de coca. Son *Tranquilandia* y *Villacoca,* en las selvas del *Yarí,* en el Departamento del Caquetá.

«La policía, al mando del Coronel Jaime Ramírez y bajo el control del Ministro de Justicia Rodrigo Lara Bonilla, muestra al mundo el extraordinario descubrimiento. Las gigantes instalaciones son la prueba del imperio de la droga en Colombia. Tienen dos pistas para los aviones, todo lo necesario para el movimiento de insumos, mucho personal, pasta de coca en abundancia y finalmente, la cocaína lista para el consumo. De allí decolaban los aviones de la mafia, con droga, hacia los Estados Unidos. Las autoridades destruyen 40 laboratorios más; detienen 44 personas y alrededor de 250 trabajadores huyen, selva adentro, buscando el río *Yarí,* llevándose consigo cerca de 15 toneladas de cocaína a cuestas. Decomisan 17 toneladas de coca listas para su exportación. Los campamentos están dotados de televisores, licuadoras, microondas, aire acondicionado, baños con agua potable, todo alimentado con plantas eléctricas a partir de gasolina. Cinco aviones son confiscados. Las imágenes de *Tranquilandia* y *Villacoca* le dan la vuelta al mundo. El complejo fue detectado por un satélite norteamericano. Las inmensas provisiones confiscadas daban a las autoridades un estimativo de la gran cantidad de operarios que atendían los laboratorios. Un casino de pilotos acaba por descrestar al Coronel Jaime Ramírez, a su hombre de confianza el capitán Macana y a sus demás oficiales. La pasta de coca era traída de Perú y Ecuador.

«Pablo Escobar y Gonzalo Rodríguez Gacha son señalados por las autoridades como los dueños de los laboratorios. Es toda una ciudadela en el corazón de la selva. Gran triunfo para el Ministro de Justicia, la policía, la *DEA* y el gobierno norteamericano.

«El *Patrón* asimila el golpe de *Tranquilandia* y en ese momento se decide y sentencia:

*«—Hay que matar al Ministro.*

«Sabe que puede ser peor el remedio que la enfermedad, pero se la juega toda y va de frente. El comando de Pablo idea varias formas de ejecutar a Lara Bonilla. Una de ellas es dispararle ráfagas de fusil, desde una ambulancia. *Pinina* va a su barrio, *Campo Valdés* y contrata a Byron Velásquez apodado *Quesito* y a Iván Darío Guisado. El primero es un hombre diestro en el manejo de motocicletas y el segundo, un consumado asesino.

«Con una moto *D.T. 175 Yamaha* sin pasado y una ametralladora *Atlanta* calibre 45, junto con *Pinina* viajan a la ciudad de Bogotá *Chopo*, *Oto* y la *Yuca*; optan por ametrallar al Ministro en el desplazamiento desde su casa al Ministerio de Justicia.

«Esta vez Lara Bonilla está en el terreno de Pablo Escobar Gaviria: las calles. La gente de Escobar termina la inteligencia y se repliega en la ciudad; le dejan el operativo a Byron e Iván Darío Guisado. El Ministro es celosamente custodiado por el *DAS,* pero su carro oficial no está blindado; allí encuentran su talón de Aquiles. La falla en su seguridad ya había sido detectada por *Pinina* y los demás.

«La familia de Lara Bonilla lo presiona para que abandone el país y éste se encuentra listo para asilarse; teme seriamente por su vida, pero no cree que Pablo ataque muy pronto. En el fondo, abriga la esperanza de que un Ministro con su alta investidura no puede ser atacado por Escobar, pero el descubrimiento de *Tranquilandia* le da una muestra del poder del *Capo*.

*Rodrigo Lara Bonilla (Foto cortesía periódico El Espectador)*

«Él, que ha estudiado a fondo el pasado judicial de Pablo, sabe que el decomiso hecho en *Itagüí* en enero 16 de 1976 no era nada, comparado con lo que se encontró en *Tranquilandia*, el 8 de marzo de 1984. Sus acalorados debates en el concurrido recinto del *Congreso* contra Pablo Escobar, le despiertan temores por la seguridad de su familia y empieza a pensar en la idea de salir del país, con todos ellos.

«Entre tanto, el *Jefe* espera el desenlace del operativo en su *Hacienda* bajo la seguridad de sus hombres. Su paraíso, que antes le servía para divertirse, ahora lo utiliza para ocultarse. Garitas de vigilancia y numerosos vigías le dan suficiente tiempo para ganar la protección que los árboles le ofrecen, si es necesario.

«El 30 de abril de 1984, la historia del país se rompe en dos cuando, desplazándose en un automóvil oficial *Mercedes Benz*, por la avenida 127 al norte de Bogotá, la mano de Pablo Emilio Escobar Gaviria, alcanza al Ministro de Justicia Rodrigo Lara Bonilla. Una ráfaga de ametralladora depositada en su cabeza, por Iván Darío Guisado, pone fin a la disputa entre el Ministro y Pablo Escobar; pero inicia un gran baño de sangre en el país.

«La escolta del Ministro reacciona y dispara contra Guisado. Byron no puede controlar la motocicleta con su parrillero muerto y tomando mal una curva, cae para ser aprendido por los guardaespaldas que ansiosos lo acosan.

«La noticia estalla como una bomba. El país no lo puede creer. Los medios informativos del mundo registran el crimen… *«el Ministro de Justicia de la República de Colombia fue asesinado a las siete de la noche en Bogotá»…* La clase política colombiana tiembla. Luis Carlos Galán sabe que el próximo muerto es él; ahora estaban en manos de la mafia antioqueña.

«Escobar recibe la noticia sin inmutarse. A su mente le vienen las imágenes de la arrogancia del Ministro cuando lo atacaba sin tregua. Toma la decisión de salir de la *Hacienda* hacia un escondite en la ciudad de *Medellín.* Una avanzada de dos automóviles con radios, coordinados por Escobar, evita un encuentro con un retén policial y del ejército. Era mejor salir de la *Hacienda*, ya que la respuesta del gobierno podía ser fuerte y envolvente.

«Matar al ministro era fácil; lo difícil era el manejo de las consecuencias. Pablo llegando a *Monte Loro*, se detiene en un pequeño restaurante al borde de la carretera a tomar un refresco; la noticia no cesa de salir en radio y televisión. Escobar ordena una gaseosa y oye el noticiero, cuando escucha que el dependiente del restaurante dice:

—*Ese ministro si era mucho lo bruto, meterse con Pablito…*

«Ahí el *Jefe* se da cuenta de la gravedad del asunto, por la aseveración de un simple empleado; nadie duda que fue él e intuye lo que puede estar pensando el alto gobierno.

«Continúa rápidamente su viaje hasta el escondite *El Paraíso* en la parte alta de *Envigado*. La investigación se viene con todo y se dirige hacia Pablo Escobar.

«El Presidente de la Republica, Belisario Betancur Cuartas, le pone la cara al país y en una alocución televisada desata su furia contra la mafia en general. Anuncia que, por vía administrativa, se llevará a cabo la extradición, hacia los Estados Unidos, de los colombianos que tengan cuentas pendientes con la justicia norteamericana. También anuncia una redada contra la organización del narcotráfico y su infraestructura; la guerra contra la mafia es total.

«Es detenido Germán Alfonso Díaz Quintana, *El Ronco,* un enlace de *Pinina*; las autoridades llegan hasta un hotel donde está hospedado el *Chopo*. Registradas las llamadas hechas por éste, dan como resultado que fueron efectuadas a *La Estrella*, un municipio antioqueño, a la casa de la esposa de *Chopo*. *Quesito*, bajo tortura, suelta el nombre de *Pinina* como la persona que lo contrata.

«Más de mil doscientos allanamientos se efectúan contra la mafia. Los más fuertes cateos se hacen en Antioquia. *La Hacienda Nápoles* y todas las propiedades de Escobar no escapan a la ofensiva oficial. Aviones, automóviles, motocicletas, lanchas, yates son decomisados.

«Los mafiosos se ocultan y comienzan a moverse en la clandestinidad. Mientras tanto Pablo Escobar, sentado en un sillón de su escondite, observa en la televisión el inicio de una película. Está disfrutando el sabor dulce de la venganza…»

*Capítulo VI*

# La doble moral sandinista

Los aviones que se salvan de la ofensiva, fueron sacados por el *Patrón* a Panamá, Costa Rica, Perú y Ecuador. Pablo Escobar huye a Panamá bajo la protección del hombre fuerte del país, Manuel Antonio Noriega. Renta una casa amoblada perteneciente a un general de la guardia panameña y se asienta en esa ciudad. Muy pronto lo acompañan Jorge Luis Ochoa y Gonzalo Rodríguez Gacha, alias *El Mexicano*.

Las autoridades colombianas completan la primera fase de la investigación por el magnicidio del Ministro de Justicia. Byron Velásquez, antioqueño; Iván Darío Guisado, antioqueño; *Chopo,* antioqueño; *Pinina*, antioqueño. El *Ronco*, el enlace en Bogotá. Todo cuadra, sólo falta entrelazar este grupo con Pablo Escobar. Los jueces no tienen la prueba de que este grupo trabajara para el *Patrón,* sólo sospechan. El gobierno y la justicia le culpan abiertamente de ser el autor intelectual y material de la muerte del Ministro.

Clandestinamente, el *Jefe* se pronuncia y niega cualquier vinculación con el magnicidio. La situación era tan crítica que *Pinina* llega a pensar que, de pronto, el *Patrón* los mata a todos, para romper el hilo conductor hacia él.

Pablo se mueve en Panamá como pez en el agua; se lleva sus aviones y sus pilotos. Entre ellos están Roberto Striedinger y Adler Barry Seal, éste último, un piloto norteamericano al servicio de Pablo en el tráfico de estupefacientes hacia Norteamérica. Escobar y *El Mexicano* organizan las rutas del tráfico de drogas con su piloto estrella Barry Seal.

Los líderes del M-19, Iván Marino Ospina y Álvaro Fayad, con quienes Pablo mantiene una estrecha amistad, le presentan a

Federico Vaughan, un hombre con influencia políticas en Nicaragua, específicamente entre los sandinistas, quienes controlan el país, después de derrocar al dictador Anastasio Somoza Debayle. Federico Vaughan lleva a Escobar a Nicaragua y lo conecta con los sandinistas.

Escobar, al encontrar una mejor seguridad en Nicaragua, se establece en Managua. La amistad con Daniel Ortega le facilita inmensamente el desarrollo de sus actividades. Tal es la relación con el jefe sandinista que, estando en una base militar junto con él e Iván Marino Ospina, Pablo les propuso dispararle a una botella, para ver quien tenía mejor puntería. Los dos hombres aceptaron el reto entre risas. Una botella fue colocada a 30 metros de distancia, en lo alto de un estacón de la alambrada de púas. Ortega le facilitó una pistola a Iván Marino, de un subalterno suyo. Le pidieron a Pablo que disparara primero; éste no se hizo rogar y sacó la suya que siempre lo acompañaba; dió en el blanco disparando con naturalidad. Una nueva botella se colocó; el turno fue para Ortega, errando su disparo; le siguió Iván Marino, quien igualmente no dio en el blanco. Los tres se miraron, una sonrisa de triunfo se dibujo en los labios de Pablo. Éste apuntó de nuevo su arma a la botella y Ortega le dice: «¡Pablo no quede mal, no lo intente de nuevo que ya lo logró!»… Iván Marino le da la razón a Ortega. El *Patrón* sin contestar nada, dispara, dando de nuevo en el blanco; esto le valió una buena reputación de gran tirador entre los dos líderes de izquierda.

En Managua consigue el acceso exclusivo a pistas de aterrizaje que admitían la operación de aviones de gran porte dándole a Pablo y a sus socios unas buenas razones para quedarse en Nicaragua, a pesar de lo aburrida que le resultaba la vida allí. Por lo pobre del país en esa época, escaseaban los lugares de diversión y los pocos que había eran miserables. Hacía comentarios de las mujeres de allí diciendo que eran «gorditas, chiquitas y sin gracia».

Desde las pistas nicaragüenses sale Barry Seal transportando la droga que introduce a los Estados Unidos. Esta cocaína se procesa en los laboratorios instalados en el tapón del Darién, Panamá, con el beneplácito de Noriega, y abastecidos, por vía aérea, de pasta de coca traída desde Perú y Ecuador.

Por esos días, llega a Panamá, piloteando su avión, Carlos Lehder, quien viene igualmente huyendo de la persecución en Colombia. Se queda dos meses, pero sale de allí porque ni Pablo ni *El Mexicano,* lo incluyen en sus planes. Lo tienen por muy loco.

En Colombia, el nuevo Ministro de Justicia, Enrique Parejo González, aprieta duro en la persecución a la mafia y puja por capturas de extraditables.

«En junio de 1984 se reúnen en Panamá el ex-presidente de la República Alfonso López Michelsen, el Procurador de la Nación Carlos Jiménez Gómez, Gonzalo Rodríguez Gacha, Jorge Luis Ochoa y Pablo Escobar. Esta reunión fue el resultado de la gestión adelantada por Alberto Santofimio quien, para tal fin pidió millonarias sumas de dinero a Pablo Escobar, con el propósito de *cuadrar* que el ex-presidente López Michelsen proponga y convenza, al Presidente Belisario Betancur, de tumbar definitivamente la extradición.

De entrada, Pablo les niega cualquier vínculo con la muerte de Lara Bonilla; ofrece desmontar el negocio, entregar laboratorios, aviones, pistas e invertir sus dineros en industrias en el país. Nunca se habla de pagar la deuda externa, como se rumorea folclóricamente en Colombia. La propuesta asciende, para esa época, a más de once mil millones de dólares.

La oferta fue realmente tentadora y audaz, ya que desmontar el narcotráfico, a tan gran escala, es una ingeniosa y saludable propuesta económica para el país. Todo a cambio de parar la extradición en Colombia. El mayor escollo es la muerte del Ministro; de todas formas, se promete hacer las consultas al gobierno y a la embajada norteamericana, por parte del Procurador y el ex-presidente López.

Un incidente agravaría las cosas; el General Noriega, ante la presión de los norteamericanos y buscando su favor, en beneficio propio, entrega a la *DEA* los laboratorios del Darién. Pablo y *El Mexicano* comienzan a dudar del hombre fuerte de Panamá y se refugian definitivamente en Nicaragua.

Pero algo más delicado estaba sucediendo; Barry Seal es detenido en Miami, con un cargamento de cocaína, apenas aterriza en una pista clandestina. Seal no quiere pasar un buen tiempo en prisión y se ofrece a colaborar con la *DEA* para aportar pruebas contra Pablo, Jorge Luis y Gonzalo. Los americanos dejan circular la droga decomisada para no levantar sospecha; les interesa más la captura de los tres capos. Seal vuela a Managua y continúa normalmente su actividad, pero esta vez ya es un informante de la *DEA*.

Pablo y Gonzalo organizan un vuelo con setecientos cincuenta kilos de cocaína, ya lista para su consumo, traída desde un laboratorio en Colombia.

Barry Seal, a bordo de un avión bimotor *Fairchild C-123 K Provider*, acondicionado con una cámara fotográfica, aterriza en la pista. Allí es fotografiado Pablo Escobar cargando bultos con coca, así como Gonzalo Rodríguez Gacha y Federico Vaughan, quienes supervisan directamente la operación.

Seal despega con la droga y la prueba fotográfica; tiene en su poder un tesoro que le asegura poco tiempo en prisión. A la llegada a los Estados Unidos, Seal entrega la droga y las fotos a los agentes de la DEA, quienes lo esperan ansiosos en la pista. El gringo es fiel a su país y a sus autoridades y traiciona al *Jefe*. Pablo, Jorge y Gonzalo, por informantes en los Estados Unidos, se enteran rápido de lo que ha hecho el traidor y salen de Nicaragua inmediatamente.

La noticia estalla en los medios filtrada por los americanos. La llegada de Pablo fue lo peor que le pudo haber sucedido a los *sandinistas*; ganaron dinero con él, pero la revolución se deslegitimó y puso a los norteamericanos en alerta, abriéndole el camino a los *contras,* que al final acabaron con los sandinistas. El episodio de

*Pablo Escobar dirigiendo el cargue de un embarque de cocaína en compañía de Gonzalo Rodríguez Gacha, el Méxicano y un funcionario nicaraguense, en el aeropuerto de Managua el 25 de junio de 1984. Esta imagen fue transmitida por el noticiero «TV. HOY» tomada de un servicio especial de la cadena CBS. (Foto cortesía periódico El Espectador)*

Barry Seal fue inocultable; las fotos de Pablo, *El Mexicano*, Federico Vaughan y los funcionarios nicaragüenses, cargando con cocaína el avión piloteado por Seal, fue contundente en el desarrollo de los hechos. Los sandinistas recibían de Pablo entre 500 y 1.000 dólares por cada kilo de cocaína, dependiendo del tamaño del embarque. Aparte de esto, cobraban 200 dólares por el almacenamiento y custodia de cada kilo de coca. Lo que no veían era que se estaban fraguando su propia muerte política y el principio del fin de la Revolución Sandinista.

Se va al traste la anunciada negociación de Panamá. Pablo Escobar decide regresar a Colombia; llega en su avión piloteado por Roberto Striedinger, aterrizando en el aeropuerto *Olaya Herrera* de la ciudad de *Medellín,* bajo la clandestinidad. De allí vuela, en uno de sus helicópteros a la *Hacienda Nápoles.* Jorge Ochoa y *El Mexicano* hacen lo mismo y se refugian en sus infraestructuras.

El *Patrón* regresa a dar la pelea militarmente; nadie puede avizorar el baño de sangre que se cierne sobre el país. El juicio a Barry Seal salpica duramente a los gobiernos panameño y nicaragüense. Los sandinistas, en cabeza del Ministro Tomas Borge, niegan todo y lo toman como propaganda sucia contra su gobierno, que no es bien visto por los americanos.

El juez federal norteamericano Herbert Shapiro, dicta orden de captura contra Pablo Escobar, Jorge Luis Ochoa, Gonzalo Rodríguez Gacha y Federico Vaughan. En estos hechos se fundamenta la orden de extradición de Escobar. El juicio a Seal muestra el peligro en que estuvo Pablo. El piloto declara que, en una oportunidad, en un vuelo entre Panamá y Managua, tuvo la tentación de aterrizar en las pistas del comando unificado de Estados Unidos, con base en Panamá y entregar a Pablo a los americanos, pero lo contuvo la pistola de Escobar, ya que nunca la deja ni siquiera para dormir.

Ya en Colombia, se lleva a cabo una gran cumbre en el estadero llamado *La Rinconada,* en *Girardota, Antioquia*. Allí se funda el grupo de *Los Extraditables*, quienes enfrentarán al Estado, para evitar las extradiciones hacia los Estados Unidos. La parte militar, de *Los Extraditables* era liderada por Pablo Emilio Escobar Gaviria y *El Mexicano*; los mandos medios, eran Luis Alberto Castaño, alias el *Chopo*, Jhon Jairo Arias Tascón, alias *Pinina*, Rubén Londoño, alias la *Yuca*; Carlos Alzate Urquijo, alias el *Arete*, Otoniel González Franco, alias *Oto* y Luis Carlos Aguilar Gallego, alias *Mugre*. La parte política era liderada por Alberto Santofimio Botero, bajo cubierta; él era quien mantenía informado a Pablo Escobar y a *El Mexicano*, acerca de las actividades e intenciones de la clase dirigente y el alto gobierno, todo obtenido con grandes sumas de dinero.

El primer comunicado de *Los Extraditables* se diseñó con un logotipo donde aparece, Hernán Botero [(1)] con la cabeza agachada y

*[(1)] El 15 de noviembre del 1984 Hernán Botero fue extraditado. Él, Said Alberto y Nayib Pabón Jatter, junto con Marco Fidel Cadavid se convierten en los primeros colombianos extraditables a los EE.UU. Hernán Botero era el dueño del Hotel Nutibara en Medellín y el cargo, que entonces no era delito en Colombia, fue el lavado de dinero.*

dos prisioneros que lo acompañan a cada uno de los lados, ambos encadenados. Es un mensaje pacifista y sin dientes, clamando por un mecanismo para abolir la extradición en Colombia.

Simultáneamente, se inicia una ofensiva pasiva pintando en todas las calles y carreteras del país, el eslogan *«Diga No a la Extradición»*.

Sin embargo, Alberto Santofimio recomienda a Pablo que hay que golpear la clase política, como única forma para tumbar la extradición.

Iniciando las actividades militares de *Los Extraditables*, mediante los asesinatos selectivos, Escobar extiende sus tentáculos fuera del país y va por Barry Seal, el soplón que trunca la negociación en Panamá y aporta las pruebas en las que se basa el gobierno norteamericano para pedir la extradición de él y de *El Mexicano.*

El *Patrón* manda buscar a Guillermo Zuluaga, apodado *Cuchilla,* un bandido fino e inteligente, de la escuela de Elkin Correa y Jorge González, el *Mico*. *Cuchilla*, oriundo de *La Estrella*, es un joven de 24 años, con buena presencia y talento para trabajos de cuidado en la mafia. Es el caso opuesto de un matón de barrio. *Cuchilla* recibe el encargo de matar a Barry Seal. Ubicarlo es fácil, matarlo no tanto; pero esa era la especialidad de *Cuchilla*. El juicio fue muy publicitado y Barry Seal quedó confinado en una base militar en Baton Rouge, en el estado norteamericano de Louisiana; esto no era un secreto para nadie. *Cuchilla* se sabe mover en Estados Unidos y domina el idioma. Viaja a Louisiana y ubica la rutina del soplón. Éste se mueve sin prevención alguna, sintiéndose seguro en su país; la gran lejanía del nuevo súper archi-enemigo, Pablo Escobar, le da tranquilidad. Como testigo de la fiscalía tiene sus privilegios y puede salir de la base en el día e ir a dormir a ella, en la noche. Goza de un tratamiento especial de semilibertad. Cuchilla está enterado de que estaciona su automóvil en un edificio de apartamentos al frente de la base y pasa caminado a cumplir su noche de cautiverio.

*Cuchilla* regresa a los Estados Unidos, acompañando a un empleado del capitán Roberto Striedinger que conoció a Barry Seal en Nicaragua, e identifica al traidor. Todo está listo. Las armas serán compradas en los Estados Unidos y el delator será ejecutado en el parqueadero del edificio donde rutinariamente deja su automóvil.

*Cuchilla* lleva tres hombres de su total confianza que no supieran de Pablo Escobar; él es el puente entre Pablo y la muerte de Barry Seal. *Cuchilla* va solo y con papeles falsos, alquila un automóvil. Se dirige a Baton Rouge y muestra al objetivo, así como el programa para llevar a cabo el plan, al día siguiente, en el operativo. Las armas se traen de Miami.

Guillermo Zuluaga, por orden de Pablo Escobar, debe salir de los Estados Unidos antes de la ejecución. Cuadra todo para que sus tres hombres salgan por tierra del estado de Louisiana, con un cambio de automóvil, alquilado por *Cumbamba*. Todo listo. *Cuchilla* sale rumbo a Colombia.

Sus tres hombres van por el soplón y lo ametrallan como está cronometrado. Muere en el suelo de su país. Los matones salen sin problema del parqueadero; pero a quince minutos de camino, cometen una infracción de tránsito y son requeridos por una patrulla policial. El oficial le pide los documentos al conductor y en ese momento, una alerta de la muerte de Barry Seal llega a él por su radio; el policía al ver que eran colombianos, saca su arma y los encañona, pide refuerzos y al ser requisados les encuentran las armas disparadas. Son detenidos, enjuiciados y rápidamente condenados a cadena perpetua. El rastreo de las dos armas da con los colombianos que las compraron en Miami. Las sospechas se orientan hacia Pablo Escobar, pero son puras hipótesis; pruebas, no las hay. Los enemigos del *Patrón* y los funcionarios pro-extradición, tiemblan. Los norteamericanos son golpeados en su orgullo; para *el Jefe,* no hay fronteras…

Sin dejar de atacar, Pablo da vía libre para que el *Negro Pabón* cumpla una de sus órdenes:

*—Vaya tras el Magistrado Hernando Baquero Borda de la Corte Suprema de Justicia... y mátelo.*

Es la lapidaria frase que pronuncia Pablo Escobar.

El 31 de julio de 1986, junto con seis de sus hombres, cumple el *Negro* el segundo encargo y, en el norte de Bogotá, ajusticia al hombre de leyes. El eco del magnicidio llega lejos; un nuevo golpe bajo para la justicia. *El Espectador* sindica a Pablo, el periodista Jorge Enrique Pulido lo afirma también y el diario *Vanguardia Liberal* clama por la extradición.

Entre tanto, el *Jefe* está tranquilo; ya no teme a la arremetida de las autoridades, ya se sabe mover bajo presión y por las alcantarillas…

*...El jueves 6 de noviembre de 1985, sobre las 11:30 de la mañana, en dos camiones y un vehículo, el grupo de veintiocho guerrilleros del M-19, al mando de los comandantes Luis Otero, Andrés Almarales, Alfonso Jacquin y Guillermo Elvecio Ruíz, ocupan el edificio del Palacio de Justicia en la capital colombiana, al frente de la Plaza de Bolívar, a unos cuantos metros del Congreso de la República y del Palacio Presidencial.*

*En el interior de la augusta y respetada sede se encuentran más de trescientas personas, incluida la totalidad de los miembros de la Corte Suprema de Justicia y del Consejo de Estado. El comando guerrillero toma el control del edificio y ubica prontamente al Presidente de la Corte, Alfonso Reyes Echandía, para que sea él quien dé a conocer las exigencias al Gobierno.*

*El Presidente de la República, Belisario Betancur Cuartas, se niega a hablar con Reyes Echandía y ordena al ejército rodear el Palacio. El Presidente de la Corte clama, vía radial, desde un teléfono de su despacho, por una salida negociada. Betancur insiste al ejército en la retoma, a sangre y fuego, del Palacio de Justicia, desoyendo los ruegos de Reyes Echandía. Sus palabras son desatendidas y su eco no llega al corazón del primer mandatario de los colombianos.*

*Más de cien personas mueren entre guerrilleros, abogados, visitantes, Magistrados y empleados de la Corte Suprema de Justicia. Once Magistrados, incluyendo a su presidente, Alfonso Reyes Echandía, son ejecutados...*

*Capítulo VII*

# *El altar de los holocaustos*

«Siempre me pregunté la razón por la cuál el *Patrón* aceptó, por tantos años, la carga de responsabilidad, frente a la opinión pública, acerca de que fueron sus hombres infiltrados quienes quemaron los expedientes y asesinaron al Presidente de la Corte y demás Magistrados…

«Recuerdo claramente aquel día en que el Patrón me comentó cómo después de pedirle una entrevista los líderes del M-19, Iván Marino Ospina y Álvaro Fayad, llegaron a la Hacienda Nápoles. En la larga reunión llevada a cabo allí le cuentan el ambicioso proyecto que tienen en mente: atacar el Palacio de Justicia.[2]

«Le dicen que quieren montar un espectacular operativo, frente a los medios de comunicación del mundo, en plena Plaza de Bolívar, para denunciar al Presidente de Colombia, Belisario Betancur, por haber incumplido y traicionado un cese al fuego y un diálogo pactado con la insurgencia, por el acuerdo firmado el 24 de Agosto del año 1984. Fue en 1983, en Madrid, cuando se iniciaron las conversaciones tendientes a plasmar el citado acuerdo, entre los dirigentes guerrilleros y el entonces embajador de Colombia en España, el candidato Belisario Betancur.

—*Belisario nos está tomando el pelo.*

Le dice Iván Marino al *Patrón* y él le contesta:

—*No, no les está tomando el pelo, es que en este país, los militares son dueños del presidente de turno y éstos no se encuentran dispuestos a seguir apoyando el proceso de paz.*

*[2] Popeye ha puntualizado en este tema que además de el Patrón, Pinina y Oto le narraron los hechos sobre la reunión a la que asistieron los líderes del M-19 y sobre el desarrollo de estos hechos. Nota del Editor.*

*—Si no hacemos estas cosas, Pablo, no seríamos fuertes negociadores en la mesa de diálogo.*

El *Patrón* les pide que le cuenten los detalles del operativo; de inmediato, Álvaro Fayad le empieza a explicar con no poco entusiasmo:

*—La operación la vamos a bautizar Antonio Nariño, por los Derechos del Hombre; contamos con cerca de cincuenta efectivos. Veintiocho guerrilleros que ingresarán por el sótano, donde ya tenemos un infiltrado quien nos abrirá la puerta. Previamente seis compañeros estarán dentro del Palacio, haciéndose pasar por abogados, y en la parte exterior tendremos diez compañeros atentos con la inteligencia y listos para apoyarnos.*

«Después de varias horas de discutir sobre el operativo, Pablo Escobar se pone de pie y les pregunta:

*—Bueno, muy bien, todo suena perfecto y ¿qué necesitan de mí?.*

*—Pablo, pretendemos tu financiamiento de toda la operación; a ti te conviene por lo de la extradición, por eso te buscamos.* —le dice Iván Marino Ospina.

*—Estimamos necesario un millón de dólares; es preciso traer fusiles de Nicaragua y explosivos C-4.* —Complementa Álvaro Fayad.

Pablo se queda pensativo y les dice:

*—Yo les presto un avión que puede aterrizar en la Hacienda Nápoles trasladando así las armas y los explosivos.*

*—Gracias Pablo,* —le contestan ambos en coro, entusiasmados.

*Iván Marino Ospina, cabecilla del M-19 en una manifestación en Corinto - Cauca, durante la firma del acuerdo del cese al fuego. Agosto 24 de 1984. (Foto cortesía periodico El Espectador)*

*—Pero les voy a proponer un negocio más interesante para ustedes. Debemos aprovechar esa entrada al Palacio para darle un golpe fuerte a la extradición.*

«Pablo Escobar ha recibido información de la gente que tiene infiltrada en las *Fuerzas Armadas*, acerca de una reunión llevada a cabo en el *Club Militar,* entre cinco funcionarios del Gobierno, el *Presidente de la Corte Suprema de Justicia*, *Alfonso Reyes Echandía* y los *Magistrados de la Sala Constitucional, Manuel Gaona Cruz, Carlos Medellín Forero, Ricardo Medina Moyano* y *Alfonso Patiño Roselli,* con el objeto de tratar el tema de la seguridad y la protección que necesitan, particularmente por el delicado asunto de la extradición.

«Pablo Escobar los tiene entre ojos, ya que *Reyes Echandía* es quien redacta el Código Penal de 1980 que autoriza y acoge la extradición; y esos Magistrados son quienes fallan a favor de la misma.

*—Les voy a entregar dos millones de dólares, pero va a haber cinco más esperándolos cuando hayan terminado el operativo*[3]*. Dos de mis hombres irán con ustedes con la misión de quemar los expedientes de todos aquellos que van a ser extraditados de Colombia hacia los Estados Unidos y de asesinar a Reyes Echandía, Medellín Forero, Medina Moyano y Patiño Roselli, por traidores a la Patria.*

Los dos hombres se miran e Iván Ospina dice:

*—No, no nos parece muy buena idea que vayan personas diferentes al comando, ya que nuestros hombres llevan varios meses entrenándose para el operativo y sería demasiado riesgoso para el éxito de la misión.*

*—Bien, entonces ustedes se hacen cargo de que se cumpla este objetivo.*

«Pablo Escobar los felicita por el proyecto y sugiere que vayan pensando en tomarse el Congreso de la República, deshaciéndose de todos los políticos corruptos, es más efectivo políticamente, provechoso y espectacular. Con un golpe como éste, el gobierno negociaría más fácilmente y cedería ante un acto de tal magnitud.

«Pablo Escobar decide financiar la operación con dinero y armas de la mafia. Si se logra poner fin a la extradición, promete al M-19 que ingresará una inimaginable suma adicional en dólares, para ellos, y las arcas del movimiento guerrillero. Pablo, con este operativo, gana por punta y punta. La incineración de los expedientes produce una demora significativa en los términos de los procesos de extradición.

«Al *Jefe* le seduce la idea de ayudar al grupo guerrillero, para con ello, de paso, atacar el núcleo de la justicia colombiana con la que está enfrentado. Pablo necesita eliminar a todos aquellos jueces

[3] *Nótese que el dinero que Pablo ofrece para después de la toma, cinco millones es adicional a los 2 millones que le piden para financiar, es decir, el que fue entregado antes de la toma.*

quienes, con su fallo, aprueban la extradición; por eso ha mandado a asesinar, antes que a los demás, al Magistrado responsable de la aprobación de la extradición.

«Los líderes del M-19 organizan la toma del Palacio de Justicia, terminando su entrenamiento en la *Hacienda Nápoles*. Allí, los guerrilleros ya han recibido para la toma, el envío de veinte fusiles y gran cantidad de munición, financiada por Pablo Escobar.

«A través de la cafetería de la Corte, gran cantidad de alimentos se han venido almacenando, gracias a agentes infiltrados por el M-19. Los cabecillas están convencidos que la toma durará meses.

«Los expedientes no son la mayor pérdida para el ente jurídico, ni tampoco la destrucción del edificio, es la muerte de sus once ilustres hombres de leyes, lo mejor de la inteligencia jurídica de Colombia. El país pierde; el M-19 pierde; la justicia queda herida de muerte, y Pablo Emilio Escobar Gaviria, gana. La muerte de los once magistrados le muestra cómo la justicia y el país son vulnerables y le permite ganar terreno en la guerra contra la extradición.

«El ejército combate por veintiocho horas, eliminando a los guerrilleros; veintiocho horas de felicidad para el *Capo de Capos,* observando, como un niño emocionado, por televisión, en vivo y en directo, la culminación del plan urdido por el M-19 y financiado por él. No sólo consigue desaparecer los expedientes por la quema, también evita el tener que cazar en la calle, a los firmantes de las extradiciones, quienes mueren incinerados y con una bala en su cerebro.

«El periódico *El Espectador* denuncia la mano de Escobar en la toma del Palacio; don Guillermo Cano vigila con lupa los hechos que tienen el sello del *Patrón* y los denuncia sin ningún escudo.

Pablo, mordiendo la esquina de una hoja de papel, dice:

*—Hay que matar a Guillermo Cano...*

«El M-19, tal como estaba planeado, niega nexos con la mafia para la toma. Sin embargo Alvaro Fayád y demás líderes se refugian en la infraestructura de Pablo Escobar en Antioquia, tras la persecución de las autoridades.

«Iván Marino Ospina se movía en Medellín como un parroquiano cualquiera[4]. Para la época, una cédula falsa era suficiente para pasar los pocos controles de la policía nacional, en las calles y carreteras del país. Era un hombre sencillo del común, un guerrero como pocos; Pablo lo respaldaba siempre y fueron buenos amigos. En Medellín se sentía muy seguro, ya que Pablo tenía controladas a las autoridades policiales por medio del soborno económico y nadie soñaría que allí el líder del M-19, se encontrara como en su casa. Utilizaba automóviles normales pertenecientes a Pablo Escobar; la mayoría de las veces se movía en un *Renault 4*.

«Los dos millones de dólares prometidos le son pagados al M-19, recibiéndolos Iván Marino Ospina[5]. Se les entregaron en un carro que tenía una caleta donde se encontraba escondido el dinero. Esto, adicional a los cuarenta millones recibidos anteriormente, por concepto de «viáticos», y todo mientras se preparaban para la toma.

«El periodista Jorge Enrique Pulido también ataca y deja ver en su programa que Escobar tiene responsabilidad en el espinoso asunto. Y una vez más Pablo, sentencia:

—*Hay que matar a Jorge Enrique Pulido...*

La sociedad tiene un depredador… y vive en Medellín…

[4] *La afirmación ha sido ratificada por Popeye y debe entenderse al periodo anterior a la toma obviamente y del tiempo de la amistad de Ospina y Escobar.*

[5] *Popeye confirma que este dinero le fue pagado a Iván Marino Ospina, siendo entregado por Pinina en la forma descrita. Pinina, además le muestra a Popeye la casa en la que él entregó el dinero encaletado en un carro. Este dinero, que fuera solicitado para financiar la toma fue entregado por este motivo antes de la misma y obviamene en forma previa a su muerte. Los preparativos de la toma duraron varios meses y por eso él pudo recibirlos a pesar de haber muerto 3 meses antes de la toma. A Popeye le consta y así lo afirma que en la contabilidad del Cartel de Medellín figuraba este pago al M-19 recibido en manos de Iván Marino Ospina.*
*Los cinco millones adicionales que Escobar ofreció, no fueron pagados o por lo menos Popeye no tiene noticia de ello ni los vio reflejados en la contabilidad del Cartel de Medellín. Nota del Editor.*

*Capítulo VIII*

# *Mensajes de fuego*

Ante el discurso del gobierno y la presión de la sociedad antioqueña por expropiar los bienes de los narcotraficantes, Pablo Escobar decide atacar personalmente a los ricos de *Medellín*. Va a la finca de Fabio Echeverri Correa, presidente de uno de los gremios más importantes del país, la Asociación *Nacional de Industriales de Colombia;* lo acompañamos, *Pinina, Chopo, Tato, Mamey, Paskin*, el *Trompón*, *Carlos Negro* y yo. La finca queda en el Oriente Antioqueño, en una de las zonas más costosas y exclusivas de la región. La casa, rodeada de jardines y pesebreras, donde hay finos caballos, muestra la pujanza y el dinero de los industriales antioqueños. Una construcción hermosa que refleja buen gusto, no sólo en la calidad de los acabados, sino en los muebles que la decoran.

Escobar ordena que rodeemos la casa, con los tres carros que conducimos, a prudente distancia uno del otro. Pablo se adelanta e ingresa a la finca. Entramos a la mansión con nuestras armas desenfundadas. Todos portamos fusiles *R-15* y el *Patrón* su ametralladora *MP-5*. No hay servicio de vigilancia ni cámaras de seguridad; pieza por pieza revisamos hasta el último rincón de la casa. Una mujer y dos empleadas de servicio son las únicas ocupantes del lugar en ese momento. La mujer, al ser indagada por el propio Pablo, manifiesta ser la esposa de un hijo del propietario de la finca.

Pablo Escobar le dice:

*—Somos Los Extraditables; comuníquele a su suegro, que la clase empresarial sufrirá los embates de nuestra organización, por su apoyo al gobierno y a la ley de extinción de dominio.*

La mujer contesta afirmativamente con la cabeza. Con las manos cruzadas y apretadas contra su boca, en señal de piedad y temor, no modula palabra alguna.

Pablo ordena abrir las puertas de las caballerizas para que seis hermosos caballos salgan galopando, salvándose así de las llamas; un perezoso perro San Bernardo es sacado por *Tato*, casi a rastras, desde la alcoba principal. El *Jefe* ordena sacar a las mujeres de la casa, mientras el *Trompón*, *Mamey* y *Paskin* aparecen con canecas de gasolina. Yo, al lado de Escobar observo todo el operativo. *Carlos Negro*, *Chopo* y *Pinina* vigilan a las tres mujeres, quienes ya sospechan las intenciones del *Capo*.

Pablo ordena que rocíen y esparzan la gasolina por todo el lugar, especialmente sobre los muebles, los cuadros, las paredes y la ropa de los armarios.

Los tres hombres obedecen y de arriba a abajo impregnan la casa de combustible, terminando en las caballerizas. Las tres mujeres horrorizadas se miran unas a otras y no dicen nada. Todos nos retiramos, junto con ellas. El perro no se separa de su ama.

Dando una muestra de lo que se le viene al país, Escobar enciende un fósforo y lo acerca a un camino de gasolina que *Paskin* ha traído hasta los pies del *Jefe*. El incendio comienza tímidamente. Pablo ordena entonces que vayamos a los vehículos.

No habrían transcurrido tres minutos cuando oímos una pequeña explosión. Escobar se detiene, se baja al igual que nosotros, y mirando la casa dice:

—*Vamos a ver hasta cuándo les dura su gobiernismo...*

Ya la casa arde con fuerza. El *Jefe* se queda mirando en silencio durante cinco minutos las inmensas llamas y la humareda que se ha formado. Subimos de nuevo al carro y nos ordena avanzar al escondite del *Tablazo,* en *Río Negro*.

Al día siguiente, encarga a *Pinina* que organice la quema del restaurante *El Vagón,* un símbolo de la oligarquía antioqueña. Por orden del *Patrón,* cuatro fincas más, de empresarios reconocidos, son quemadas y cinco autos oficiales corren la misma suerte.

Pablo Escobar es consciente que muchas familias en Antioquia se han beneficiado con el dinero que ha producido el narcotráfico. El auge del dinero de la droga impregnó todos los sectores de la sociedad, especialmente el del comercio. Las grandes construcciones arquitectónicas, las fantásticas discotecas, los autos de lujo, los caballos colombianos de paso fino, los aviones y los helicópteros privados, se han vendido. Curiosamente las familias tradicionales antioqueñas, al mejor estilo de una doble moral, en público desprecian a la mafia y le miran por encima del hombro, pero en privado y a puerta cerrada, concluyen y formalizan los negocios, vendiendo sus propiedades, muy por encima del valor comercial y recibiendo el dinero sucio sin ningún pudor. La gente de bien, sin embargo, no participa nunca directamente en el negocio del narcotráfico.

Un antioqueño prestante que quiso hacer negocios con Pablo Escobar, fue el banquero Félix Correa, quien le puso a disposición su entidad, con toda la infraestructura financiera; pero Pablo declina ese ofrecimiento por considerarlo riesgoso. Le daban más tranquilidad las caletas que los bancos…

*Capítulo IX*

# *La justicia en la mira...*

Con las espaldas cubiertas por la importante alianza que ha establecido con la guerrilla, Pablo va por el Juez Gustavo Zuluaga Serna, un funcionario que ejercía en la capital antioqueña y que siguiéndole el juego al asesinado Ministro Lara Bonilla, le ha dictado auto de detención al jefe del *Cartel de Medellín*, por la muerte de los dos agentes del *DAS*.

Contra Escobar no hay ninguna prueba, sólo sospechas; el juez se une a la masacre política que todos los frentes de la sociedad le han montado al *Capo,* desde Estados Unidos. Zuluaga Serna sigue en su cargo, como si nada estuviera pasando en el país; la muerte de sus colegas no le dice nada y sabe que está ubicado en el lugar más peligroso del mundo, *Medellín.*

El *Cartel de Medellín* es una organización con infraestructura tanto financiera, como militar y política, totalmente dedicada al tráfico de drogas, a los negocios lícitos e ilícitos, y al secuestro. La suma de estas actividades produce un portentoso ingreso de dinero.

El área militar se encarga del ajuste de cuentas, las guerras contra el *Cartel de Cali* y la guerra contra el Estado, para lograr acabar con la extradición. Esta ala cuenta con hombres que son jefes de bandas, matones, bandidos, sicarios, que hacen la inteligencia, el manejo de las caletas donde se guardan las armas, uniformes de policías y de soldados del ejército y automóviles robados para los operativos especiales.

El área militar tiene expertos en explosivos que preparan gente para que compre dinamita y sepan guardarla y manipularla.

El *Cartel* cuenta con varios helicópteros. Uno de ellos siempre es pintado con las insignias y los colores de la Policía Nacional. Igual se hace con los camiones y los automóviles pequeños.

El tráfico de drogas se maneja con *ruteros*, personas expertas en establecer las rutas hasta los Estados Unidos; los *cocineros* que están en los laboratorios, produciendo la cocaína; los *caleteros* de la droga, que la empacan y la camuflan; los *pilotos,* que la transportan; los *lavadores* de dólares que convierten la divisa en pesos colombianos y los *distribuidores* a gran escala, que están en territorio norteamericano. Y finalmente los *contadores* que se encargan de llevar las cuentas del *Patrón*.

La parte política del *Cartel de Medellín*, tiene su centro de operaciones en el *Congreso de la República* y se encarga de estar financiando a los Representantes y Senadores. Ellos tienen la misión de cuidar que no pasen leyes que les sean adversas a sus intereses.

«Esta área política, además daba apoyo y asesoramiento al grupo de *Los Extraditables*, fundado para hacer frente a la extradición de ciudadanos colombianos a los Estados Unidos. Como miembro orgánico del *Cartel de Medellín,* el doctor Alberto Santofimio Botero era asesor, bajo cubierta y en la clandestinidad, de esta organización. Por su participación recibía importantes sumas de dinero. Dado que manejé parte de la contabilidad de *Los Extraditables*, de los dineros que se captaban para la organización, en forma voluntaria o involuntaria, recuerdo muy bien que, muchísimas veces vi dineros entregados a Alberto Santofimio Botero que se contabilizaban bajo el seudónimo de «*El Santo*». Esto lo sé porque cuando yo iba a cuadrar las cuentas de dinero con Pablo le pregunté quién era «*El Santo*» y él me contestó que era Alberto Santofimio Botero. Había giros de veinte mil, cien mil, hasta de quinientos mil dólares. *Pinina* figuraba como el que entregaba estos dineros».

Uno de los objetivos del *Cartel* era lograr tener un Presidente de la República... Si esto no era posible, siempre era fácil comprar a sus colaboradores más cercanos. El dinero en grandes cantidades todo lo puede.

Esta área política también se encarga, igualmente, de sobornar a la Policía, al Ejército, a la Fuerza Aérea y a la Armada Nacional, con el propósito de que no miren por dónde sale la droga y estén atentos de la seguridad del *Patrón*.

Toda esa organización es controlada por un solo hombre: Pablo Escobar.

El 30 de octubre de 1986, un sicario de Pablo se cruza en la vía del juez, con una cuenta de cobro. Su rutina era total; se movía sin afanes, como quien espera la muerte. Sale del Palacio de Justicia, en *Guayaquil*, en pleno centro de *Medellín*, en una vieja camioneta anaranjada *Renault 12*. Cojea del pie derecho; una muleta lo ayuda a caminar. Tiene el rostro del juez un porte de mármol. Vive para la justicia de Colombia; hoy le toca morir por ella.

A las 12:30 del medio día, como era habitual, sale a pie del Palacio de Justicia, camina hasta su vieja camioneta, abre la puerta, introduce primero la muleta que le sirve por ultima vez, aborda el vehículo, enciende el motor y avanza hacia su destino.

*Pinina* conduce un *Renault 18, 2 litros;* a su lado va *Yuca* con un revolver *mágnum 44*; lo siguen a prudente distancia, esperando que salga del tránsito pesado. A la altura de la *Universidad Bolivariana*, *Pinina* le arrima el carro, ventanilla con ventanilla. El juez no quita la mirada de la vía; dos disparos de la mortal arma son suficientes para ajusticiarle.

La camioneta sin control, se estrella contra la acera. *Pinina* toma la Avenida 33 y sale, sin problema, rumbo al escondite *El Paraíso*; los sicarios se justifican y reflexionan sobre cuántos hombres inocentes tendrá este juez tras las rejas…

La noticia de nuevo llena los titulares de los periódicos y la prensa, hablada y televisada, se solidariza con la justicia.

*El Espectador* es el más duro en sus acusaciones; lo secundan como siempre *Jorge Enrique Pulido* y el periódico *Vanguardia Liberal*. Curiosamente, el primer diario del país, *El Tiempo,* no ataca de frente…

Este homicidio estrena al nuevo Presidente de la República, Virgilio Barco Vargas, quien llegó al poder el 7 de agosto de 1986. El presidente saliente, Belisario Betancur, fue despedido por la mafia con la muerte del *Magistrado de la Sala Penal de Casación de la Corte Suprema*, Hernando Baquero Borda, el 31 de julio de 1986.

*Capítulo X*

# *El Presidente se tira la fiesta*

El gran problema para los *Carteles*, es la extradición, por lo tanto ésta es atacada militar y jurídicamente. Hordas de abogados, dirigidos por el doctor Guido Parra y el mismo Pablo, se convierten en el brazo jurídico de *Los Extraditables*, que son asesorados por el viejo y experimentado abogado de Escobar, el doctor Humberto Buitrago. La parte política está a cargo y es manejada desde la sombra por el curtido hombre público Alberto Santofimio Botero, un personaje bien hablado, inteligente, frío, sin escrúpulos y ávido de poder político; ex-candidato a la Presidencia de la República, ex-senador, ex-representante y ex-presidiario. Estuvo preso por corrupción.

«Con el poder de la intimidación, el dinero, el brazo armado, el brazo jurídico y el brazo político, *Los Extraditables* tratan de cubrir todos los frentes. El 13 de diciembre de 1986, la extradición cae por vicios de forma. La mafia lo celebra. *Los Extraditables* respiran tranquilos y el país avizora un futuro sin más asesinatos entre sus dirigentes. *El Espectador,* en cabeza de Guillermo Cano, se va lanza en ristre contra los magistrados que pusieron fin al tratado de extradición. Lo mismo hace su colega de *Vanguardia Liberal* y más tímidamente, Jorge Enrique Pulido quien los secunda desde su programa. Presionan duro por el restablecimiento de la extradición.

«Nos sentíamos felices y yo pensaba que entonces sí había valido la pena el susto que pasé cuando el *Patrón,* días atrás, me ordena que viaje a Bogotá y le entregue al Conjuez, encargado de desempatar el tema de la extradición, una maleta conteniendo dos millones de dólares. El *Patrón* me dice que vaya tranquilo que la cita ya está cuadrada y que el magistrado había recibido la razón de que *Los Extraditables* le enviarían un mensaje. Siguiendo al pie de la letra las instrucciones del *Patrón,* llego a Bogotá y me recibe la seguridad de Gacha, 60 hombres en carros blindados, que me acompañan hasta la oficina del juez, protegiendo el dinero y que saliera bien la vuelta. El contacto que había gestionado la cita, ingresa conmigo, quedando los escoltas afuera. Tras unos minutos de antesala entramos y, tal como me había indicado el *Patrón,* puse la maleta sobre el escritorio diciéndole al juez que eran dos millones de dólares que le enviaban Pablo Escobar Gaviria y Gonzalo Rodríguez Gacha; que ellos no aceptarían la devolución del dinero. Le digo: *«usted ya sabe lo que tiene que hacer y lo que ellos harán en caso que no lo haga»...*

«Dejando al atónito juez con la boca abierta, parado frente a la maleta sin saber qué decir, tal como se me indicara, salgo presuroso del lugar sin inconveniente alguno.

«Todo duró alrededor de dos minutos... y al otro día cayó la extradición.

. . .

«Don Jorge Ochoa organiza una fiesta en su finca de *Bolombolo, Antioquia*. Invita a *El Mexicano*, a Gildardo *Yuca Rica*, a Pablo Escobar y a treinta narcotraficantes medianos. Para ese momento el *Patrón* y *El Mexicano* no tienen orden de captura en el país. Los hechos que generaron la lucha contra la extradición, le enviaron un mensaje claro a los servidores de la justicia: juez que les elevaba cargos, era juez que se moría. No tenían las autoridades pruebas de que estos dos personajes fueran los cerebros de *Los Extraditables* y, mucho menos, que tuvieran que ver con la muerte de los funcionarios del Estado. La única orden de captura que tenían vigente era la de los Estados Unidos, por el caso de Nicaragua y por culpa del piloto soplón Barry Seal. Sin la extradición, las autoridades no podían hacer efectivas esas órdenes de captura. Se avizora, por lo tanto, un gran futuro para la mafia, sin la extradición sobre sus cabezas. El triunfo se respira en el aire. Todo es felicidad.

«El *Patrón* sale para la fiesta; lo acompañamos *Arete, Pinina, Chopo, Paskin, Oto, Mugre* y yo. La fiesta comienza con abrazos, efusivos gritos y felicitaciones. Los músicos, un grupo de mariachis que entonan lo mejor de su repertorio; las bellas mujeres, alegran el

*Santofimio a su regreso a Ibagué luego de tres años de prisión, es ovacionado por la multitud. Marzo 19 de 1999 (Foto cortesía periódico El Espectador)*

*Pablo Escobar sin bigote, en compañía de Jorge Luis Ochoa Vásquez concediendo una entrevista. Octubre 26 de 1989. (Reproducción de la Revista Tempo de Francia (Foto cortesía periódico El Espectador)*

«alma» con sus pequeños bikinis. Fiesta de mafiosos sin chicas bellas no es una fiesta. Sus esplendorosos cuerpos adornan la piscina, teniendo como telón de fondo una costosa y hermosa cascada artificial.

«Nosotros, los dueños de la muerte, respiramos vida en medio de tanta felicidad. *El Mexicano* está dichoso y extrovertido con la música. Don Jorge, como buen anfitrión, se *faja* con la buena comida y los finos licores en abundancia. La escolta de *El Mexicano,* como siempre numerosa y bien armada, asegura el lugar. Nosotros, los guardaespaldas de Pablo, degustamos la comida, pero nos cuidamos de no consumir bebidas alcohólicas; sólo estamos pendientes del *Patrón*. La *Yuca Rica* con su charla amena se mofa de *El Mexicano*; son grandes amigos.

«El *Patrón* prende un cigarrillo de marihuana, le da tres pitazos y lo acompaña con una cerveza. Algunas mujeres, en la piscina dejan sus hermosos pechos al aire y comienza el coqueteo; están ahí para eso. Los barones de la droga les sonríen y juegan a conquistarlas. La riqueza de todos ellos es suficientemente estimulante para que se exciten. Millones de dólares son un muy efectivo afrodisíaco. De pronto, una serpiente de plástico, sacada del congelador, es arrojada sobre Gildardo *Yuca Rica* por *El Mexicano*; éste, que estaba distraído, brinca aterrorizado al sentir el frío animal en su cuello y grita con pánico, absolutamente descompuesto. Toma su arma y le apunta al pedazo de caucho que se asemeja al reptil. Todos ríen a carcajada suelta en forma escandalosa. El *Patrón* no puede parar de reír; ya la hierba le ha hecho efecto. Anécdotas de persecución son evocadas en la ocasión. Don Jorge cuenta que, estando en el departamento de *Córdoba*, cerca de *Montería*, en una finca de *Rafico* y durante una animada fiesta, amenizada por los mismos mariachis que tocan en este momento, la policía rodea la casa principal. Ante el imprevisto operativo, don Jorge y *Rafico* velozmente reemplazan a dos músicos, cogiendo sus sombreros e instrumentos, haciéndose pasar por ellos. Cuando la policía toma la sala y ordena que se separen los hombres de las mujeres y los músicos aparte, anuncian que van en búsqueda de Jorge Ochoa Vásquez. A todos les piden identificación menos a las mujeres y a los músicos. Después de tres horas de pesquisas, la policía abandona el lugar con las manos vacías. Detrás salen don Jorge y *Rafico*, antes de que el soplón de turno le confirme a la policía la presencia de los dos capos. Todos ríen y felicitan con aplausos a don Jorge por su buena ocurrencia y por la creatividad e ingenio de la fuga.

«Llegan las tres de la tarde y ya las bellas chicas están acomodadas en las piernas de los jefes mafiosos; sólo fiesta y alegría amenizan la reunión. Sentados juntos se encuentran *El Mexicano* y Pablo. Reflejan con sus gestos y su camaradería una buena amistad. Son un gran equipo de ganadores, charlan animadamente, encajonados por cuatro hermosas hembras, que los miran con curiosidad y falsa *melosería*. Siendo las 6:35 de la tarde, un vigilante del *Patrón* es portador de una muy mala noticia. Le habla al oído. El Presidente de la República, Virgilio Barco Vargas, ha dejado sin piso la decisión de la *Corte* y por la vía administrativa reanuda las extradiciones de colombianos a los Estados Unidos. La noticia cae como un baldazo de agua fría. Los músicos reciben la orden de no seguir tocando. Las mujeres se retiran prudentemente a las habitaciones. Los vasos con licor van de la mano a las mesas y todos se miran. Un silencio sepulcral invade la casa. Sólo se oye el tintineo de la cristalería al ser recogida por el servicio de meseros. Don Jorge, *El Mexicano*, *Yuca Rica* y Pablo Escobar se reúnen aparte. De pronto y en forma intempestiva se despiden secamente. Cada uno se retira de nuevo a su infraestructura de seguridad, para ocultarse.

«El *Patrón* ordena al *Arete* que organice la salida hacia *Medellín* con todas las precauciones del caso. Dos autos adelante abren el camino y sus ocupantes, atentos y listos para un eventual encontronazo con un reten policial, van informando al *Señor* a través de los radios portátiles, qué tan despejada se encuentra la ruta en la carretera. Miro al *Jefe* y lo noto ensimismado en sus pensamientos y la mirada fija en el horizonte. Con la mano derecha acaricia suavemente la pistola que empuña en su mano izquierda. Tengo la certeza de lo que está pasando por su cabeza… va a *encender a plomo* a las autoridades de Colombia…

*Capítulo XI*

# *El martirio de un periodista*

Es el 17 de Diciembre de 1986. Son las 6:45 de la tarde. Los asesinos están estacionados sobre la vía férrea que cruza la Avenida 68, en el occidente de Bogotá, con su moto *Yamaha DT 175,* encendida.

Quien conduce es *Carro Loco* y el parrillero, el *Negro Pabón*. Hace dos días Pablo Escobar les ha dicho personalmente a quién tienen que matar. Los buses pasan atiborrados de gente sobre la congestionada avenida. Es una hora pico donde los trabajadores salen de las fábricas; ésta es una zona industrial.

Un hombre pequeño, con gafas y de cabello blanco, está saliendo del parqueadero del periódico *El Espectador* en una modesta camioneta *Subaru.*

Los choferes de los buses que circulan en ese momento, reconocen al prestigioso periodista y amablemente le dan paso para que cruce y se dirija hacia el norte de la ciudad. Guillermo Cano, con una amable sonrisa en los labios, les extiende su brazo izquierdo y les da las gracias. Avanza y gira, totalmente desprevenido.

Los asesinos de la moto lo ven pasar como si fuese en cámara lenta; hay demasiado tránsito. Se ubican detrás de la camioneta casi sin acelerar. *Carro Loco* se adelanta, colocándose al lado de la ventanilla del periodista. El *Negro Pabón*, extendiendo su brazo derecho con impecable equilibrio, precisión y puntería, a escasos centímetros del cráneo de la víctima, descarga la ráfaga mortal. La sangre queda impregnada en todo el parabrisas de la *Subaru*. En medio de la congestión de buses y automóviles, la moto de los dos sicarios se pierde con rumbo desconocido.

Hace tres días, como si Guillermo Cano hubiese estado en la fiesta de *Bolombolo,* ha titulado en primera página y con grandes letras: «*Se le aguó la fiesta a los mafiosos*».

*Don Guillermo Cano Izasa, Director del diario El Espectador (Foto cortesía periódico El Espectador)*

Este titular le costaría al aguerrido periodista su vida y despertaría el suficiente odio en Pablo Escobar para que, más adelante, aparte de dictar su sentencia de muerte, ordenara un atentado dinamitero contra las instalaciones del periódico, que ciertamente lo dejan herido de muerte.

El país se conmociona; la prensa nacional e internacional se solidariza con *El Espectador* y la familia de Guillermo Cano. La muerte de la aguerrida pluma llega a los ciudadanos del común, sus lectores y los conmueve en lo más profundo. La noticia da la vuelta al mundo. Los medios de comunicación de todas partes hablan del magnicidio.

La guerra ha llegado de nuevo a las calles colombianas. Ahora la prensa está en la mira de la mafia. Ese mismo 17 de septiembre es asesinado el periodista encargado de judiciales, Raúl Echavarría Barrientos. Pablo Escobar también es señalado como el autor intelectual de este asesinato.

El entierro de Guillermo Cano es muy concurrido; la clase política, con el presidente Virgilio Barco al frente, el Poder Judicial y el Poder Legislativo, acompañan al féretro. Las fuerzas vivas del país se hacen presentes para rendir un homenaje por el que cae esta vez. Son los muertos que están quedando en el terreno de la guerra contra la extradición. Todos se asombran públicamente de la capacidad de respuesta de *Los Extraditables* pues, a pocas horas del restablecimiento de la extradición, la mafia se cobra una cabeza grande bajo sus balas.

Luis Carlos Galán Sarmiento aprovecha el hecho y empieza a hacer política sobre los ataúdes de sus amigos: el Ministro de Justicia, Rodrigo Lara Bonilla; el Magistrado de la Corte Suprema de Justicia, Hernando Baquero Borda; el Juez, Tulio Manuel Castro Gil; el Juez, Gustavo Zuluaga Serna; el Coronel Jaime Ramírez; los magistrados que murieron en la toma del Palacio de Justicia y éste último, el periodista Guillermo Cano.

Llegan las elecciones presidenciales. Galán compite por la Presidencia de la Republica con Virgilio Barco Vargas, sacando una modesta votación. A pesar de la derrota, anuncia que seguirá aspirando a la presidencia para el siguiente período y que seguirá atacando a la mafia y específicamente a Pablo Escobar. Sus amigos de la *DEA* y de la embajada de los Estados Unidos, lo buscan nuevamente y lo apoyan con dinero, garantizándole que será el próximo presidente. Galán es consciente que tiene que ir con todo contra Pablo Escobar, ya que sabe bien que el *Capo* no le perdona nunca la masacre política y moral que le propina en el *Congreso.* La única forma de acabar con su archienemigo es llegando a la Presidencia de la República y enfilando las armas del Estado contra la mafia; desde luego, contando con el apoyo de los norteamericanos.

Faltan dos años y medio para que comience la campaña política del nuevo período presidencial, pero el enemigo es gigante y es necesario comenzar lo más pronto posible. Escobar tiene en su plan de guerra como objetivo a Luis Carlos Galán, pero no lo ataca, ya que políticamente no representa mayor peligro, por el momento. El pobre resultado obtenido en su postulación a la Presidencia de la República, tranquiliza a Escobar. Desde luego, es consciente que, con Luis Carlos Galán en la presidencia, es imposible tumbar la extradición y sólo entonces la persecución sería mortal.

La prensa, un gran número de políticos, la justicia y todos los afectados por la guerra contra la extradición, apoyan a Galán y cifran sus esperanzas en el político. Los ciudadanos del común, ven en el caudillo liberal la tabla de salvación para parar el desangre del país. Su bandera: la cabeza de Pablo Emilio Escobar Gaviria. Pero esta vez la pelea no será en el *Congreso*, sino en las calles, contra un capo agigantado desde que le gana la partida, asesinando a su protegido Rodrigo Lara Bonilla.

Pablo Escobar, con la muerte de Cano, se quita de encima un hombre que presiona con sus editoriales. De esta forma desbarata un esquema que pretende tumbar la extradición. Igualmente, busca desalentar con ello a otros periodistas. Desde luego, la muerte de Cano envía un mensaje y da qué pensar a mucha gente.

Guillermo Cano le apunta a Pablo Escobar con una máquina de escribir, pero el *Capo* le apunta al periodista con una ametralladora y la hace disparar. Esta decisión se la ayuda a tomar el Senador Alberto Santofimio, en su calidad de asesor político del *Capo*. En principio, el *Patrón* gana la partida, pero el sentimiento anti Pablo Escobar, sembrado por el periodista en los artículos y editoriales, se profundiza con su muerte. Don Guillermo muere como un héroe, mientras Pablo vive… pero como un villano.

Esto consecuentemente no incomoda para nada al *Jefe*. Él es un bandido y está luchando contra la extradición. Con la muerte del periodista se gana poco, ya que la prensa le pasa la cuenta de cobro a Escobar por el asesinato de su colega, apoyando a Luis Carlos Galán. El *Patrón* va por sus enemigos, pase lo que pase. La guerra apenas comienza, hay muchos ataúdes con nombre propio, incluso el de Pablo Escobar.

A esta altura de la guerra el *Patrón* ya ha tocado a la justicia, al periodismo, a la policía, a los industriales y a la clase política. Pablo, envalentonado y recibiendo elogios continuos del mundo del crimen, por «*verraco*», se tiene más confianza para moverse en la ciudad y organizar una nómina que le garantiza seguridad. Cambia nuevamente las balas por el dinero. Empieza a comprar oficiales claves en la Policía de Medellín y muchos de ellos ceden a la tentación, adormecidos moralmente en su codicia y su ambición.

*Capítulo XII*

# *Caramelos para la DEA*

Son las 5:00 en punto de la mañana del 4 de febrero de 1987, en *Guarne, Antioquia*. Un cuerpo especializado de cincuenta policías, acompañados por agentes de la *DEA*, se desplaza sigilosamente rodeando la finca donde está escondido Lehder. Un gallo canta a lo lejos. Los diez muchachos de la banda *Los Pitufos,* de *San Pío,* en el municipio de *Itagüí*, el grupo de escoltas del *Capo*, se encuentran dormitando, absolutamente desprevenidos.

El director del operativo, a través de un megáfono, grita:

—*Entréguense que están rodeados*.

Pasados varios minutos, Lehder totalmente desaliñado, acabado de despertar, con el torso desnudo y los ojos exageradamente abiertos, grita aterrorizado:

—*¡No me maten, no me maten, soy Carlos Lehder, un ciudadano alemán!*

Lleva en sus manos el pasaporte. No usa su revolver ni su fusil, cuando sí los tenía que usar. En forma cobarde se entrega. El coronel que dirige la operación le dice:

—*Que bueno que nos trajo el pasaporte, así lo dejan subir al avión*...

En tiempo record es puesto en un avión de la *DEA*, rumbo a los Estados Unidos. Su extradición es por vía administrativa. No han pasado 24 horas desde su captura, cuando ya está en un calabozo norteamericano.

Es el fin para un romántico del tráfico de las drogas, un loco aventurero. Este triste ocaso se empieza a gestar cuando pasa sus últimos días al lado de Pablo Escobar, sintiéndose seguro bajo su protección. Pablo, con su impresionante operativo de seguridad, sigue frecuentando la *Hacienda Nápoles*. En el día está en la casa principal y cuando cae la noche, se retira a las profundidades de la extensión medio selvática de su propiedad. Mantiene vigilancia permanente a media hora sobre la carretera pavimentada, en doble sentido. Numerosos vigilantes en toda la *Hacienda*, controlan el más mínimo movimiento sospechoso. A través de sus radios, todos se comunican con un vigilante que está al pie de Pablo Escobar.

Los helicópteros representan un único peligro, pero su sonido nos alerta a kilómetros de distancia y dan el suficiente tiempo para ganar la seguridad de los árboles. Pablo se mueve en *Medellín* con precaución y va a sitios públicos sin ninguna dificultad. Varias noches, Lehder lo acompaña a la discoteca *Kevins*, el lugar de moda en la ciudad, por aquella época. No se desprende de él y de su revolver. El equipo de protección de Escobar asegura siempre el lugar, que cuenta con alerta temprana. La discoteca tiene una salida secreta de escape rápido.

Con bellas modelos se divierten hasta las 4:30 de la madrugada. Los amigos del *Rojo*, un ex-oficial de la Policía Nacional, bajo las órdenes de Escobar, le dan siempre espacio y tiempo a Pablo para moverse en *Medellín*, avisándole cada vez que se instala un retén policial en la zona. De la discoteca, Lehder y el *Patrón* van al escondite *El Paraíso,* en la ciudad. Para donde se moviera, Pablo lleva consigo a Lehder; así está durante cinco meses. El paludismo que éste contrajo ya es cosa del pasado.

Durante este período Escobar, mostrando una faceta diferente de su personalidad, insiste al amigo para que vea a su hija que vive en *Medellín.* Lehder acepta y Pablo envía a buscarla. Una preciosa niña de 12 años es llevada por *Pinina* al escondite; el saludo de su padre es distante. Se nota que son unos completos desconocidos. Lehder no es un hombre de familia. Comparten por dos horas fríamente;

éste le presenta la niña a Pablo Escobar y luego es llevada por *Pinina,* al carro, para ser sacada del escondite. Lehder se devuelve y se despide de beso en la mejilla con su hija.

El aventurero hombre, admirador del celebre músico inglés Jhon Lennon, a quien le hizo una estatua en una de sus propiedades, la *Posada Alemana*, en *Armenia,* se estaba despidiendo del mundo libre. Todo lo de su entorno mafioso parecía molestarle. Incluso un reloj Rolex de oro le incomoda en su muñeca; me pide que lo lleve donde le cambien la manilla por una de cuero. Ya no va con su fusil y su revolver al cinto.

Una limusina *Mercedes Benz* de su propiedad, única en el país, se la vende a Pablo. Con la persecución de las autoridades, un vehículo de estas características es un *encarte*. Esta limusina era el símbolo de Carlos Lehder en el Quindío, en sus años de bonanza y cuando los mafiosos eran aceptados y bien vistos. En ese tiempo, Lehder llegaba siempre al aeropuerto de Armenia, piloteando su propio avión.

El reloj sin la manilla de oro y con un simple pulso de cuero, muestra al *Capo* en decadencia, acentuando más aún su risible figura. La limusina traída de Armenia reposa en la colección de automóviles antiguos de Pablo Escobar. Archivado el emblema del gran *Capo* de *Armenia, Quindío*, falta que el destino archive a Lehder.

En medio de la guerra, Escobar saca tiempo para divertirse con su amigo. Organiza una fiesta en la *Hacienda*. Lehder no puede faltar; *Chopo, Oto, Mugre, Carlos Negro, Rollo, Icopor, Palomo, Pinina, Titi, Julio Lagarto, Monito Jorgito, Merengue* y yo acompañamos a Escobar. A las 10:00 de la noche, llega *Paskin* con quince prostitutas y comienza la reunión.

No todos nos embriagamos; Pablo prende su cigarrillo de marihuana y lo acompaña con una cerveza. Lehder entra en confianza con una de las prostitutas y se hace acompañar por ella. En el calor de la fiesta y el licor, Lehder saca una papeleta de cocaína y se da un pase; su acompañante lo secunda.

*Rollo,* acompañado de otra prostituta, al ver que Lehder tiene droga, se le arrima y le pide un pase. Lehder le señala a su chica que tiene la papeleta de cocaína en la mano y con una inclinación de cabeza, autoriza que le dé un pase a *Rollo*. La mujer, mientras abre la papeleta se fija en *Rollo* y le coquetea abierta y descaradamente; Lehder mira de reojo; *Rollo* le contesta con una sonrisa; Carlos Lehder lo nota. La joven con sus bellos atributos físicos, cabellera dorada, piernas perfectas y caderas que enloquecen, acaba de sellar el destino de estos dos hombres. Lehder, un Capo en pleno descenso y *Rollo,* un matón en carrera ascendente. La mujer no tiene nombre, no importa, sólo es el destino disfrazado de prostituta…

La fiesta continúa, la mujer coquetea con *Rollo,* éste le coquetea a la prostituta y a su papeleta de cocaína; va de nuevo por otro pase de cocaína; ya no le pide permiso a Lehder; la mujer le extiende la droga y *Rollo,* tomando con sus dedos el polvo, lo lleva a su nariz y consume una nueva dosis. Lehder permanece atento, pero no dice nada; ya la droga y el alcohol han hecho mella en su capacidad de reacción.

Llega la noche y Lehder se retira con su bella compañera al dormitorio asignado en la *Hacienda.* Pablo Escobar ríe y comparte, con una de las prostitutas, la misma cerveza; encendiendo un nuevo cigarrillo de marihuana, lo fuma a medias con *Chopo*. La noche está fresca, las loras escandalosas y en las cabezas los compases de la música. La luz artificial se refleja en la piscina, el aire huele a misterio, el destino está haciendo lo suyo. *Rollo* quita las manos de su acompañante y busca a Lehder y a la hembra. No los ve. Indaga a *Orejitas* por ellos. Éste le dice que fueron a la alcoba. A *Rollo* no le atrae tanto la bella figura de la despampanante rubia sino el divino tesoro que ella carga: la papeleta de cocaína.

Con el sopor del licor y la euforia del alucinógeno, *Rollo* no mide el respeto y le dice a *Orejitas* que toque en la puerta de Lehder y le pida a la *mona* un pase de cocaína. *Orejitas,* ya en manos del licor, no ve problema en hacerle el favor a *Rollo*, a quien veía como un hombre a emular. Tras insistir golpeando cada vez más duro, por casi diez minutos, la puerta es por fin abierta por el propio Lehder. Sin camisa ya, sin su revolver al cinto y con el fusil en el suelo, recrimina enérgicamente a *Orejitas*. Éste no le pone atención. Asoma medio cuerpo hacia la alcoba, ignorando totalmente al *Capo*.

—*Mona, que le mande a Rollo un pase...* —dice entre balbuceos *Orejitas*. La prostituta, sentada en la cama, en ropa interior y con la mirada chiquita, le contesta:

—*Claro, mi amor; con gusto.*

Arranca una hoja de papel de un libro que reposa en la mesa de noche, la parte rústicamente en cuatro pedazos y en uno de ellos comparte su droga y la de Lehder, con *Rollo*.

El *Capo* mira evidentemente molesto, pero no dice nada; sólo aprieta con fuerza el borde de la puerta. *Orejitas* avanza hasta la cama y recibe el encargo. Clava la mirada a los senos desnudos de la esplendorosa mujer. No resiste la tentación y baja su mirada al sexo de la bella rubia. Lehder no quita la mirada de los ojos de *Orejitas*, la *mona* mira al *Capo* y riendo lo invita a la cama con un gesto de su mano. *Orejitas* sale sonriente y Carlos Lehder azota con furia la puerta. *El Capo* toma la prostituta como su mujer; el paludismo, la marihuana, la cocaína y la violencia, ya han incidido en su cerebro. Éste piensa que *Rollo* va tras su mujer y no entiende ni asimila que el detonante de todo es la cocaína.

A las 2:00 de la madrugada, *Rollo* termina con su dosis de droga y busca de nuevo a *Orejitas*; se repite la historia pero esta vez Lehder no abre totalmente, sólo arroja, con la puerta medio abierta, el resto de cocaína que le queda, azotándola de nuevo. *Orejitas* se agacha y recoge la droga, da la espalda a la escena y riéndose va donde *Rollo*.

Excepto la seguridad de Escobar, todo el mundo duerme. Llega la mañana y la normalidad parece reinar; las camareras van de alcoba en alcoba llevando refrescante limonada. A las 8:30 de la mañana se oyen dos disparos secos que, con la resaca, se escuchan como de cañón.

Todos corremos fusil en mano, llevando en la mente al *Patrón*; una rápida mirada a la alcoba de Pablo, en el segundo piso, muestra que todo está en orden. El vigilante, con su radio en mano, lo confirma. Vamos a la primera alcoba que está abierta y sobre un gran charco de sangre reposa *Rollo* ya sin vida. Mirándolo con rabia, al pie del cadáver, está Lehder con su fusil en las dos manos, apuntándole al muerto.

—*¿Qué pasó Lehder?*—le preguntamos *Chopo* y yo y éste no contesta.

Unos segundos después Lehder se justifica:

—*Popeye, dile al general que el coronel mató a un soldado que le estaba faltando al respeto.*

Yo salgo sin decir nada. Los demás compañeros se quedan en la alcoba del incidente. Por las escaleras baja Pablo Escobar, poniéndose su camisa, ya vestido de blue jean y tenis.

—*¿Qué pasó, Popeye?* —me dice cuando me ve.

—*Patrón, Lehder mató a Rollo,* —le contesto.

Pablo ve una situación muy complicada. Por un lado, matar al *Capo* en ese momento, es un golpe contraproducente para *Los Extraditables*. Desaparecerlo era un lío, sobre todo después de la purga de grandes mafiosos que se hizo cuando vino de Nicaragua y sus nuevos aliados lo verían con muy malos ojos. Por otro lado, estaban sus bandidos que eran su fuerza básica.

Escobar tranquiliza al *Capo* y le habla, dándole la razón, como quien le lleva la corriente a un loco. El *Patrón* nos ordena sacar a *Rollo* y llevarlo a la funeraria de *Puerto Triunfo*, para que lo arreglen y se lo entreguen a su familia.

*Rollo* paga su osadía con un balazo de fusil. Le arrancó el hombro derecho y el segundo disparo le partió en dos la cabeza. Las prostitutas son sacadas de la *Hacienda* por *Paskin.* La *mona,* sin despedirse y sin mirar atrás, sale de primera. Ella sabe que tuvo algo que ver en la tragedia.

*Chopo* es encargado por Pablo de llevar a Carlos Lehder hasta un escondite del *Patrón* en el Oriente Antioqueño y prestarle gente para su seguridad. Pero como Lehder tiene un grupo de matones en el barrio *San Pío* de *Itagüí*, rechaza la seguridad que le brinda Pablo, acepta el escondite y dos carros.

*Chopo* lo acompaña con la seguridad que amerita el *Capo* hasta una pequeña finca de Guarne. Le deja los dos carros y da por cumplida su misión. *Orejitas* y yo, junto con el carro funerario, nos dirigimos a *Itagüí,* al barrio *El Rincón,* a llevar el cuerpo sin vida de nuestro compañero y amigo. Después de tres horas y media, llegamos a una cuadra de la casa de la mamá de *Rollo.* Le pido a *Orejitas* que me acompañe. El carro funerario espera a una señal nuestra. Caminamos a la casa de la madre, que yo solía frecuentar con *Rollo.* Con la puerta abierta, la mamá del difunto conversa animadamente con unas vecinas, en compañía de dos hermanas de *Rollo*. La viejita me ve y sin saludarme, dice de una, como sabiendo lo ocurrido:

*—No, a Rollo no.*

Y me mira esperando que yo se lo confirme. Lo hago con la cabeza. Estalla en llanto y pierde el conocimiento. Una de sus hijas la ayuda. Las vecinas miran asombradas, sin saber qué pasa. Voy hasta la puerta y hago señas al carro mortuorio para que se acerque.

Al llegar la carroza, el impacto es más fuerte en la familia de *Rollo.* Cuando fui por él, para irnos juntos hacia la *Hacienda*, la mamá nos había despedido con oraciones y al vernos llegar con *Orejitas*, su corazón de madre intuye la mala noticia. Después de una corta cita de condolencias para darle el pésame, explicamos lo que le pasó al compañero. Pagamos al conductor del carro mortuorio y vamos a buscar un taxi. En el trayecto le comento a *Orejitas*:

—*¿Notaste que estaba sin su escapulario*?

Se queda pensando y me dice:

—*Verdad Popeye. Claro por eso se murió…*

Pero reflexionamos que cuando se fue a dormir lo tenía puesto.

—*Yo juraría que se lo vi…* —me comenta *Orejitas* pensativo.

—*Debe haber sido Lehder el que se lo quita cuando lo mata* —le concluyo a mi compañero.

Ya Pablo Escobar tenía planes para Carlos Lehder Rivas; la suerte estaba echada, y el destino hizo lo suyo.

. . .

La admiración del pueblo por Luis Carlos Galán, al ir contra Pablo, después de todo lo que había pasado, es ascendente y esto se refleja en votos para las elecciones de Presidente de la República del período 1990-1994. La captura de un capo es pedida a gritos por el país y la clase política. *El Rojo* lleva una misiva a Escobar: la policía está siendo presionada desde el alto gobierno por una captura importante. Si esto no se da, serán relevados los oficiales que tienen el mando y vendrá una nueva cúpula policial a la ciudad y esto representa problemas para el *Cartel de Medellín.* Pablo Escobar le pasa la cuenta de cobro a Carlos Lehder por la muerte de *Rollo*. Un mapa de la ubicación del escondite de *Guarne* es entregado *al Rojo*.

Escobar tira a la presa Lehder a la jauría hambrienta de agentes de la *DEA*…

*Capítulo XIII*

# *La guerra sucia*

Pablo Escobar lleva una vida social muy normal, asistiéndo incluso a lugares públicos. En una oportunidad, *El Mexicano* lo visita y salen juntos al *Parque de El Poblado*; se sientan como dos parroquianos cualquiera, en uno de los negocios que da a la avenida. Los transeúntes y las personas de los establecimientos los miran con no poca curiosidad y asombro. El despliegue de seguridad esa tarde es exageradamente grande.

«Los guardaespaldas de Gonzalo Rodríguez Gacha ya no portan sus ametralladoras *M.60*, ni sus fusiles *Galil 7.62*; ahora portan armas con salvoconducto. El *Patrón* y *El Mexicano* ordenan dos *tintos* y charlan animadamente, ignorando la curiosidad que sobre ellos cae. Dos titanes de la mafia, sentados a una mesa de un café... Es un buen espectáculo. De pronto, de un negocio aledaño, dejan caer una persiana metálica y ésta golpea con fuerza contra el suelo; mecánicamente, todos los clientes voltean a ver a los dos capos; éstos, sin inmutarse, les devuelven la mirada. Pablo ríe discretamente, *El Mexicano* lo secunda; la tensión es fuerte, pero nadie se atreve a retirarse del lugar. Es una curiosidad morbosa. Pasados cuarenta minutos y con el mismo café en la mesa, pagan la cuenta, dejando una propina de doscientos dólares y salen del lugar. Toda la atención centrada en los hombres de la mafia.

«El *Patrón* va a la *Hacienda* en sus aviones como al comienzo y disfruta de su paraíso privado, sin prevenciones ni azares. Visita la cabaña del *Río Claro*, disfruta de los deportes acuáticos en su aero-bote y motos náuticas. Releva de la administración de la *Hacienda* a *Nandito*. El *Jefe* se queja que éste se levanta mas tarde que él y Escobar se paraba de la cama a las 11:00 de la mañana. El nuevo administrador es Héctor Barrientos, un hombre de *Medellín* y conocido de Gustavo Gaviria; el segundo era Hernán Henao, llamado

*H.H*, un hombre de ascendencia campesina, buen trabajador y amable. *Nandito* es trasferido a la oficina de *Los Lagos,* a labores de confianza con *Rodriguito Osorio*. Las actividades del *Patrón* son normales, como las de un industrial.

«De *Mónaco* a *Los Lagos* y los fines de semana a la *Hacienda;* la prensa no ataca con saña. Luis Carlos Galán en receso, pero trabajando subterráneamente por el restablecimiento de la extradición.

«Un busto del asesinado periodista don Guillermo Cano es erigido en pleno *Parque Bolívar* de la ciudad de *Medellín*. El *Jefe* no lo ve con buenos ojos, pero son tiempos de paz y acepta el hecho con sorna.

«Doña Hermilda dirige una asociación de maestras jubiladas; ella es la benefactora. Las lleva a la *Hacienda* y allí les hace pasar unos momentos inolvidables a las ancianas educadoras. Una de las maestras muere y doña Hermilda le hace un digno funeral; el *Patrón* saca tiempo y acompaña a su madre en la sala de velación. Todo el combo acompaña al *Jefe*. Escobar entra, saluda a doña Hermilda y después, a las demás personas; se acerca a la familia de la difunta, señalada por su madre; da el pésame y se sienta; ya las miradas no van al féretro, sino a Pablo Escobar y a nosotros. Pasados diez minutos se para, se despide afectuosamente de su mamá, de las demás personas y de los dolientes de la difunta. Doña Hermilda se ve feliz, plena por el detalle de su hijo y de verlo sin la persecución encima.

«En la ciudad, un sitio es famoso por la cantidad de cadáveres que la mafia deja allí: *la Cola del Zorro*. Es una estrecha ruta entre la transversal superior de *El Poblado* y la vía a *Las Palmas,* un atajo para cruzar prontamente al *Oriente Antioqueño*. Por su disposición, muy empinado y poco frecuentado, el paso permite advertir, desde lejos, cuando un vehículo sube. Su serpenteante trazado le da el nombre de *Cola del Zorro*. Las autoridades montan vigilancia por temporadas y después la olvidan; ahí mismo vuelven los cadáveres. La policía, cuando hace sus trabajos sucios, también deja en el sitio los cuerpos para que sea culpada la mafia. Es tal la frecuencia con que esto sucede, que los vecinos de la zona han llegado al extremo de colocar letreros que dicen:

***«Prohibido tirar cadáveres aquí»...***

«Saliendo de un partido de fútbol en el estadio *Atanasio Girardot* es abaleado el *Negro Pabón*. Diez tiros hacen blanco en su humanidad. En una rápida maniobra con su automóvil, alcanza a huir de los dos matones, que desde una motocicleta le hicieron el atentado. Milagrosamente, ninguno de los proyectiles le toca algún órgano vital; todas las heridas son superficiales. A los tres días, el *Negro* va a *Los Lagos;* Pablo se extraña de verlo cojeando y con tantas heridas. Le cuenta al *Patrón* su odisea y éste le dice:

—*Negro, ¿con quién tenés problemas?*

Y el *Negro* le contesta:

—*Con el único que tengo un serio problema es con Piña.*

—*¿Quién es Piña?*

—*Es un amigo con quien estuve preso en los Estados Unidos. Yo me manejo muy bien con él; en una oportunidad, los negros lo atacan y yo le pego un batazo al jefe de éstos, casi lo mato y el chiste me cuesta dos meses de calabozo. Él sale en libertad un año antes que yo y cuando va a abandonar el penal, se me pone a la orden de lo que necesite, pues estaba muy agradecido conmigo; yo le pido el favor que vaya donde la «*Flaca*», mi mujer, mire como está y si algo le falta, que la ayude. Cuando yo salgo libre, voy en busca de ella y me encuentro con la sorpresa de que están viviendo juntos. Ante mi intempestiva llegada, Piña se vuela para los Estados Unidos.*

Terminado su relato, Escobar le indaga:

*—Si Piña se vuela a Estados Unidos, ¿cómo cree que él es el responsable del atentado?*

*—Yo busco en New York unos amigos que lo conocen y les ofrezco un dinero para que lo maten; no lo hacen, por el contrario, encima me delatan.*

*—No hay duda, el hombre está detrás de usted,* —le dice Pablo.

El *Negro* continúa:

*—Él sabe que yo no descansaré hasta que lo mate.*

Pablo le pregunta:

*—¿De dónde es Piña?.*

*—Es del barrio Antioquia,* —le contesta el *Negro,* y añade: —*está ganando dinero a manos llenas, le mueve tres mil kilos mensuales a Pacho Herrera, en New York.*

*—¿Y quién es Pacho Herrera?*, —le interrumpe Escobar intrigado.

*—Es el socio de José Santacruz Londoño. Maneja la droga en New York, es un hombre muy rico de Cali*, —contesta el *Negro*, y complementa: —*yo soy amigo de Pacho Herrera, junto con Piña, estuvimos los tres en prisión; Pacho sale primero.*

Piensa un momento y dice el *Negro*:

*—En el atentado mío tiene que estar metido Pacho; Piña no hace nada sin consultárselo.*

*—Usted sabe Negro, que si le tiran a usted, me están tirando a mí y eso no lo voy a permitir,* —dice con rabia Pablo Escobar.

—*Gracias, Pablo.* —Le contesta con una sonrisa el *Negro.*

—*Si se acuerda que a Santacruz le hicimos el favor de matarle a Hugo; pues yo voy a llamar y le voy a pedir que me entregue a Pacho,* —le asegura Escobar y continúa: —*usted rastree a los dos tipos de la moto, empiece por el barrio Antioquia.*

—*Lo de los dos tipos de la moto es fácil, lo difícil es lo de Pacho Herrera,*—contesta pensativo el *Negro*.

—*Tenemos que quitarle el jefe a Piña, para poder ir más fácil por él…*—dice Pablo, mirando al *Negro* a los ojos.

«En ese instante, me di cuenta que nacía una sangrienta guerra entre los barones de la droga de Cali y Medellín.

Los dos poderosos carteles de la mafia se destruirían…

*Capítulo XIV*

# *ETA: Origen del terrorismo*

Don Jorge Ochoa es detenido por la policía; esto es un mal mensaje para *Los Extraditables*. Su única orden de captura es para ser extraditado y sin estar en vigencia la extradición, lo de Ochoa resulta muy grave. Don Jorge es trasladado a una cárcel de la Capital de la República.

«Los norteamericanos, listos con un avión de la *DEA*. El Ministro de Justicia, Enrique Low Murtra, busca todo elemento jurídico posible para legalizar la extradición de Ochoa; esta actitud le significará ser incluido en la lista del *Jefe*.

«La prensa abona el terreno presionando la extradición. *El Espectador* apoya al Ministro resaltando sus declaraciones. El periodista Jorge Enrique Pulido, con su programa de televisión, acosa.

«Pablo recibe información de que Luis Carlos Galán está detrás de todo el andamiaje político, presionando para abrir de nuevo las puertas a la extradición. El *Patrón* no tiene nada preparado en contra de los políticos y el gobierno. Sobre la marcha ordena a *Pinina* plagiar al candidato a la alcaldía de Medellín, Juan Gómez Martínez, un político de renombre en la ciudad y dueño del periódico *El Colombiano*, el tercer periódico de importancia en el país y el primero en Antioquia.

«El motivo del plagio es mostrarle al gobierno los dientes de *Los Extraditables.* Ante la inminente extradición de Jorge Ochoa, Escobar se sale del edificio *Mónaco* y va para *el Bizcocho*. *Pinina* le pide a la *Negra Vilma* que, acompañada por *Chopo*, vaya a la casa de Juan Gómez y le diga que ella quiere adherirse a su campaña, junto con las compañeras de su colegio.

«Le preparan un diálogo creíble. La casa del político, en el barrio *El Poblado*, queda a una cuadra de la avenida principal y a cinco minutos de una segura reacción de la policía. Precisamente, es custodiada por un policía. Hay que entrar, actuar y salir rápido, dicen *Pinina* y *Chopo*. Cuando la *Negra Vilma* confirma que el político está en casa, vamos por él.

«Una camioneta *Toyota*, tres automóviles *Renault 18, 2 litros* y todos nosotros con armas largas: *Pinina, Chopo, Julio Lagarto, Merengue, Trompón, Paskin, Pitufo, Monito Jorgito, Peto, Orejitas, Oto, Manolo, Ricardo Prisco, Carro Chocao* y yo, todos listos con fusiles *R-15,* fusiles *AUG 5.56* y ametralladoras Uzi.

«A las 7:30 de la mañana del 22 de noviembre de 1987, con la confirmación de que el político está en su casa, vamos sin demora al lugar. *Peto* y *Oto* aseguran al policía. La *Negra* toca el timbre. Nosotros nos ocultamos. Abre un hijo del político, pero con la cadenilla de seguridad puesta.

«La *Negra* pregunta por el doctor Juan Gómez Martínez; el joven le contesta que su padre atiende únicamente en horas de oficina, en la sede de la campaña. *Pinina*, que está atento, patea con fuerza la puerta pero ésta no cede; el hijo del político la cierra violentamente; *Julio Lagarto* la embiste y la puerta sigue en pie. Oigo cuando el joven dice:

—*¡Papi, el arma!*

«*Julio Lagarto* continúa golpeando, mientras *Pinina* enfila la camioneta contra la puerta del garaje. Suena un débil disparo y *Julio Lagarto* se queja, llevándose la mano al estómago:

—*¡Me dieron...!*

«Se escuchan tres disparos más. *Pinina,* le mete un tercer envión a la puerta del garaje, pero un automóvil estacionado, no la deja derribar por completo. Al cuarto envión la puerta cede. Un radio apostado sobre la avenida reporta la reacción de la policía; *Pinina* y *Chopo* ordenan la retirada.

«*Julio Lagarto* comienza a sudar copiosamente. *Pinina,* con la *MP 5,* suelta una ráfaga dentro de la casa y sale último. Todos los carros se retiran a alta velocidad. El policía es dejado a un lado, junto con su arma; salimos bajo persecución policial con el herido, hacia el escondite *El Paraíso*.

«Llegando a la Transversal Superior, logramos perder la patrulla; junto con el *Monito Jorgito* y *Orejitas*, llevamos al hospital de Envigado a *Julio Lagarto*. Tiene perforado el colon.

«El no llevar con qué derribar la puerta, creyendo abrirla sin mayor dificultad, es lo que hace fracasar el operativo. El político corre con suerte y frustra la operación. El hijo de Juan Gómez Martínez ha derrotado, con una mini pistola 25, a un comando de Pablo Escobar Gaviria, armado hasta los dientes...

«El *Patrón* dice que el susto también sirve y ordena hacer circular un comunicado, a nombre de *Los Extraditables,* adjudicándose el intento de secuestro. El gobierno recibe el mensaje, pero el Ministro de Justicia sigue apretando duro por la extradición. Escobar sabe que, mientras ésta no sea borrada de la *Constitución Nacional*, es un peligro latente.

«Pablo, en una conversación con el *Negro Pabón*, le dice que hay que tener un arma que amedrente y cree pánico, porque la guerra es un hecho; así la extradición sea prohibida por la *Corte*, los políticos, en cabeza del Presidente, por vía administrativa la pueden revivir.

«Luis Carlos Galán es el político de más peso en el país, después del Presidente de la República. Las encuestas lo dan como el próximo primer mandatario. Y este hombre es el enemigo político número uno de Pablo Escobar Gaviria.

«*El Negro* le cuenta al *Patrón* que, cuando estuvo preso en los Estados Unidos, conoció a un experto en explosivos, integrante de la *ETA*, un grupo terrorista del País Vasco en España. A Escobar se le prende el bombillo y pregunta si lo pueden ubicar. *Pabón* le pide dos días para indagar por él, con un amigo que tienen en común.

«El problema con Pacho Herrera, *Piña* y el *Negro Pabón*, sigue delicado. Pacho Herrera trata de mediar entre Piña y el *Negro;* le ofrece a éste un millón de dólares, para salirse del lío con Pablo Escobar; *Pabón* lo rechaza, pero no corta la vieja amistad que tiene con Pacho, aunque continúa teniendo en la mira a *Piña*, su enemigo.

«El *Negro Pabón* se pone de lleno a buscar al experto en explosivos. En diez días lo ubica, vía telefónica. Le envía diez mil dólares a España; en quince días está en el apartamento del *Negro*, en *Medellín.*

«Pablo, se encuentra en la *Hacienda Nápoles,* a la expectativa de lo que pase con don Jorge Ochoa y con su seguridad alerta. Lo de Ochoa es un termómetro que diagnosticará qué tan fuerte juega el Gobierno.

«El *Negro* llega a la *Hacienda,* por vía terrestre, con Miguel. Lo lleva al comedor, le ordena un refresco y va por Escobar a su habitación. El *Patrón* no lo hace esperar y baja, frotándose las manos, como quien quiere conocer a una estrella de cine. Miguel, el terrorista de *ETA*, ve venir al *Patrón* con el *Negro* y se levanta de su asiento, igualmente emocionado:

—*Pablo, te presento a Miguel,* —los relaciona el *Negro*.

—*Hombre, Pablo, que gusto conocerte,* —dice el terrorista, con su acento español.

«Se dan la mano. En ese apretón de manos está sellada la más sangrienta guerra de la historia del país. Es la llegada, a la República de Colombia, del terrorismo indiscriminado.

«El destino permite una alianza tenebrosa. Un experto dinamitero, con mente de terrorista y Pablo Emilio Escobar Gaviria, un narcotraficante sin escrúpulos. Cuando sueltan sus manos, ya la suerte está echada para miles de colombianos. Lo que no sabe Miguel es que también acaba de estrechar la mano de su futuro asesino...

«La reunión se prolonga por tres horas; Escobar llama a *Pinina* y le pide un hombre inteligente y despierto para que tome el curso y aprenda la técnica de los carros bomba, activados tanto a control remoto como por mecha lenta.

*—Tengo el hombre preciso, es un familiar mío que estudia ingeniería electrónica en la Universidad de Antioquia,* —dice *Pinina*.

*—¡Perfecto!* —contesta Pablo.

«Se le asigna a *Pinina* la responsabilidad de mover a Miguel y conseguirle todo lo que necesite, incluso la dinamita. El destino no juega, está escribiendo el temible libreto. Miguel es instalado en una de las fincas de Pablo Escobar, con todo tipo de comodidades.

«El terrorista es ordenado, meticuloso y muy profesional. Nada de mujeres, ni de bebidas. Actúa como un científico. Mientras llega José Zabala, alias *Cuco*, el nuevo alumno de Miguel, *Pinina* compra todos los elementos que requiere. Va al mercado negro de armas, junto con *Carro Chocao* y, en tiempo récord, consigue, traída de Ecuador, dinamita amoniacal; adquiere también los componentes electrónicos, ollas a presión, canecas de leche y mecha lenta. Lo faltante se obtiene en *Puerto Boyacá*.

«*Pinina,* junto con *Cuco*, van donde Miguel y le entregan lo pedido, en medidas y cantidades exactas. *Cuco* comienza a observar y aprende con facilidad la técnica. Trescientos mil dólares es el pago de Miguel.

«Mientras el terrorista español enseña a la mafia colombiana cómo se construyen los carros bomba, explica que la dinamita hay que manejarla con cuidado, porque es igual a una mujer celosa...

«En poco tiempo, Miguel y *Cuco* están listos para la primera demostración ante Pablo y *El Mexicano*. Un automóvil viejo, comprado en *Dorada* por Héctor Barrientos, es el elegido para ser detonado. Será el primer carro bomba que estalla en la historia del país. Un *Buick* modelo 65, con sus gruesas latas, es una buena prueba de lo que la dinamita puede hacer con un carro blindado. Llega el gran día para la mafia colombiana y la desgracia para el país. En la cabecera de la pista de la *Hacienda,* Miguel y *Cuco* terminan sus preparativos. Fuimos todos acompañando a Escobar, quien se dirige donde *Cuco*, y le pregunta aspectos técnicos; éste le contesta con seguridad. Es un examen al nuevo experto en explosivos. Miguel lo mira, mientras extiende un cable a una batería. Llega *El Mexicano* con su gran escolta, en cinco camperos, baja de la camioneta, se dirige a donde está Pablo, lo saluda y después nos saluda a nosotros. El *Patrón* llama a *Cuco* y le hace de nuevo las mismas preguntas, para que *El Mexicano* oiga. El carro bomba va a ser activado con una batería común. Escobar llama a Miguel y se reúnen por veinte minutos con *El Mexicano*. Cien kilos de dinamita amoniacal están a punto de volar. Miguel da la indicación de que nos retiremos a 50 metros de distancia. Se dispone suficiente cable hasta la batería. Todos miramos fijamente el viejo automóvil; nadie parpadea para no perderse la destrucción del carro. De pronto, con una fuerte explosión, seguida de una gran llamarada, desaparece ante nuestros ojos el pesado carro. La tierra se estremece bajo nuestros pies. Del cielo llueve toda clase de pedazos del automóvil. Escobar grita que nos cubramos, por poco nos cae encima metralla; estábamos muy cerca, miles de fragmentos vuelan a nuestro alrededor. Los dos *Capos* se ponen de pie, estaban acurrucados detrás de un pequeño muro. *El Mexicano* felicita efusivamente a Miguel. El *Patrón* hace lo mismo con *Cuco*. El destino está sellado; el terrorismo ha llegado a Colombia. *Pinina* le informa a Pablo que, con *Carro Chocao*, encuentran un proveedor grande, que les surtirá toda la dinamita que necesiten. El *Patrón* les dice que compren diez mil kilos, y los entierren en los diferentes escondites campestres del *Cartel*, en recipientes de plástico utilizados como tanques de agua.

«La primera víctima será la estatua de don Guillermo Cano, erigida en pleno *Parque Bolívar* de Medellín; *Pinina,* en compañía de *Séforo,* coloca un collar de dinamita en el cuello de la estatua del célebre periodista; enciende la mecha lenta y la explosión sorda saca la cabeza del pedestal y la envía a la mitad del parque. Los curiosos se asombran de ver un atentado contra una estatua, no encuentran una explicación, hasta que un paisa, hincha de Pablo Escobar, se arrima y dice: «*no ven que es la estatua del periodista que molestaba a Pablito*». Y antes de retirarse dice: «*que el diablo le escupa el culo a don Guillermo Cano*».

«Pablo, con su nuevo juguete, no se detiene ante nada. La guerra con el *Cartel de Cali* se prende. El *Patrón* me envía a Cali, junto con varios de los integrantes del *Cartel*; *Cuco* va por su lado, mandando por adelantado 150 kilos de dinamita, escondidos en un camión.

«*Pinina* compra un automóvil *Renault 9* en una compraventa de usados, con una cédula falsa. *Cuchilla, Séforo, Pinina* y yo, nos dirigimos a las calles, para conocer la rutina de Pacho Herrera. Varias casas son adquiridas, por el *Negro Pabón,* para cubrir las rutas habituales utilizadas por nuestro objetivo. Una habitación en el hotel *Dann,* es tomada por *Cuchilla,* dado que detrás del hotel queda una casa lote donde, dos veces por semana, va el *Capo* con su séquito de guardaespaldas. Volamos sin prevención de Medellín a Cali y viceversa. Los organismos de seguridad no nos conocen; unos buenos papeles nos cubren con la identidad de otras personas. La mafia caleña no sabe que atacaremos a uno de sus jefes. No hay peligro. Las jornadas de vigilancia son agotadoras. Después de veinte días, ya tenemos la rutina de Pacho Herrera: cruza los miércoles, a las 10:00 de la mañana, por una avenida cerca a la carrera 65. Si estacionamos el carro bomba allí, el daño colateral será grande, porque es una zona comercial donde, además, hay un gimnasio. Pacho no falla el cruce por allí. *Pinina* se reúne con *Pabón* y *Cuchilla,* acordando atacar al

*Capo* el próximo miércoles. *Pinina,* con el *Monito Jorgito,* lleva el *Renault 9* al sitio donde será el atentado; lo estaciona, se ubica en la esquina y con el control remoto activa el mecanismo que está conectado a un bombillo. El *Monito Jorgito* le da la señal de que el bombillo se prende. *Pinina* regresa al automóvil, desconecta el mecanismo y se devuelven al escondite. No hay duda alguna, ni interferencia probable, a simple vista... *Cuco* es llamado y arma el carro bomba, mezclando la dinamita con metralla de acero. La mete en dos cantinas de leche, de las más grandes; introduce una en el baúl y otra la camufla entre la banca trasera y los asientos delanteros del automóvil. Las conecta entre sí, uniéndolas al mecanismo del control remoto. La batería da la suficiente energía para activar el carro bomba. Ochenta kilos de dinamita, una carga dirigida, con un cono soldado en las cantinas de leche, contra Helmer Herrera Buitrago alias *Pacho Herrera*, jefe del *Cartel de Cali.*

«Llega el día miércoles, *Pinina* le ordena al *Monito Jorgito* que lleve el carro bomba al sitio convenido; detrás van él y el *Negro Pabón*, con el control remoto y con las pilas puestas al revés. Mover un carro bomba, armado y listo, es cosa seria. El *Mono* encuentra estacionamiento fácilmente, frente al gimnasio y junto al semáforo. Siendo las 9:45 a.m., *Pinina* nos coordina distribuidos en un área de 200 mts. En el segundo piso del gimnasio, un grupo de 30 bellas mujeres hace aeróbicos; están ubicadas en el área de influencia de la onda explosiva. El terrorismo es cruel. En ese momento pienso, que acá es donde el fin no justifica los medios; estas pobres mujeres serán las primeras víctimas de la nefasta alianza entre Pablo y Miguel. *Pinina* me saca de mis reflexiones, mostrándome a una señora, que con una pequeña niña, acaba de llegar a vender cigarrillos en el semáforo; me hace señas para que les compre los cigarrillos, a ver si se van. A *Pinina* no le importan las mujeres ricas del gimnasio, ni la gran mayoría de transeúntes, ni los automóviles que cruzan con sus ocupantes; le preocupa la niña y la señora. Representan la pobreza que vivió en su niñez... Le pregunto a la señora el precio total de los paquetes de cigarrillos, saco el dinero y le pago; la niña sonríe. Les doy la espalda con el cartón de cigarrillos en la mano, voy a mi puesto de vigilancia y mirando hacia el semáforo, veo a la señora y a la niña alejarse de la vía.

«Son las «10:20 a.m. La tensión aumenta, la zona sumergida en su bullicio urbano; en el gimnasio, las mujeres no paran de brincar. Antes de que pasaran cinco minutos, de nuevo aparece la señora con la niña y un nuevo cartón de cigarrillos. Miro a Pinina. Su cara cambia; le subo las cejas y los hombros en señal de que si le compro de nuevo los cigarrillos, éste me dice que no con la cabeza… La suerte está echada, no hay nada que hacer. «10:35 am., recibo la señal de *Séforo* y se la paso a *Pinina*. Éste le pone las pilas al derecho al control remoto y se retira a la esquina. Yo me retiro igualmente, miro por ultima vez la señora, la niña y a las mujeres del gimnasio. Me los imagino a todos muertos, ensangrentados. Se aproxima la caravana del jefe mafioso, viene a bordo de una camioneta. Tres automóviles lo secundan. El semáforo lo coge en rojo, queda exactamente al lado del carro bomba. *Pinina* oprime el botón del control remoto. Yo miro el carro del *Capo*, la señora y la niña, espero una explosión como la de la *Hacienda,* pero no ocurre nada. Miro de nuevo a *Pinina;* éste se mueve de atrás hacia delante, se agacha, se para, oprimiendo el botón, pero nada, no se activa el mecanismo. El semáforo pasa a verde y el *Capo* continúa su marcha. Es cuando *Pinina* quita las pilas del control remoto y lo guarda en su bolsillo. Me le arrimo; está de mal genio; llegan todos. *Pinina* se lamenta constantemente. *Pabón* lo tranquiliza. *Pinina* le dice *«¡no sé qué pasó, con el hijueputa mecanismo y el control remoto si con el bombillo funcionó!*

*—No hay nada que hacer, saquen el carro y vámonos* —dice *Cuchilla*.

*Pinina* le dice al *Monito Jorgito:*

*—Abra el capó, desactive la batería y vamos al escondite.*

«Se va la muerte de ese lugar. El destino actúa a su capricho, no era el día en que tenían que morir ni el mafioso, ni tantas otras personas. Curiosamente, contrariando mi condición de bandido y criminal, me siento bien, muy bien, pero no lo exteriorizo, para no incomodar a mis amigos que están furiosos. *Pinina,* el *Monito Jorgito* y *Cuco* viajan a Medellín a ver a Miguel para que les explique qué es lo que pudo haber fallado. *Pabón, Cuchilla, Séforo* y yo nuevamente a la vigilancia, a buscar otro sitio para ponerle el carro bomba a Pacho Herrera; *Pinina* se ha mostrado mucho con el control remoto; nadie se imagina qué es, pero, por seguridad, es mejor buscar otro lugar. De nuevo con extenuantes y monótonas jornadas de vigilancia en la casa, al pie del *Río Cali,* junto al hotel *Dann,* la casa del barrio Jardín y la casa del centro de Cali donde Pacho pasa con frecuencia. Miguel les explica, a *Pinina* y a *Cuco,* la falla del pequeño control remoto. Les pide que compren otro, más potente, que pueda ser activado desde el interior de un automóvil. Sin embargo, esa potencia tiene un inconveniente: es muy grande, su tamaño lo hace difícil de ocultar. Compran el nuevo control y regresan a Cali. Saliendo del aeropuerto, son detectados, consiguiendo eludir la persecución. No obstante esto, dos días después, a la madrugada, la policía allana, casa por casa, el barrio donde se encuentra el escondite, en cuyo garaje se halla el carro bomba. Les había llamado la atención que *Pacho Herrera* hubiese alterado su rutina. Habiendo conseguido, casi milagrosamente, eludir la requisa domiciliaria, se decide abortar el atentado, ya que la policía de Cali está totalmente al servicio de la mafia de su ciudad.

«Después del gran susto regresamos todos a Medellín con el amargo sabor del fracaso…».

*Capítulo XV*

# *Secuestros VIP*

Pablo, preparándose para la guerra, me ordena ir a la capital del país para hacerle inteligencia al candidato a la Alcaldía de Bogotá, Andrés Pastrana Arango. Este hombre es hijo del ex-presidente de la República, Misael Pastrana Borrero. El delfín político está buscando ganar dicha posición para catapultarse, de esa forma, a la Presidencia de la República.

«Es el niño consentido del partido político conservador. Al plagiar a este personaje, se pretende presionar a su padre para que colabore en la búsqueda de una solución definitiva a la extradición. Los políticos son los que están pujando a favor de la misma y es a la clase política a la que hay que atacar.

«La sede de la campaña está situada cerca al Concejo de Bogotá, una zona con mucho movimiento de escoltas. Voy y la observo; miro los desplazamientos del candidato durante diez días. En el lugar no resulta sospechoso que uno se quede parado vigilando; es un sitio muy transitado. Pastrana sale mucho y se muestra bastante. Su escolta consta de seis hombres que se ubican dentro de el edificio y cuando sale a los barrios, dos motos con cuatro policías lo acompañan.

«En la ciudad me hospedo en el apartamento de mi abuela materna. Ella me pregunta por mis estudios, yo le digo que estoy en Bogotá buscando una buena universidad. Termino la inteligencia y voy a Medellín, al *Bizcocho*. El *Patrón* me pide que le dé los datos obtenidos al *Negro Pabón* para que, junto con él, plagiemos al candidato y lo pongamos en Medellín. Toda la infraestructura necesaria se encuentra a nuestra disposición. Pero como el *Negro Pabón* está en su pelea con *Piña,* deja toda la responsabilidad del operativo en mis manos. Escobar y el *Negro* idean el plan y me lo entregan para su ejecución.

«No hay tiempo que perder, la extradición viene en camino y el secuestro de Andrés Pastrana no puede esperar. Un helicóptero legal de Pablo, piloteado por uno de *Los Magníficos,* es puesto a hacer la ruta Bogotá-Medellín, a las siete de la mañana y regresando a la capital en la tarde, casi por veinte días; esto para no despertar sospechas el día que vamos a sacar al secuestrado de Bogotá. Viajo a la capital, por tierra, con el *Monito Jorgito*, *Pitufo, Séforo, Cejitas y Orejitas;* nos hospedamos en el *Aparta-Hotel La 51,* cerca de *Chapinero*.

«El *Negro Pabón* se desplaza en su *Mercedes* blindado, hasta su apartamento en Bogotá, que sólo yo conozco. El *Negro* me pone un chofer que se orienta perfectamente en la capital y un *Renault 21* café, que será el automóvil para transportar al candidato, cuando lo saquemos de la sede política. Con Arturo, el chofer, voy a *Sopó, Cundinamarca,* a recibir una pequeña parcela que fue prestada al *Patrón*, por Chucho Gómez. *Sopó,* a una hora de la Capital de la República, es un municipio tranquilo, de pequeñas granjas. Con las señas que me da Chucho Gómez, prontamente doy con el sitio. Un inquilino me recibe. Le digo que por instrucciones de su patrón debe entregarme la parcela; como no me entiende, lo tranquilizo invitándole a que vayamos al pueblo y hablemos telefónicamente con él. Después de la llamada, todo está en orden. Pregunto al campesino si es sospechosa una casa desocupada en la zona y me contesta que no. Le doy dinero al hombre, empaca sus pocas pertenencias y parte con nosotros a Bogotá. Al otro día miramos la ruta de salida, desde la sede del candidato, hasta *Sopó.* Tiene que ser por las vías secundarias, ya que el tránsito en las vías arterias puede ser cerrado. El único problema es el paso por *Hato Grande,* al norte de la ciudad por la autopista, una casona al servicio del Presidente de la República. Allí se mantiene un piquete de soldados y a veces hacen retenes de control. Después de *Hato Grande*, circulando por carreteras internas, se llega a una urbanización de casas campestres, en *Sopó.* Pongo a Arturo a pasear todos los días por el retén de los soldados y la portería de la urbanización, para familiarizar el carro, más o menos a la hora que pasaremos con Andrés Pastrana secuestrado, que, si todo sale bien, será a las 6:45 de la tarde.

«Con el *Negro* y Arturo, en riguroso vestido de paño, vamos a una compra venta de carros usados y con una cédula falsa adquirimos, en efectivo un *Mazda 626 L* verde y un campero *Toyota* blanco. Los guardamos en el aparta-hotel.

«Por las armas no hay problema, ya que el *Negro* tiene suficientes en Bogotá. Arturo me acompaña en el día y en la tarde hace su ronda acostumbrada.

«Llevo al *Pitufo*, *Monito Jorgito*, *Séforo, Orejitas* y *Cejitas* a Unicentro y les compro vestidos de paño, camisas, corbatas, zapatos elegantes y hasta calzoncillos; los regreso al hotel con todo el andamiaje listo. Igualmente, yo voy a una elegante tienda de hombres al norte, en la carrera once y me compro un vestido fino.

«En compañía de Arturo, sacamos el *Mazda 626 L* y vamos a la sede de la campaña de Andrés Pastrana. Arturo adelante, de chofer y yo atrás muy elegante. Llegamos al parqueadero del lugar. Arturo se baja y me abre la portezuela; yo me compongo el vestido, saludo al policía de la puerta, éste me contesta e ingreso al lugar.

«Los mismos seis escoltas, que detectamos en el trabajo de inteligencia, están sentados en el primer piso. Me presento ante la recepcionista como el doctor Alexander Vélez y le solicito una cita con el candidato. Ésta me anota en una lista y me pide esperar, junto a otras personas. Analizo todo el movimiento de la oficina; desde mi asiento, observo la reacción de los escoltas ante extraños y detecto que es nula. A las dos y media de la tarde la recepcionista me autoriza para subir al segundo piso y anunciarme con la secretaria privada de Andrés Pastrana.

«Subo las escaleras y llego ante la secretaria; ésta me pide, cortésmente, esperar un poco; mientras estoy sentado en la recepción, ella mira y repara en mi vestido. Su cara muestra aprobación; a los quince minutos me indica que siga a una oficina tras un librero. Allí Andrés, señala un asiento frente a su escritorio, mientras cuelga una llamada. Le doy la mano, presentándome.

—*¿En qué le puedo servir, doctor Alexander?,* —me dice Andrés.

—*Candidato, yo soy el vocero de un grupo de amigos paisas que quieren apoyar con 1500 votos su postulación y cuando ya usted sea alcalde, nos ayude con una sede para nuestra colonia en su ciudad.*

Andrés me mira y observando mi ropa dice:

—*Doctor Alexander, me interesa su oferta; lo podemos discutir con uno de mis asesores.*

—*Nosotros, aparte de buscar la sede, también somos conservadores totales,* —interrumpo al candidato.

Éste sonríe y yo continúo:

—*Lo que necesitamos en realidad es un aporte pequeño y que el encargado de la cultura en su alcaldía nos apoye, ya que contamos con recursos.*

—*Creo que no hay ningún problema doctor,* —me contesta.

Y llamando a su secretaria dice:

—*Por favor, déle una cita al doctor Alexander para el 16 de enero y nos reuniremos con Camilo Gómez.*

—*Listo doctor,* —contesta ella cuando sale.

«Andrés me da unas indicaciones para la cita. Poniéndome de pie, me despido de mano con palabras amables y salgo. A la secretaria le hablo con melosería diciéndole que, con una secretaria tan bonita, esa Alcaldía ya la tenemos asegurada.

«Bajo tranquilamente las escaleras, contando los escalones y fijándome en los detalles, para así poder describir el lugar al *Negro*

*Pabón* y a los muchachos. Me despido de la recepcionista, miro a los escoltas, estos no me devuelven la mirada y me voy. Arturo me abre la portezuela trasera y arrancamos.

—*Vamos donde el Negro Pabón*, —le digo a Arturo.

Éste mira el reloj y me recuerda que ya es la hora de hacer la ronda; me bajo del *Mazda* y tomo un taxi. Al llegar, le digo a Pabón:

—*Listo Negro, tengo una cita para el 16 de enero a las 4:30 de la tarde.*

—*Bien Pope, tenemos suficiente tiempo para pulir los detalles*, —me contesta animado.

«Al otro día, el 5 de enero de 1988, el Gobierno Nacional acude a Decretos de Estado de Sitio y establece la extradición por vía administrativa. Ya don Jorge Ochoa Vásquez se ha escabullido en las fiestas navideñas, pero sus abogados lo tranquilizan y le llevan una boleta de libertad. Al fin y al cabo, su detención era injusta, pues no estaba vigente la extradición y las órdenes de captura estaban suspendidas.

«Con la extradición en pleno, los medios de comunicación festejan en sus titulares. Todos apoyan a Luis Carlos Galán, especialmente el periódico *El Tiempo* y la prensa hablada. Los más duros, como siempre, son *El Espectador,* Jorge Enrique Pulido y en menor escala, el periódico *Vanguardia Liberal*. Le siguen cobrando a la mafia la muerte de Guillermo Cano.

«Los norteamericanos, felices, aunque la truncada extradición de don Jorge Ochoa, por falta de herramientas jurídicas, los tiene en contradicción con el gobierno colombiano. Esta vez, el *Lear Jet-25* de la *DEA* se va vacío.

«Son libradas nuevas órdenes de captura con fines de extradición para Pablo Emilio Escobar Gaviria, Gonzalo Rodríguez Gacha, Jorge

Ochoa Vásquez y Fabio Ochoa Vásquez. El triunfalismo político es total, pero no sabe la clase dirigente lo que les corre *pierna arriba,* a ellos y al país.

«El *Patrón* nos retaca por el plagio de Andrés, nosotros lo tranquilizamos. Escobar se mete en la seguridad de la *Hacienda*; de nuevo, en el día está en la casa principal y al caer la noche, se interna en la selva. Llevo a uno de *Los Magníficos* junto con Arturo a la parcela de *Sopó;* éste se ubica y me pide que, el 17 de enero, día convenido para que me recoja junto con Andrés Pastrana Arango, haga una fogata a las 6:50 de la mañana, como señal de que todo está bien. El día 15 de enero vamos el *Negro* y yo al aparta-hotel y cerramos el plan. Frente a los compañeros, yo describo el escenario y acordamos lo siguiente: Arturo llegará conmigo en el *Mazda*, a la sede, tal como lo hicimos el día que hablé con Andrés; *Pitufo*, el *Monito Jorgito*, *Cejitas* y *Orejitas*, todos perfectamente vestidos de paño, irán en el *Toyota* blanco, con propaganda de la campaña de Andrés «Diciendo y haciendo», pegada en las puertas, para tranquilizar al policía y a la escolta del candidato. El *Toyota,* conducido por el *Pitufo*, simula perfectamente la seguridad del doctor Alexander; este auto quedará en el parqueadero con el combo, a la espera de una señal mía. Arturo con el *Mazda* listo y el motor en marcha. El *Negro Pabón* llegará con el *Renault 21* café para el trasbordo y lo estacionará a la vuelta, con las llaves puestas; yendo al frente de la sede, simulará esperar un autobús, también pendiente de mi señal.

«El *Pitufo* encañonará al policía de la puerta, lo desarmará y lo entrará a la casa, lo más discretamente posible; el *Negro Pabón, Cejitas y Orejitas* encañonarán a los escoltas del candidato. El *Monito Jorgito* subirá conmigo a la oficina de Andrés Pastrana y lo bajaremos diciéndole que somos un comando del M-19 y lo necesitamos para enviarle un mensaje al gobierno y que en una hora estará libre. Con la escolta controlada, el *Negro* desconectará los teléfonos.

«Las armas de los guardaespaldas se les dejarán para evitar un forcejeo por ellas. Si se presentara algún imprevisto en la planta baja, el *Negro* decide qué hacer. El candidato será sacado en el *Mazda*.

Conmigo saldrán Arturo y el *Monito Jorgito;* daremos la vuelta a la manzana y estacionaremos al lado del *Renault 21*. El candidato irá al maletero del *Renault;* Arturo conducirá, el *Monito Jorgito* y yo en la banca de atrás, como dos ejecutivos. *Pitufo,* el *Negro Pabón, Cejitas* y *Orejitas*, saldrán de la sede después que nosotros lo hayamos hecho. Cerrarán la puerta y le advertirán a los escoltas que ésta ha quedado asegurada con una granada de mano; se irán en el *Toyota* y cada cinco cuadras se bajará uno, dejando su arma en el vehículo. El *Pitufo* va a un parqueadero y quitándole la propaganda al carro, lo guarda con las tres sub-ametralladoras. Cada uno viajará por su lado, en bus, a ciudades diferentes, excepto Medellín. El *Negro Pabón* se moverá solo; saldrá caminando de la sede y atravesará la avenida con su arma encima. Él nos proveerá dos pistolas *Sig Sauer* 9 milímetros y cinco sub-ametralladoras *Mini Uzi* con suficientes proveedores cada una. Arturo con una pistola y la otra para mí. El *Monito Jorgito*, el *Pitufo, Cejitas* y *Orejitas* cada uno con una *Mini Uzi;* el *Monito*, a una señal mía, subiendo las escaleras, me entregará una de las sub-ametralladoras. Los escoltas estarán perfectamente copados; portaban una ametralladora *MP-5* de las largas y una *Uzi* grande, el resto debían tener pistolas; sólo portan un radio. Sus fallas de seguridad son totales; no requisan a las personas, incluso a las que suben donde el candidato. Se mantienen juntos, no reparan en nadie. Esto es lo que juega a nuestro favor.

Todos con suficiente dinero en el bolsillo, estamos listos; sólo falta llamar al piloto y confirmarle la fecha para que nos recoja. Salimos el *Negro*, Arturo y yo del aparta-hotel a mirar el recorrido completo, desde la salida de la sede, con el trasbordo del *Mazda* al *Renault 21*, hasta la parcela en *Sopó*. Todo milimétricamente planificado. El helicóptero, sin falla haciendo el recorrido diariamente, lo mismo Arturo por carretera.

«Vamos al apartamento del *Negro* y lo dejamos. Me confirma que al otro día, tipo 2:00 de la tarde, el armamento estará en el aparta-hotel; las pistolas para Arturo y para mí las recogeremos en el domicilio del *Negro*. Yo vivo en la casa de Arturo; estamos compartimentados para evitar una detención masiva de las autoridades. Bajo tortura, cualquiera podría ceder. Los muchachos del aparta-hotel son los que más riesgo corren, ya que las autoridades hacen registros permanentes en esos lugares, pero al no conocer el apartamento del *Negro*, ni la casa de Arturo y menos aún, la finca de *Sopó,* estamos cubiertos en ese sentido.

«En el hotel no tienen armas, ni nada ilegal. El *Monito Jorgito,* Arturo y yo entraremos a la finca de *Sopó;* como es de noche y es muy difícil ubicarse, en caso de que fueran detenidos en la ciudad después de salir de la parcela, sería casi imposible que pudieran delatar el escondite. Al que detuvieran del comando le arrancarían el alma a golpes, preguntando por el célebre secuestrado; vamos a plagiar al hijo de un ex-presidente de la república, candidato a la alcaldía de la mayor ciudad del país, un hijo del poder oligárquico, moldeado para ocupar los más altos cargos. Hijo del jefe de la oposición política al gobierno liberal de Virgilio Barco. Vamos a sacudir a la clase política colombiana, a conmocionar al país y al gobierno. A burlar la policía más especializada con asiento en la capital: *DAS, DIJIN, SIJIN*; le mediremos el pulso a las Fuerzas Armadas cuando reaccionen después del secuestro; los organismos secretos del ejército, *B2* y *Charry Solano,* irán tras nuestro rastro.

«Todo lo tenemos bien planeado, pero sacar al candidato de su sede, en un lugar donde a treinta metros está el *Concejo de Bogotá* y los escoltas pululan, es complicado. Las variables están en contra, un puñado de bandidos de las comunas de *Medellín*, simples matones, el único de peso en el grupo es el *Negro Pabón;* él nos da valor y confianza.

«Yo, salido de un hogar de clase media alta, que pasando de ser un simple guardaespaldas y matón, en mi ascenso dentro del *Cartel*, soy hoy el comando encargado de dar la respuesta al Estado por el reciente restablecimiento de la extradición...

«En nosotros confían Pablo Escobar, Gonzalo Rodríguez Gacha, y el resto de extraditables. Si fallamos seríamos hombres muertos; el gobierno y sus organismos de seguridad nos ametrallarían en las calles capitalinas, sin pensarlo dos veces; si todo nos sale bien, un apretón de manos y una felicitación de Pablo Escobar y *El Mexicano,* serán suficientes para mí. Adquiero respeto dentro del *Cartel de Medellín.*

«El *Negro* me delega toda la responsabilidad del operativo para que yo aprenda a hacer cosas grandes. Llega la noche, voy a mi cuarto, me acuesto y repaso todo el plan en mi mente una y otra vez; el único temor que siento es fallar. No quiero que me pase lo que le sucedió a *Pinina* cuando intentó plagiar al candidato *a la Alcaldía de Medellín,* Juan Gómez Martínez. Me anima la deficiente seguridad dentro de la sede y el anonimato que me brinda la ciudad, con casi cinco millones de habitantes; no es fácil para las autoridades buscar un solo carro del que no conocen sus características. Me fortalece poder pagar al *Patrón* todo lo que hizo por mí, cuando me hirieron en Cartagena, la visita que hizo a mi casa y su respaldo.

«Cuando tengamos a Andrés Pastrana Arango, en el supuesto caso que la policía nos interceptara, ahí sabríamos qué tan poderoso es su padre para negociar la vida de su hijo predilecto y buscar que las furiosas armas del Estado no ocasionen que nosotros le matemos. Las órdenes de Pablo Escobar son tajantes: no le puede pasar nada al candidato, pero, sobre el terreno peligroso de lo inesperado, es otra la situación.

«Llega el día 16 de enero de 1988; me levanto entusiasmado, listo para morir, firme y positivo. La ciudad está bajo un operativo de *Los Extraditables*. Sé que Pablo Escobar está en su escondite pensando en la misión a mi cargo y esto me enorgullece.

«Paso la mañana en la casa con Arturo y su familia, ajena a todo. Llegan las 12:30 del mediodía, voy con Arturo donde Pabón. Almorzamos con *Careloco*, el asesino de su confianza; se alista para ir a llevar las armas al aparta-hotel; me entrega mi pistola y la de Arturo, con un proveedor de repuesto. El *Negro* tiene a mano su *MP-5*.

—*¿Qué, Popeyito, tranquilo?* —me dice riéndose el *Negro.*

Le contesto serio:

—*Más o menos Negro, la responsabilidad es grande.*

«*Careloco* va al hotel y entrega las armas. Regresa al apartamento dando un parte de normalidad total. El *Negro* se viste de blue jean, tenis y chaqueta. Ya Arturo y yo estamos perfectamente vestidos.

«Son las 3:00 de la tarde. El *Negro Pabón* da instrucciones a *Careloco* para que lo espere en el *Mercedes* blindado, a una cuadra de la sede del candidato; *Careloco* saca una pistola *Pietro Beretta*, la monta, le deja un tiro en la recámara y la guarda en su pantalón.

«Salimos rumbo al hotel en el *Renault 21* café, Arturo al volante, el *Negro* y yo atrás; a las 3:30 de la tarde llegamos al aparta-hotel. El *Negro* se lleva el *Renault 21*; Arturo calienta el motor del *Mazda* y el *Toyota;* yo subo donde los muchachos, todos elegantemente vestidos y tranquilos. Bajamos al parqueadero y tomamos rumbo a la sede; nadie repara en nosotros, en Bogotá es normal el movimiento de escoltas tras un automóvil. A las 4:20 llegamos a destino. El *Negro* no se ve, eso me preocupa; Arturo se baja, me abre la puerta y camino hacia la entrada. El policía mira mi escolta, lo saludo, éste me contesta; entro y me anuncio:

—*Señorita, buenas tardes; tengo una cita con el doctor Andrés a las 4:30,* —le digo.

—*Que pena con usted, el doctor está un poco atrasado en su agenda; por favor, espere.* —Me contesta amablemente la recepcionista.

—*No hay problema señorita, yo espero.*

«Tomo asiento, quedando justo al frente de la seguridad de Andrés. Todo lo mismo, sólo me preocupa la demora ya que si lo sacamos muy tarde, nos coge el tránsito pesado de la ciudad; pero me tranquiliza que la demora le da tiempo al *Negro Pabón* de llegar y si el candidato va a salir, lo abordamos en el parqueadero. A las 5:45 de la tarde la recepcionista me autoriza a subir a la oficina del candidato; le doy las gracias y voy hacia la secretaria, ésta me saluda por el nombre y me pide tomar asiento; no se advierte seguridad. Todo está como lo previmos; sólo espero ver a Andrés.

«La secretaria me pide seguir a un señor que está delante de mí, yo me levanto y desde el escritorio veo a Andrés que se para a recibir al señor que acaba de entrar. Listo. Me devuelvo y le digo a la secretaria:

*—Señorita, por favor discúlpeme, quedaron en el auto unos papeles, voy por ellos y en un minuto estoy acá.*

Contesta con una sonrisa, pidiéndome no tardar.

«Bajo las escaleras tranquilamente, paso por el lado de la recepcionista, gano la puerta, miro y veo al *Negro Pabón.* Esto me súper anima, doy la señal y comienza el operativo.

«Encañonamos a la secretaria; casi se le salen los ojos, la encerramos en el baño; abajo se oye el ruido de la toma. Entramos a la oficina del candidato. Está hablando por teléfono, lo encañono y le arrebato el auricular; el *Monito Jorgito* lleva al baño al señor que atiende Andrés.

Le digo:

*—Doctor, somos un comando del M-19, lo vamos a llevar donde nuestro comandante Pizarro, para que usted entregue un mensaje al Gobierno Nacional. En una hora estará de regreso.*

«Andrés me mira y no modula palabra, lo tomo del brazo y lo saco; pego mi cabeza a la del candidato y la *Mini Uzi* del *Monito Jorgito* en la nuca de Andrés Pastrana. Llegamos al primer piso y ya todo está bajo control; montamos al secuestrado en el automóvil y salimos conforme a lo planeado. A la vuelta de la sede hacemos el cambio de carro. El niño mimado de la oligarquía se va en el baúl de un automóvil, nadie nos ve. Todo se hace en segundos. Salimos tranquilos, prendemos la radio y a los diez minutos, la noticia:

—*«Ha sido secuestrado el candidato a la Alcaldía Andrés Pastrana, se busca un Mazda 626 L verde».*

«Lo fácil ya está hecho, lo difícil es sacarlo del tránsito pesado y ganar la urbanización, después de *Hato Grande*. Tenemos diez minutos más mientras comienza la reacción de la policía; la radio no para de lanzar extras con la noticia. Pide colaboración de la ciudadanía sobre el *Mazda* verde. Halo el espaldar y Andrés por fin habla:

—*Comandante, esto es una locura, nos van a matar; si la policía nos detiene yo manejo la situación, no vayan a disparar...* —recomienda el secuestrado y se lamenta:

—*«Hombre, pero Pizarro por qué me hace esto, si somos amigos».*

Yo lo calmo y le digo:

—*Doctor, tranquilícese que en una hora salimos de este asunto; no hable y espere.*

«Y ajusto de nuevo el espaldar; las patrullas y motos de la policía nos cruzan raudas, entre sirenas y pitos; la radio anuncia caos total en la ciudad, el tránsito colapsado. Las autoridades están deteniendo completamente la circulación en las vías arterias y ordenando a los conductores abrir los maleteros de los automóviles; varios *Mazda* verdes ya han sido detenidos con sus ocupantes, anuncia la radio.

«A los cincuenta y cinco minutos tenemos de frente la casa de los presidentes, *Hato Grande;* el ejército no tiene montado el retén.

Pasamos limpios. Quince minutos después ganamos la portería de la urbanización; el portero saluda a Arturo y entramos a terreno totalmente seguro. Andrés Pastrana es nuestro.

«Estoy imaginando a Pablo Escobar y al *Mexicano* abrazándose y echando *hijueputazos* de alegría. Seguro está diciendo: *«mi Popeye es un verraco»*.

«La radio pregona que en minutos las autoridades rescatarán al candidato, la ciudad está totalmente cerrada, en operación candado; Juan Gossaín, el periodista de RCN, afirma que los secuestradores, junto con Andrés, están atrapados en el tránsito.

«A las 7:10 de la noche llegamos a la casa, sacamos al candidato del baúl del carro, se lamenta de mareo y lo llevamos a uno de los cuartos; pide un radio transistor y un vaso de agua. Le cumplimos su petición, cerramos la puerta y nos vamos al automóvil.

*—Bueno Monito y Arturo, vayan a la ciudad, llamen a los medios de comunicación y pidan que desalojen las calles de los controles policiales y del ejército, para poder mover al candidato y liberarlo en el Parque el Salitre, cerca de Pablo VI.*

Y continúo diciendo:

*—Dejen las armas y después de la llamada sepárense y usted Arturo, no vuelva más por acá.*

Los dos me contestan a coro:

*—Listo, Pope.*

«Nos despedimos de abrazo completamente felices por el éxito del operativo y parten con rumbo a Bogotá. Voy donde Andrés y le hago creer que la zona está acordonada por mis compañeros y que es cuestión de tiempo que llegue nuestro máximo comandante, Pizarro León Gómez.

«No se imagina nunca que estamos solos. Andrés oye las noticias de su amigo periodista Juan Gossaín. Éste se deshace en elogios y recomendaciones por su amigo; el candidato deja brotar sus lágrimas. Gossaín, con los ánimos caldeados, dice:

—«*Es imposible que del pleno centro de la ciudad sea secuestrado un personaje como Andrés Pastrana y todavía no haya sido encontrado por las autoridades*»…

Y continúa diciendo, totalmente conmocionado:

—«*Acuartelamiento de primer grado para el Ejército y la Policía de la ciudad. Ministro de Defensa, cúpula policial y cúpula militar al Palacio de Gobierno; Jefe del DAS, ante el Presidente de la República*».

«A los 15 minutos, el periodista anuncia que sus fuentes en Palacio le informan que acaba de llegar el ex-presidente Misael Pastrana Borrero, para estar al tanto del operativo de rescate de su hijo; un gran consejo de seguridad en el Palacio Presidencial. A las 8:15 de la noche un extra rompe el relato de Juan Gossaín:

—«*En minutos será liberado Andrés Pastrana. Los secuestradores piden levantar los controles de las autoridades*».

«Todo a pedir de boca. Llegan las llamadas telefónicas nuestras a la prensa. Andrés cada hora pregunta por Pizarro, yo le contesto siempre lo mismo:

—*Está bajando de la montaña.*

«Se empieza a desesperar. Salgo de la pieza, desmonto la *Mini Uzi,* saco las balas para evitar que Andrés me la quite y coloco mi pistola en la parte trasera de la pretina del pantalón; me da seguridad en un eventual enfrentamiento con el candidato. Aquel intento del secuestro de Juan Gómez Martínez es una buena experiencia y desde el día del taxista en Cartagena, no volví a confiar en nada ni en nadie.

«A las 2:00 de la madrugada, un extra del noticiero da un parte de victoria pírrica para las autoridades: *es encontrado el Mazda 626 L verde, que los secuestradores utilizaron para sacar al candidato de la sede; fue encontrado exactamente a la vuelta de ese lugar…* Necesitaron más de siete horas para encontrar el automóvil que está a quince segundos del sitio donde Pastrana fue plagiado.

«Andrés entra en un diálogo de preguntas capciosas, tratando de descifrarme, como buen periodista que es. Yo entro en el juego y caigo en él. Se trata de un hombre inteligente y me interpreta cosas; esto lo lleva a desesperarse más. No lo amarro para evitar que se queje de malos tratos ante Pablo Escobar, cuando lleguemos a *Medellín*. Los amigos políticos de Escobar le informan que Andrés es gran amigo del líder del grupo guerrillero M-19; los viejos amigos y socios de Pablo, Jaime Bateman e Iván Marino Ospina, ya han muerto. A Jaime Bateman se lo tragó la selva panameña cuando viajaba, en una pequeña avioneta, entre Colombia y ese país; Iván Marino Ospina muere abatido por las autoridades. Ante la muerte de los viejos líderes del M-19, la cabeza actual del movimiento es amigo de Andrés, por eso se deja sacar fácilmente de la sede, ya que el grupo guerrillero está empezando los acercamientos con el gobierno para su desmovilización. De todas formas lo hubiéramos sacado, pero todo segundo que ganamos es vital. El cansancio no vence a Andrés, yo lucho por no dormirme. Andrés no me mira de la misma forma, ya comprendió que no soy guerrillero. A las 6:00 de la mañana alisto todo para la fogata; encierro con candado al candidato. Me mojo de nuevo la cara para espantar el sueño.

«A las 6:50 de la mañana enciendo la fogata y entro de nuevo a la alcoba del secuestrado; lo encuentro desesperado. A las 6:55, el ruido del motor de un helicóptero me tranquiliza a mí y descontrola totalmente a Andrés Pastrana. Salgo, cierro la puerta y miro al horizonte: efectivamente, es *el Magnífico*. Entro de nuevo con la pistola a mano y Andrés me dice:

—«*Le exijo que me diga quién es usted*».

*—¿Usted está en capacidad de exigirme algo?* —Le respondo.

Y sin pensarlo, le suelto la bomba:

*—Soy Jhon Jairo Velásquez Vásquez, alias Popeye, jefe de un comando de Los Extraditables; usted va para la ciudad de Medellín.*

«Andrés cae sentado en la cama y se toma la cara con las dos manos, totalmente descompuesto. Se va a desmayar. El niño consentido de la oligarquía, a quien están preparando para ser un día Presidente de Colombia, totalmente entregado. En un ataque de histeria, empieza a gritar llorando como un bebé:

—«*¡Me van a matar, me van a matar, me van a matar!*»

*—No doctor, para matarlo ya lo hubiéramos hecho en su sede...*

Le digo al pobre proyecto de hombre cuya vida está en mis manos.

«Me doy cuenta que las fuerzas lo abandonan. Ahí comprendo que la oligarquía es cobarde, por eso no mandan a sus niños a hacer el servicio militar, ni sirven para sicarios. Para eso tienen a los agentes del *DAS*.

«Sin embargo, aprovechando su flacidez, rápidamente le esposo las muñecas. Está totalmente anonadado; le vendo los ojos para que no vea ni la matrícula del helicóptero ni al *Magnífico*. Una funda de almohada me basta para taparle los ojos. Ya el helicóptero posa sus patines en el potrero. Tomo del brazo al afligido candidato y lo llevo al aparato. Con señas me saludo con el piloto. Nos dirigimos rumbo a la ciudad de Medellín. Las lágrimas de Andrés son tantas que empapan toda la funda de la almohada. Pregunta constantemente con voz entrecortada, por su vida.

*—¿Me van a matar?.*

«Inquiere el por qué es secuestrado por *Los Extraditables*, ya que él nunca ha dicho o hecho nada contra ellos; también se lamenta por la campaña a la alcaldía. Del susto se le olvida que él fue presentador del noticiero TV HOY, propiedad de su familia y en más de una ocasión, enfila sus baterías contra el grupo. No tiene la hombría de reconocerlo. Se queda callado por un tiempo y de nuevo vuelve con sus preguntas.

«El *Magnífico* y yo atentos a ver qué vemos de sospechoso en el aire; estamos en manos de la Fuerza Aérea; nos salva la rutina que el *Magnífico* hizo durante diez días; además, que nadie sueña que Andrés Pastrana es sacado de Bogotá. Este hecho también preocupa al candidato, él sabe que las autoridades colombianas no conocen el manejo de la situación de rehenes; sólo disparan y después le echan la culpa a los captores. A eso se debe la presencia de su padre en el Consejo de Seguridad convocado.

«Cuando menos lo pensamos tenemos de frente el aeropuerto *José María Córdoba* de *Rionegro,* Antioquia. El piloto me señala a la derecha, haciendo la aproximación a un lote. Allí, cerca de los carros de *Pinina,* están esperándonos mis compañeros, quienes corren y sacan rápidamente al candidato del helicóptero, yo salto detrás. El *Magnífico* continúa su ruta.

*«Pinina* con *Chopo, Oto, Paskin* y el *Trompón,* en dos carros, llevan al candidato al escondite de *El Retiro,* donde está Hugo Hernán Valencia, también secuestrado. En otro carro vamos al *Bizcocho*.

«El *Patrón* me recibe con un fuerte apretón de manos y me felicita; se ve contento; una operación de esta índole le sube el perfil a *Los Extraditables*. Charlo un momento con el *Jefe,* le pregunto si sabe algo de los muchachos, me dice que sólo habló un minuto con el *Negro Pabón,* que está bien y luego me dice:

*—El Negro me contó que usted ha manejado todo, que lo hizo bien, muy bien.*

«Me despido del *Patrón* y me voy a dormir, totalmente exhausto.

«Al otro día, llamo a Arturo y le doy instrucciones para que recoja las dos *Mini Uzi* y la pistola, que han quedado en *Sopó* y acordamos que, cuando aparezca el *Pitufo,* le envíe el recibo del parqueadero para que recupere las otras sub-ametralladoras; "....el *Toyota* lo tiene que dejar botado, ya que es comprado en la misma compraventa del *Mazda* y con la misma cédula..." —le advierto.

«Tres días después retomo mis tareas habituales y estoy contestando los teléfonos móviles del *Patrón.* Recibo una llamada urgente del doctor Alberto Santofimio Botero. Le comunico a Pablo de lo perentorio de la llamada; me ordena que vaya y recoja al doctor en el parque del barrio *El Poblado* y lo lleve al escondite del *Bizcocho* que queda en la parte alta de este barrio, en la zona boscosa. Lo fui a buscar en un *Renault 18,* 2 litros; Santofimio, vestido de *cachaco,* estaba en el lugar indicado, al pie de la iglesia; lo saludé y le pedí el favor de que abordara el automóvil en la parte delantera y salimos rumbo al *Bizcocho.* Santofimio eufórico por el secuestro de Andrés; no le quise decir que yo había llevado a cabo esta acción. A los veinte minutos, más o menos, llegamos hasta la cabaña de madera de Pablo. Los tres nos sentamos en la sala. Pablo, contento también, entabló una conversación con Santofimio de lo que se le pediría al ex-presidente Misael. El político sacó del bolsillo de su chaqueta los teléfonos privados de la residencia del padre del plagiado. En la conversación, el doctor le preguntó a Pablo quién fue el héroe que hizo esto tan grande. Pablo le contestó que lo tenía a su lado, que había sido yo. Santofimio se paró de su silla, me abrazó y me felicitó efusivamente. La reunión siguió tratando el tema de Andrés Pastrana y Alberto lanzó esta frase que nunca se me olvidará:

—*«¡Pablo, mátalo!».*

«El Patrón y yo nos miramos; le dijo que no, que eso era imposible, ya que se le vendría encima la casa Pastrana, que para matarlo habría sido mucho más fácil ejecutarlo en Bogotá. Santofimio repostó y dijo:

*—Pablo, si te lo rescatan es seguro Alcalde de Bogotá y futuro Presidente del país, es el Delfín del Partido Conservador».*

«Pablo se negó de nuevo. Su asesor político le esbozó nuevas razones para matarlo, conveniencias estratégicas y la posibilidad de que accediera a la Presidencia un liberal que podía ser conocido de Alberto y mediante dinero, presionar para tumbar la extradición. Tanto Pablo como Santofimio eran liberales y por tanto compartían la misma ideología.

Al final, alzando un poco la voz, Pablo le dice a Santofimio:

*—Esto no es ni discutible ni negociable.*

«Alberto se queda callado; hablan entonces sobre una cita que había que concretar con el periodista Juan Guillermo Ríos, para llevarle un sobre sellado, de parte del *Patrón*.

«Se concreta la cita por parte de Santofimio y se despiden. De nuevo llevo al político al parque de *El Poblado*, en el camino me dice que aconseje a Pablo, ya que es un error el que comete; yo le contesto que sólo soy un simple trabajador, que no soy nadie para aconsejar a un hombre como Pablo Escobar; que sí puedo opinar, pero cuando él me lo proponga. El viaje termina contándole los pormenores del secuestro de Pastrana. El doctor Santofimio y yo nunca hemos sido amigos, ni tampoco enemigos. Él cumplía su función con Pablo Escobar y yo la mía; podría decirse que ambos éramos compañeros de trabajo, ya que teníamos el mismo patrón, el señor Pablo Emilio Escobar Gaviria. Yo ganaba un sueldo y él recibía comisiones…

«Voy al Bizcocho. Allí está *Pinina*. El *Patrón* nos ordena que coordinemos con el *Negro Pabón* una operación con un vuelo de servicio ejecutivo del viernes, donde viene proveniente de Bogotá, el Procurador de la Nación, Carlos Mauro Hoyos. Debemos secuestrarlo y llevarlo al escondite de *Las Palmas*. Nos entrega la rutina del alto funcionario del Estado, que pasa los fines de semana en su natal *Medellín*. Llega al aeropuerto *José María Córdoba*. Tenemos una foto del periódico, la que es suficiente para identificarlo; además la figura del personaje es conocida porque *moja* prensa a menudo.

«Al Procurador de la Nación lo necesita Pablo Escobar para hacerle un juicio y después ejecutarlo. Los pormenores del juicio se irán filtrando a los medios, en comunicados de *Los Extraditables,* de quienes el funcionario ha recibido 500,000 dólares, para ejercer control sobre las extradiciones de sus compatriotas y ponerle palos en la rueda; pero, por información que le ha llegado a Pablo, se sabe que ha recibido una suma superior de la *DEA,* para agilizarlas. A Pablo le ha hecho *conejo* y a ellos sí les está cumpliendo. Al *Jefe* le consta que está metiendo su mano en los procesos jurídicos contra él. Sigue frecuentando su amada tierra, como si su investidura fuese un escudo contra las posibles consecuencias de lo que está haciendo. Pablo Escobar no lo asusta. En una ocasión el *Patrón* le envía un abogado y éste no lo recibe, diciéndole:

*—Yo no hablo con delincuentes.*

«Pablo enfurece, no sólo le robaba su plata, sino que ahora se hacía el digno. El *Negro Pabón* le dice a *Pinina* que planee todo conmigo y el día del operativo él estará ahí.

«Mientras tanto, las pesquisas por el secuestro de Andrés Pastrana, según dicen las autoridades, van por muy buen camino.

«Regresan a Medellín, sin ningún problema, los demás compañeros integrantes del comando que secuestró a Pastrana. La operación fue perfecta, a los dos días las autoridades encuentran el *Toyota*. Nuevamente dan parte de que la investigación avanza.

«Pablo quiere enviar el candidato a la selva lo antes posible, pero desea hablar primero con él. Escobar va al escondite de *El Retiro* con su cuñado Mario Henao y toda su seguridad. En la ciudad no hay operativos. Nadie sueña que Andrés esté en la capital antioqueña. El candidato es sacado de la alcoba-cárcel y llevado ante Pablo Escobar; éste y su cuñado, protegen sus identidades llevando capuchas.

Sentado en un taburete, frente a ellos, Andrés pregunta:

—*¿Por qué me hacen ésto a mí?,* y sigue reclamando: —*voy a perder las elecciones, estoy en la etapa final.*

En ese momento Mario Henao, distraído, interrumpe y comienza a decir:

—*Pablo, no sería...* y calla comprendiendo su torpeza mientras el *Patrón* le dice:

—*No jodás Mario ya me pusiste en evidencia,* —y sacándose la capucha comenta, —*ahora estas vainas no nos sirven...*

Al ver a Pablo, el candidato palidece pero recobrándose rápidamente, extiende su mano y lo saluda con excesiva amabilidad; Escobar le contesta el saludo de forma cortés. Andrés dice:

—*¡No me mates Pablo!*

El *Patrón* le responde, repitiendo casi textualmente lo que ya yo le había dicho:

—*Si tuviéramos la intención de matarlo, lo hubiéramos hecho en Bogotá.*

Pablo escucha sus reclamos puramente electorales y después de un rato, lo interrumpe y le dice:

—*Ustedes, la clase política, están detrás de la extradición. La guerra que se viene es dura, yo soy el más moderado de Los Extraditables; al país le vienen hechos graves. Los primeros cadáveres van a ponerlos ustedes, los políticos.*

—*Yo no tengo nada que ver en esto, se lo juro.* —Dice el candidato cubriéndose.

—*Está muy equivocado doctor Pastrana,* —le dice Escobar, mirándolo a los ojos y continúa:

—*Usted es la esperanza política del conservatismo y su padre es el líder de su partido; su retención es para presionar una salida política a la extradición.*

Andrés insiste nuevamente, en temas electorales:

—*Estoy en la recta final para la Alcaldía; ésto hay que solucionarlo pronto, como sea.*

Le contesta Pablo:

—*Eso depende de su padre…*

«El *Patrón* tranquiliza al secuestrado cambiándole el tema de conversación y se despiden estrechando sus manos. No es la primera vez que Pablo Escobar le da dolores de cabeza al padre de Andrés Pastrana; bajo su gobierno, el *Patrón* secuestra al industrial Diego Echavarría Misas. En aquella oportunidad el país se conmociona y el Presidente Misael Pastrana Borrero ordena una gran ofensiva de las autoridades, lanzando volantes, desde un avión de la Fuerza Aérea, donde se ofrece recompensa a la ciudadanía por informes sobre el paradero del industrial. En la ciudad de *Medellín* con un fuerte operativo del ejército y la policía, el industrial es buscado casa por casa, donde se sospeche que lo puedan tener los plagiarios. La excesiva presión da como resultado la muerte del industrial.

«Ahora que Misael Pastrana sabe que Pablo Escobar tiene a su propio hijo, el ex-presidente le ruega a los militares y a la policía no hacer operativos que arriesguen la vida de Andrés.

«Entre tanto, el Procurador llega a la ciudad rutinariamente procedente de Bogotá. En el aeropuerto lo reciben un conductor y un escolta, en un automóvil oficial *Mercedes Benz 230*.

«Es enero 23 de 1988; un día soleado y fresco en el aeropuerto *José María Córdoba. Pinina* y yo seguimos a prudente distancia al alto funcionario; éste toma la vía a *El Retiro,* directo a su finca, cerca del parque principal del municipio. *Pinina* se desvía y se ubica en un lugar desde donde vemos el automóvil del Procurador. Esperamos pacientemente a que salga de su finca. Un hombre con un alto cargo estatal y moviéndose casi solo, era una total falta de prevención. La mafia tiene en la mira a la clase política y el Procurador está en la boca del lobo. A las 11:30 de la mañana sale el vehículo oficial de la finca. *Pinina,* al volante, reanuda el seguimiento. El carro se dirige al barrio *Villa Hermosa*, se estaciona y sus tres ocupantes entran a una casa. Para que el funcionario se estuviera moviendo tan desprotegido, el vehículo tendría que ser blindado. *Pinina* se ubica en la esquina y voy hacia el auto, le toco el vidrio trasero derecho y compruebo que es un vidrio normal. El automóvil no es blindado. Doy la vuelta a la manzana, voy al carro de *Pinina* y le informo el hecho. Éste se alegra y dice:

*—Listo Pope, organicemos el operativo y el lunes lo secuestramos*.

«El Procurador de la República de Colombia tiene las horas contadas.

«Por otro lado, Escobar ordena al *Trompón* que robe un carro con teléfono para las llamadas al padre de Andrés. El *Patrón* marca uno de los números privados del ex-presidente y el *Trompón* habla bajo instrucciones:

*—Doctor, buenos días, somos Los Extraditables, nosotros tenemos a su hijo; necesitamos que se reúna con el Presidente Barco y busque con él un mecanismo para tumbar de nuevo la*

*extradición de colombianos a los Estados Unidos. El ejecutivo lo puede hacer, de la misma forma en que tumba la decisión de la Corte de no extraditar.*

El ex-presidente no rechaza el pedido, e indaga por el estado de su hijo; pide insistentemente, hablar con él. Pablo corta la llamada y le dice a *Trompón* que llame de nuevo al ex-presidente y le diga que en una hora le pone a su hijo al teléfono. Terminada la llamada, Pablo con su avanzada y su escolta va al escondite de *El Retiro.* Está cerca, ya que la llamada se efectúa mientras se mueve en la vía a *Las Palmas*.

Andrés se alegra de ver de nuevo a Escobar, lo saluda melosamente, dándole no sólo la mano, sino palmaditas en el hombro.

*—Doctor, lo voy a poner a hablar con su padre, hable cinco minutos no más. Infórmele que usted va a ser llevado de Bogotá a la selva*.

*—¿Cómo Pablo?* —dice sorprendido el candidato

*—Sí, doctor Andrés, ésto va para largo y las cosas se van a poner muy difíciles.* —Le dice el *Patrón* muy serio.

*—¿Y mi campaña para la alcaldía?,* —responde el candidato. Es obsesivo Andrés con el poder...

*—Ése es el problema de ustedes, sólo piensan en cómo mantener el poder de las familias.* —Le contesta Pablo Escobar.

Le invita a pasar al teléfono del automóvil y el mismo Escobar marca el número, advirtiéndole a Andrés de hablar sólo lo autorizado.

*—Padre, estoy bien, me están tratando muy bien, me preocupa que los señores me van a llevar de Bogotá a la selva y mi campaña a la alcaldía se ve comprometida; busque un mecanismo para parar*

*la elección mientras se soluciona esto, no podemos perder ese cargo, hay que parar las elecciones...*

Escobar pegado al teléfono controla la llamada. El ex-presidente le promete a su hijo que va a trabajar duro, le dice que esté tranquilo, que todo se va a solucionar muy pronto. Pablo corta la llamada, se despide de Andrés amablemente y sale del escondite. Da instrucciones al *Trompón* para que llame de nuevo al ex-presidente y le diga que la vida de su hijo está en juego, que ponga todo de su parte para convencer al Presidente. El *Trompón* pasa el mensaje. Misael Pastrana, después de haber hablado con su hijo, se muestra más tranquilo y cooperador.

*—Señor, yo voy hacia Presidencia; llámeme en la tarde, sólo le pido que no lleven a mi hijo a la selva; esto no es fácil, el Estado está en manos de un presidente liberal y yo soy la oposición.* —Contesta el padre de Andrés.

Pablo tapa la bocina y le dice al oído al *Trompón:*

*—Dígale que nosotros tenemos a su hijo, que tampoco para nosotros es fácil, ver cómo se llevan encadenados a nuestros amigos, que tienen hijos, igual que él.*

*Trompón* pasa el mensaje y corta la llamada.

«El *Jefe* comete, en ese momento, un error. Decide parar el envío de Andrés para la selva y toma la decisión de dejarlo cerca; habría sido el primer huésped de honor de la cabaña que construye el *Baquiano* en el Chocó, pero prefiere tenerlo a mano por si su padre avanza y quiere hablar con Andrés.

Pablo va al *Bizcocho* y ordena al *Trompón* que deje botado el automóvil desde el que se efectuó la llamada. En una próxima comunicación, un nuevo carro con teléfono será robado.

«Con respecto al secuestro del Procurador, *Pinina* es quien coordina el operativo. Lo más complicado es determinar la ruta que tomará

Carlos Mauro Hoyos
(Foto cortesía periódico El Espectador)

desde Medellín, hacia el aeropuerto; esto lo soluciona *Pinina* colocando un hombre con radio en la ruta *Santa Elena*, otro en la ruta autopista Medellín - Bogotá y el tercero, en la ruta a la vía *Las Palmas*; las tres rutas tenían un sitio en común de llegada hacia el aeropuerto, la glorieta, a 200 metros del terminal aéreo.

«*Pinina* necesita saber, con tiempo, la ruta que toma el funcionario para interceptarlo antes de que llegue al aeropuerto. Si se da el caso que Carlos Mauro Hoyos logre ganar el aeropuerto, el *Negro Pabón* y yo lo abordamos cuando se baje del automóvil. Yo debo tomar al Procurador y el *Negro Pabón* mata al conductor y al escolta. Y entonces sacamos al secuestrado; *Pinina, Chopo, Oto, Yova, Paskin, Titi, Pitufo* y el *Monito Jorgito,* como siempre, cubren nuestra retirada, conteniendo a la policía aeroportuaria.

«El ataque principal será en la glorieta. Una camioneta *Toyota* 4 puertas, es robada en la ciudad, para chocar el carro oficial y tirarlo a la cuneta. Un automóvil *Renault 18*, 2 litros, también robado, es el segundo carro en el operativo; el *Negro Pabón* ya tiene el transporte listo, con *Careloco* al volante. *Séforo* en la ruta *Santa Elena, Cejitas* en *Las Palmas* y *Orejitas* en la *Medellín-Bogotá*. Todo en orden, *Chopo* con un fusil AUG, *Pitufo* con una sub-ametralladora *Mini Uzi*, *Oto* con una arma similar y *Pabón* con su *MP 5*. Los demás hombres repartidos entre la camioneta y el *Renault.*

Llega el 25 de enero de 1988; será un largo día para la mafia, el país y la policía. Veremos para quién las alegrías y para quién las tristezas. Todos en los puestos, a las 5:35 de la mañana. *Séforo* reporta que el objetivo cruza por su puesto de vigilancia. *Pinina* avisa que viene por la ruta de *Santa Elena*, ordenando montar el operativo. En el lugar adecuado, el *Monito Jorgito* toma la vía *Santa Elena* en sentido contrario, avanza tres kilómetros y se coloca de nuevo hacia el aeropuerto, a la espera que el Procurador pase; el vehículo oficial no trae escolta policial. *Pinina* hace lo mismo que el *Monito Jorgito*; a los veinticinco minutos el *Mercedes Benz* oficial sobrepasa a la camioneta y al *Renault;* el escolta no mira, ya que no hay nada sospechoso: ellos son los que están adelantando. El *Monito Jorgito* va tras el objetivo seguido por *Pinina*; entrando a la glorieta, el *Monito Jorgito* empareja el *Mercedes*, el escolta del Procurador mira. La camioneta choca violentamente contra el automóvil oficial, el carro cae a la cuneta y queda bloqueado. *Pitufo* se baja rápidamente sub-ametralladora en mano; una ráfaga de *MP 5* lo cruza en el pecho y cae mortalmente herido; *Chopo, Yova, Titi, Paskin,* y *Oto* disparan sus armas contra el escolta y el conductor. *Pabón* y yo, en el carro de *Careloco,* llegamos a la glorieta; nos acercamos al *Mercedes Benz*, tres cadáveres es el resultado del operativo; *Pinina* ordena que saquemos al Procurador quien a primera vista parece muerto y entonces, ordena rematarlo.

Cuando el Procurador oye, se endereza y dice:

—*No, no, no, no... yo estoy vivo, sólo estoy herido.*

«Se nos estaba haciendo el muerto. Sin un zapato, lo sacamos y lo metemos al automóvil de *Pinina;* veo que sangra de su pie derecho. *Paskin y Yova* toman el cadáver del Pitufo y lo montan en la camioneta. Un taxista, al otro lado de la vía, para y observa descaradamente el operativo; el *Negro Pabón* lo rafaguea por mirón y éste huye herido.

«*Pinina* ordena la retirada, el operativo fue muy demorado, pero aún no hay reacción de la policía. Entramos a los 20 minutos al escondite, el *Monito Jorgito* baja al Procurador, éste pide un médico; *Pinina* le revisa la herida y le promete asistencia médica en la tarde.

Sólo quedará en la caleta el *Monito Jorgito*. El escondite tiene una alcoba acondicionada para un secuestrado, con acceso a través de un pequeño hueco, mimetizado con baldosines de baño, es un escondite con escondite.

«El Procurador mira al *Pitufo* muerto y se lamenta de su herida, nos pasa la mirada uno a uno, con ojos desorbitados. *Pinina* abre la pequeña puerta y pide al *Monito Jorgito* que ayude al secuestrado para ir a la alcoba y le da instrucciones:

*—Deje la puerta abierta y esté alerta; si ve algo sospechoso, se mete usted y no deja que el Procurador hable.*

«Una venda casera cubre ya la herida del ilustre plagiado. Salimos todos del escondite rumbo al *Bizcocho;* bajando *Las Palmas,* dejamos a un lado de la vía el cuerpo del *Pitufo*. Nos lamentamos de la pérdida de nuestro amigo, *Chopo* dice:

*—Yo me traje la ametralladora MP 5 del escolta del Procurador,* —y nos la enseña.

«Llegamos al *Bizcocho. Pinina* va a la cabaña de Pablo, y éste ya se ha levantado; le cuenta todo lo sucedido. Escobar le ordena a *Pinina* que vaya donde la familia del *Pitufo* y que, esperando un tiempo prudencial, lo reclamen en la morgue de la ciudad. La camioneta y los dos *Renault* son botados en diferentes sitios de Medellín. Yo me quedo con el *Patrón,* quien está atento a las noticias radiales. *Pinina* queda de subir al mediodía para llevarle un médico de confianza al *Procurador*.

«Los informativos dan por muerto a Carlos Mauro Hoyos; el zapato encontrado ensangrentado del funcionario es una mala señal. El país siente el peso del comienzo de la guerra, de nuevo la nación se conmociona, la novedad le da la vuelta al mundo.

«A las 9:45 de la mañana, una noticia le dispara las alarmas a Escobar: “*extra, extra, acaba de ser rescatado el candidato a la alcaldía de Bogotá, Andrés Pastrana Arango, en el Oriente Antioqueño".*

Pablo se queda callado y me pregunta:

—*Popeye, ¿ustedes estuvieron donde Andrés*?

—*No Señor.* —Le contesto, sin agregar nada más.

«Los medios dan cuenta de un gran operativo militar y policial para el rescate del Procurador; casa por casa, finca por finca, será cateado el *Oriente Antioqueño*. Policía, ejército a la zona; de Bogotá llegan, al aeropuerto *José María Córdoba,* fuerzas miliares especiales.

«El *Patrón* está en *chanclas,* va y se pone los tenis. Se pronuncian, tanto el gobierno como el padre de Andrés Pastrana; el Estado ya lo tiene, los funcionarios oficiales dan por hecho que, en pocas horas, el Procurador también será liberado; las cábalas de las autoridades y los periodistas se aproximan más a que el alto funcionario sólo está herido y se convierte en un problema para los secuestradores. Ambulancias ruedan hacia el *Oriente Antioqueño.*

«Pablo Escobar, con los dientes muerde un pedazo de hoja de una libreta que está a la mano, la mastica, como hacía siempre en momentos de tensión. Entonces me dice:

—*Popeye, no hay sino una forma de bajarle el triunfalismo al Gobierno; si en un mismo día nos quitan a Andrés Pastrana y a Carlos Mauro Hoyos, Los Extraditables pierden credibilidad; vaya al escondite y mate al Procurador*.

«Pablo Escobar ordena, además, que llamemos a los medios y leamos el siguiente comunicado, que él mismo nos dicta:

—*Acabamos de ejecutar al Procurador de la República de Colombia, Carlos Mauro Hoyos, por el delito de traición a la patria*.

—*Bueno, Señor, como ordene.*

«Le digo y salgo del *Bizcocho*, sin armas en un jeep carpado *Suzuki*. Me dirijo a la transversal superior. Tomo la *Cola del Zorro* y voy al alto de *Las Palmas*. Ejército hay por doquier; los retenes estrictos, controlan más a los carros que salen de la zona, que a los que entran.

«Logro pasar dos, uno del ejército y otro de la policía; llego al tercer y último retén donde está el ejército, a menos de un kilómetro del escondite. Un capitán acelerado ordena que no me dejen pasar. Apago mi campero y espero juicioso con "carita de yo no fui". A los diez minutos, el Capitán debe desplazarse a otro lugar, ante una orden de su radio. Le insisto a un sargento que me van a despedir de mi trabajo y lo convenzo. Éste me deja seguir, no sabe que voy con la misión de matar al Procurador. Entro al escondite tranquilo. El *Monito* sale a recibirme al parqueadero de la casa.

—*¿Qué pasa Popeye que esto está minado de ejército y policía?* —Me pregunta urgido.

—*Rescataron a Andrés Pastrana.*

El *Monito Jorgito* me mira y me dice:

—*¿Y ahora qué?*

—*El Patrón ordena que matemos al Procurador.*

—*No, no, no Popeyito, un solo tiro y nos caen como moscas.* —Me contesta el *Monito.*

—*No hay de otra Mono, nos toca; es una orden directa del Jefe.*

Le respondo, mientras nos dirigimos donde está el Procurador. El sobrevuelo de los helicópteros oficiales complica más la situación. Sacamos al secuestrado del cuarto.

*—Muchachos, ustedes están muy jóvenes, ayúdenme y yo, con el gobierno los llevo junto con sus familias a los Estados Unidos...* —nos dice, mientras se lamenta de la herida.

*—Doctor, esto es más complicado de lo que parece. A usted lo secuestra un comando de Los Extraditables y será ejecutado en minutos por el delito de traición a la patria...* —le digo mirándolo a los ojos.

*—¿A quién diablos traicioné yo?* —dice el político, abandonando sus modales y su compostura.

*—Traiciona sus orígenes, traiciona su gente, traiciona su país y se traiciona usted, al avalar las extradiciones y perseguir jurídicamente a Pablo Escobar Gaviria.*

Bruscamente me interrumpe y me pide a gritos que le llame ya, a Pablo Escobar, para hablarle.

*—Usted rechazó un abogado que él le envió, no creo que quiera hablarle ahora; debió hablar con él cuando era el momento, doctor.*

«El *Monito* poniendo su dedo índice en la boca para que no hagamos ruido, me señala una columna de soldados que atraviesa la montaña. Le contesto afirmativamente con una seña y nos vamos junto con el funcionario, a una cañada que hay a diez minutos del escondite. El Procurador, con una actitud digna, permanece en silencio, sin implorar por su vida. El *Monito* dispara una vez sobre la cabeza de Carlos Mauro Hoyos, éste cae sin quejarse. El *Mono* mira a la montaña y al no ver los soldados, le dispara de nuevo, en dos ocasiones, también a la cabeza. Los disparos producen un eco entre los árboles. Salimos de allí presurosos, corriendo, dejando la *Mini Uzi* escondida entre los matorrales del potrero.

«Tomamos el campero y seguimos hacia el *Oriente Antioqueño,* pasando el primer retén sin problema. A los quince minutos estamos parados en un control policial; nos requisan el vehículo y nos dejan seguir. Tomamos la vía a *Santa Elena* y llegamos al centro de la ciudad. Desde un teléfono público hacemos la llamada al noticiero radial Caracol; damos el mensaje redactado por Pablo, así como la ubicación del cadáver… *"Está en una cañada a un kilómetro de la tienda El Mago, cerca a una roca gigante ubicada a mano izquierda..."* Cuando llegamos al *Bizcocho,* ya la noticia ha estallado en la radio y el cadáver del Procurador ha sido ubicado. Pablo Escobar está tranquilo y de buen humor. Me pone el transistor donde mi voz se escucha fuerte y clara. Al final termino mi intervención diciendo:

—*…y la guerra continúa…*

—*Oiga Popeye, yo no le dije que saliera con eso, está usted muy creativo.*

«Yo me sonrío, no tanto por el apunte del jefe, como por la consolidación de su admiración y respeto. Definitivamente, me convierto en el mejor de sus hombres.

«A los veinte minutos tres camionetas del *DAS* llegan hasta la primera puerta del *Bizcocho.* El vigía las anuncia oportunamente. Los detectives miran la puerta. El *Campeón,* que vive en una lujosa casa a una cuadra del *Bizcocho*, llega corriendo y grita:

—*¡Pablo, es un allanamiento!*

—*Tranquilo socio, son muy pocos.* —Serena el *Patrón* a su amigo.

«A la media hora los agentes de civil reversan sus vehículos y salen hacia *El Poblado*.

«Los noticieros muestran el rostro feliz de Andrés Pastrana, rumbo a la *Capital de la República;* todos se asustan de la capacidad de la mafia para mover al candidato; es buscado en *Bogotá* y aparece en el *Oriente Antioqueño*.

Reportan la captura de *Valentín Taborda* y la valentía de un policía que se cambia por Andrés Pastrana. A las 5:30 de la tarde, aparece *Carro Chocao* en el *Bizcocho* y cuenta la odisea:

*—La policía del pueblo llega al escondite, con el Alcalde quien lleva una orden de allanamiento en la mano; yo tomo al candidato, lo encañono y salgo al parqueadero. Los policías y el Alcalde se asustan al ver a Andrés Pastrana. Uno de los policías ofrece intercambiarse por el político; yo acepto y pido unas esposas; salgo de ahí, por entre los pinos, junto con el policía; cuando veo que nadie me sigue, esposo al policía a un árbol y corro eludiendo los retenes. Valentín se tira de un segundo piso al potrero pero se quiebra un pie; ahí queda. Icopor y Titi ganan los pinos y huyen; al igual que los vivientes Martha y Jorge. Valentín es detenido.*

Termina su relato *Carro Chocao*. Escobar le habla por diez minutos y pide que el *Trompón* vaya a verlo a la cabaña:

*—Trompón, llame al ex-presidente y dígale que Andrés no puede reconocer a Valentín; tampoco debe decir que habló conmigo, o si no, lo asesinamos sin contemplaciones.*

*—Bueno señor,* —dice y sale a cumplir la orden.

«En el escondite encuentran los fusiles, uniformes, sub-ametralladoras y las pistolas que allí se ocultan; todo un arsenal. La caleta de *Las Palmas* es descubierta por el ejército. Unas manchas de sangre los lleva al baldosín y de allí, al cuarto donde estuvo el *Procurador.*

«Luis Carlos Galán de nuevo se viene contra la mafia, pide sostener la extradición, lamenta el fallecimiento del doctor Carlos Mauro Hoyos, elogia la liberación de Andrés Pastrana y resalta la villanía de Escobar y sus secuaces. La prensa apoya al candidato a la presidencia, el juego es el mismo. El entierro del Procurador es muy concurrido, acompañado por los más altos funcionarios del Estado y de su querido pueblo, *El Retiro*, que lo llora.

«La clase política sabe que Escobar va por ellos, sólo esperan que no sean los próximos en la lista. El *Patrón* se mueve a la *Hacienda* mientras pasa la bronca en Medellín. De todas formas, quiere saber qué pasó con el rescate de Andrés Pastrana; manda al *Rojo* a *El Retiro* a hablar con el policía.

«El *Rojo* va con uno de sus amigos, habla con el policía que se canjea por Andrés Pastrana y va donde el Patrón y le informa. Jorge, el viviente, estuvo frecuentando el pueblo, comprando todos los víveres del escondite, tomando licor en exceso y hablando más de la cuenta; esto llama la atención de los campesinos que comienzan los comentarios, llegando los mismos a oídos del Alcalde. Sospechando la presencia, en su jurisdicción, de un laboratorio para el procesamiento de cocaína, va al allanamiento con seis policías.

«Al policía que se canjea por Andrés, lo invitan a almorzar a la casa del ex-presidente; está esperando dos horas en una esquina y no lo recogen. El Alcalde se asusta; los policías se comprometen a dar un informe diferente cuando el juez los llame, para aclarar lo de Valentín.

«Jorge y Marta fueron detenidos por la policía dos meses después del operativo. Jorge es asesinado en prisión; Marta cumple su condena y recobra la libertad. Nunca se sabe quién ordena la muerte de Jorge.

*Capítulo XVI*

# *Pactando con el diablo*

Llega el año 1989. El Magistrado del Tribunal Superior de Bogotá, Carlos Ernesto Valencia García, ratifica el auto de llamamiento a juicio contra Pablo Escobar como autor intelectual, por la muerte de Guillermo Cano. El *Patrón* le ordena a *Yova* que maten al magistrado y al abogado Héctor Giraldo Gálvez, apoderado de la parte civil en la investigación por la muerte de don Guillermo Cano.

«Entre tanto, Luis Carlos Galán Sarmiento con todas las baterías enfiladas contra Pablo Escobar. La prensa nacional lo apoya, sobresaliendo en este ataque Jorge Enrique Pulido, *El Espectador* y *Vanguardia Liberal*.

«Galán va disparado en las encuestas, perfilándose como seguro futuro Presidente de Colombia para el cuatrienio 1990-1994.

«El *DAS*, en cabeza del General Miguel Alfredo Maza Márquez, es la punta de lanza del gobierno contra Pablo Escobar. El General decide hacer una "alianza con el diablo" con tal de atrapar al *Jefe:* se reúne con el *Cartel de Cali;* ellos lo convencen de que el *Capo* de Medellín lo quiere matar. Colabora con los caleños, prometiéndoles no tocarlos y entra a terciar en la guerra. Gracias a la inteligencia de los mafiosos de Cali, el *DAS* hace numerosas capturas de extraditables, que de sus calabozos salen rumbo a los Estados Unidos en aviones de la *DEA*.

En esos calabozos, con el visto bueno del General Maza, son vejados y humillados los capturados por ser amigos del *Patrón* y estar a su servicio. A Pablo le informan sus infiltrados en la institución, que el *DAS* está convertido en centro de torturas desde donde se maneja la inteligencia contra el *Cartel de Medellín*.

El *Negro Pabón* es encargado por Pablo Escobar de seguir al General y detonarle un carro bomba. Con la guerra ya cuajada, el *Patrón* tiene dinamita en Medellín, Cali y Bogotá. *Cuco* viaja a Bogotá, arma el carro bomba y se lo entrega al *Negro Pabón.*

El *Negro,* junto con *Vilma,* se pone al rastro del General, quien tiene un carro oficial con suficiente blindaje para proteger al funcionario, quien no quiere cometer el mismo error que les costó la vida al Ministro Rodrigo Lara Bonilla y al Procurador Carlos Mauro Hoyos.

Los primeros miembros de la *DIJIN* que es el más alto cuerpo de inteligencia de la policía secreta, con sede en Bogotá, llegan a Envigado a un operativo contra *Rodriguito Osorio*; de allí se llevan dos muertos y salen de la ciudad. El Coronel Peláez Carmona, su Director, trabaja en llave con el General Maza Márquez. La mano poderosa del *Cartel de Cali* también está metida acá.

«*El Mexicano* continúa firme junto al *Patrón*, en las dos guerras que libra: la de los caleños y la de la extradición. Dos días después de ser llamado a juicio Pablo Escobar, por el crimen de don Guillermo Cano, es ajusticiado el Magistrado Carlos Ernesto Valencia, en Bogotá, por *Enchufe* y su grupo. El Magistrado estaba empacando maletas para salir del país, protegido por el Gobierno. Dos escoltas del *DAS* lo protegían.

«A los trece días es ajusticiado por *Enchufe* el abogado y periodista Héctor Giraldo Gálvez. Los crímenes del *Cartel* inflan las encuestas a favor de Galán. Llega a Medellín el *Flaco Osorio*, un legendario bandido caldense; va contra Pablo Escobar, al servicio del *Cartel de Cali.* El *Patrón* sabe de él, lo conoce de vieja data. Osorio fija su cuartel general en el barrio *Santa María* de *Itagüí* y confía en un viejo amigo, quien lo vende a Pablo Escobar.

El *Patrón* nos llama *a Pinina, Arete, Chopo* y a mí, encomendándonos la misión de matar al fiero bandido; nos aconseja no atacarlo en el apartamento, ya que es tan profesional, que allí nos mataría a todos. Nos cuenta una historia:

*—Hace veinte años, en un pueblo caldense, el Flaco Osorio atraca la Caja Agraria con tres bandidos más; la policía del pueblo los rodea en el pequeño local. El Flaco sale a sangre y fuego, con el dinero del banco y teniendo una impecable puntería, va matando seis efectivos de los diez del pueblo; sus tres compañeros mueren a manos de la policía...*

«Ya está viejo y le toca morir; lo vamos a atacar sobre seguro y en la calle; somos ocho bandidos contra uno. Voy al barrio y lo miro salir, a la misma hora: 7:30 de la mañana; siempre se mueve en un *Renault 9* blanco. Voy donde *Pinina* y le doy el informe; nos reunimos con *Chopo* y *Arete.* Acordamos atacarlo al día siguiente, *Séforo, Cejitas, Comanche* y *Peto* nos acompañan.

«El operativo es sobre la avenida principal; tenemos dos kilómetros para abordarlo antes de que llegue a un *CAI* que hay en la *Avenida Guayabal*; voy con *Cejitas* y *Comanche*, nos robamos dos *Renault 18,* 2 litros, les cambiamos las placas y los alistamos para el trabajo. Cinco fusiles, una ametralladora *MP-5* y ocho pistolas listas para el guapo *Flaco Osorio*. A las 6:50 de la mañana estamos rumbo a *Itagüí*, en quince minutos tenemos en la mira el parqueadero del edificio, que es descubierto; allí está el *Renault 9* blanco.

*«Pinina* conduce para *Chopo, Séforo y Cejitas.* Yo conduzco para *Arete, Peto* y *Comanche.* El *Flaco* madruga al destino, sale a las 7:20 de la mañana, camina al carro sin afán, no mira a su alrededor. Subiendo al auto lo pone en marcha, lo saca del parqueadero y se encamina a la avenida. *Pinina* va adelante; lo emparejamos y una lluvia de balas cubre el *Renault 9*, el *Flaco* acelera sin mirar, adelanta un bus por la derecha, *Pinina* lo sigue, el autobús lo cierra, yo alcanzo al *Flaco Osorio*, ya *Arete* tiene a mano su pistola, lo alinea y dispara; el *Flaco* se descuelga sobre el volante, el carro se estrella contra una casa y se vuelca; estamos a

doscientos metros del *CAI*. Paramos *Chopo, Peto, Comanche, Cejitas y Séforo* descargan sus armas contra el cuerpo del *pistolero*, al mejor estilo de la mafia. Los policías del *CAI* se cubren para esperarnos, no pasamos frente a ellos, atravesamos el barrio y salimos de la bronca. Es un día de ajuste de cuentas. El *Flaco Osorio* es un buen trofeo, tomamos la vida de un bandido de renombre. Lo matamos sobre seguro, teniendo todas las ventajas: el efecto sorpresa, somos ocho, y contamos con carros más rápidos. *Pinina* nos iguala y me pide que pare, nos propone aprovechar el entusiasmo y la buena suerte que nos acompaña, para ir a la cuarta brigada, a una casa que queda pegada al batallón a ver si está lavando el carro un enemigo del *Campeón*.

Es un trabajador de Cano, un traficante que ordena matar al *Campeón* por un problema de drogas. El *Campeón* fue abaleado, sufriendo heridas leves. Esta guerra ya ha cobrado más de veinte muertos. Elkin Cano huye a Cali y se une a Pacho Herrera y don Chepe. El hombre de Elkin Cano se siente seguro cerca a la brigada; su casa se ve desde la vigilancia del centinela militar. Acostumbra lavar el carro todos los sábados de 8 a 10 de la mañana, afuera de su casa. La orden del *Campeón* es plagiarlo, pero ese día no sale de la casa a lavar el carro; es allí donde lleva los negocios de su jefe.

Nos fuimos despacio para dar tiempo a que llegaran las 8:30 de la mañana; propone *Pinina* que lo abordemos con las pistolas, hay que sacarlo en el acto, la mínima demora nos lleva a ser copados por el ejército.

Llegamos a las 8:40 en punto; ahí está nuestro objetivo; se bajan *Arete, Chopo, Cejitas, Comanche, Séforo* y *Peto*. El hombre corre, trata de cerrar la puerta y no lo consigue; gana la casa, se mete en el baño y se abraza al inodoro, donde seis pistolas son descargadas sobre él. Queda con la cabeza dentro de la taza. Mis compañeros salen rápidamente y huimos a todo motor. No hay enfrentamiento con el centinela. Vamos directo a *El Paraíso,* llegando sin problema. *Séforo, Cejitas* y yo dejamos botados en Envigado los carros robados.

El 30 de mayo, el *Negro Pabón,* sin la ayuda de la *Negra Vilma,* le activa un carro bomba, en la carrera séptima, al norte de Bogotá, al director del *DAS,* General de la Policía Maza Márquez. La rutina del General está milimétricamente estudiada por Pabón. Sin embargo, el día del atentado, una mujer que adelanta por la derecha con su vehículo al carro blindado del funcionario, recibe de costado todo el poder de la onda explosiva del carro bomba. El auto del director del *DAS* queda inservible, pero gracias al blindaje, el General se baja atontado y es auxiliado por dos escoltas. Mueren siete personas, dejando en total destrucción el lugar.

Todo el mundo se asusta. El terrorismo está en las calles del país; «la técnica es de control remoto»... dice la prensa, «...es increíble que esta monstruosa práctica llegue a Colombia»...

Pablo Escobar se lamenta que ese día no haya muerto el policía que está al servicio del *Cartel de Cali* y empieza a tramar la bomba con la que aspira a eliminar a Maza Márquez, con edificio y todo.

*Capítulo XVII*

# *Muerte por error*

Doña Victoria y Manuelita salen de la *Hacienda* junto a sus escoltas, vía terrestre rumbo a Medellín. A la altura del peaje de *El Santuario*, un comando de policía detiene a la esposa de Pablo Escobar y a su hijita; la escolta queda en libertad. La señora y la niña son llevadas al comando de la Policía Antioquia, en la Avenida Oriental, del centro de Medellín. Son encerradas en dos calabozos individuales, y tratadas como delincuentes. Para una niña de cinco años de edad es una experiencia realmente traumática; para doña *Tata,* una mujer cuyo delito es ser la esposa de Pablo Escobar, también es complicada la situación.

«El Coronel Waldemar Franklin Quintero, Comandante de la Policía Antioquia, no está en la nómina de Escobar; él es quien encabeza la lucha de su institución contra el *Cartel de Medellín*. Este oficial tiene la misión de ir cambiando los policías leales a Pablo Escobar, para depurar la institución. Es un funcionario de carrera, honesto e incorruptible que, sin embargo, comete el peor error de su vida: tomar prisioneras por unas horas a una señora y a una niña de cinco años, justamente la esposa y la hija de Pablo Escobar…

«La niña llora y llora completamente aterrorizada; un policía se conmueve con la situación y le trae, por su propia iniciativa, una gaseosa. De Bogotá llega un General, comandante operativo de la policía, a interrogar a la señora y la niña. Pablo Escobar es informado de la situación y estallando en furia, que casi lo enloquece, llama por teléfono al comando de policía, pide hablar con el Coronel y éste no pasa al teléfono; el *Patrón* le deja el mensaje:

—*Habla Pablo Escobar Gaviria; dígale al hijueputa del Coronel ese que deje en libertad inmediatamente a mi inocente familia, o si no que se atenga a las consecuencias…*

Y cuelga.

El *Rojo*, la persona encargada de sobornar policías, es llamado a ver en qué puede colaborar; no puede hacer absolutamente nada, todos los compañeros le temen al Coronel Waldemar Franklin Quintero. El General interroga a doña *Tata* y no saca nada; va donde la niña y le pregunta:

*Coronel de la policía Waldemar Franklin Quintero (Foto cortesía periódico El Espectador)*

—*Cuando vas donde tu papá, ¿hace frío o calor?*

La niña no contesta nada, sólo llora.

El alto policía insiste:

—*¿Tu viste a tu papá, ahora que fuiste donde él*?

«El alto funcionario es un obtuso, si la niña y la señora no salen del Magdalena Medio, quiere decir que Pablo estaba ahí y toda Colombia sabe que esa zona es muy caliente…

«A las dos horas es liberada doña María Victoria y Manuelita, no por la advertencia de Pablo al Coronel, sino porque no tienen orden de captura.

¿Orden de captura para una niña de cinco años? …

«Aquí se rompe la luna de miel de Pablo Emilio Escobar Gaviria y la Policía Nacional; el Coronel Waldemar ha comprado un tiquete al más allá y ha desatado al monstruo.

«El *Patrón* llama a *Pinina* y le ordena matar inmediatamente al Coronel, tiene que ser una muerte ejemplarizante. Un carro bomba, el arma escogida. *Pinina,* con *Séforo,* montan vigilancia sobre los rutinarios desplazamientos del Coronel: del comando a su casa y viceversa. La *Negra Vilma* ayuda con la inteligencia; el concurrido sitio donde está situado el comando de policía es ideal para el trabajo de seguimiento.

El *Patrón* lleva a su familia de nuevo a la *Hacienda* y él mismo entrena a Manuelita para cuando los policías le pregunten algo.

*—Manuelita, ¿cómo debes contestar, cuando un policía te pregunte por mí?*

*—Pregúntele a mi papá* —dice riendo con la lección bien aprendida.

«El *Patrón* disfruta a mares el amor de su preciosa hija. Se mueve al escondite *El Paraíso* para estar pendiente de la muerte del Coronel. Éste vive en un barrio residencial de Medellín; ya *Pinina, Séforo* y la *Negra Vilma* le tienen el recorrido estudiado.

«Llega el día 28 de julio de 1989, un día lleno de sorpresas y de ajuste de cuentas para la mafia, en las calles medellinenses. *Séforo,* desde cien metros, ve de frente el *Mercedes* oficial con la escolta y acciona el botón del control remoto activando un automóvil *Mazda* blanco con una carga de cien kilos de dinamita; el carro oficial es destruido por la onda explosiva; la moto de dos policías de la escolta es lanzada a un tercer piso, al balcón de una casa; los destrozos en la zona residencial son brutales.

*«Séforo* sale del lugar; no hay duda, está muerto el Coronel. La explosión se oye en toda la ciudad, cuando apenas despierta su vida laboral. *Pinina* recoge a *Séforo* y se dirigen a *El Paraíso*, comentando alegremente el éxito del bombazo. Los dos concuerdan que vieron en el aire al *Mercedes* y a la moto de los escoltas; *Pinina* prende el radio y escucha:

—*«En un atentado terrorista, muere calcinado el Gobernador de Antioquia, Antonio Roldán Betancourt»*.

*«Pinina* y *Séforo* me cuentan que se miran. Es que el Gobernador era un político de carrera, amado por el pueblo antioqueño, un hombre honesto y buen gobernante, de filiación liberal y lo peor de todo, ¡amigo de Pablo Escobar!

«La noticia conmueve a la ciudad, al país. La ciudadanía antioqueña llora a su Gobernador. Desde el día en que se dieron la mano Miguel y Pablo Escobar, la desgracia campea en Colombia. *Pinina y Séforo* llegan a *El Paraíso*, ya el *Patrón* también ha oído la noticia. Escobar, enseñado a vivir bajo presión, está calmado.

—*¿Qué pasó Pinina*? —dice Pablo mirando al afligido bandido.

—*Patrón, Séforo ve la escolta policial, el Mercedes de frente, y la hora coincidía con la rutina del Coronel; entonces aprieta el botón…*

Continúa *Pinina*:

—*Nunca antes vimos pasar por el lugar, un convoy diferente al del Coronel.*

«Nadie se explica qué hace el Gobernador a esa hora y en ese sitio. El destino sí lo sabe. El *Patrón* apoya a *Pinina* y *Séforo* y busca una solución al problema... El Coronel Franklin Quintero sale a los medios a decir que el atentado con un carro bomba era para él. Acusa a Escobar y dice que va a seguir moviéndose con un solo hombre, para evitar más muertes innecesarias. El Coronel miente, pues la verdadera razón es que es más fácil pasar desapercibido con una escolta reducida y evitar así los carros bomba.

«La ley de la compensación está actuando… el alto policía está sintiendo el mismo miedo que sintió Manuelita, la hija de Pablo, cuando la interroga amedrentándola. El corazón del Coronel es duro.

El policía que trajo la gaseosa para la niña, fue destituido fulminantemente. El oficial olvidó que un niño es un niño… y los niños no escogen a sus padres.

El *Patrón* da la orden a varios grupos que rastreen al Coronel y lo ejecuten a bala. Todo el combo tras el policía. Meses más tarde, ese Coronel recibiría las balas de los sicarios de la mafia…

*...La noche del 18 de Agosto del año 1989 se produjo en Colombia un verdadero terremoto de conmoción interior que hubiera podido ser de incalculables consecuencias políticas. Sin embargo, las instituciones fueron puestas a prueba y salieron victoriosas. No pasó nada, como sí pasó en aquel año de 1948 en Bogotá, cuando es asesinado el líder Jorge Eliécer Gaitán, que también se perfilaba como el más opcionado candidato a ser Presidente de Colombia. Aunque con la muerte de Gaitán se desata una insurrección popular (El Bogotazo) que fue duramente reprimida, desencadenando la famosa violencia, que aún hoy padecemos, con el asesinato de Galán, los colombianos atónitos se sumergen en un gran desencanto y una inmensa desesperanza, también dañina para la legitimidad del régimen, no sólo por la calidad del hombre que se sacrificaba, también por la inseguridad que se genera en la convivencia y en la consolidación de una sociedad democrática. Todos en Colombia se preguntaron hasta dónde podía llegar el poder del narcotráfico. A pesar de ello, lo que más impresiona hoy en este capítulo, con el testimonio de Popeye, no es tanto los detalles que aporta a los ya conocidos acerca de cómo se organizó el magnicidio, sino la comprobación del íntimo vínculo de la política con el mundo de la mafia. Siempre ha habido dineros del narcotráfico en el proceso de la compra de votos, pero nunca antes hasta hoy, se había contado con un testimonio de primera fuente en el que se expresara la instigación de un importante político miembro del Partido Liberal Colombiano, que expresamente induce a un mafioso, a asesinar a su contendiente en la carrera presidencial. Ésta sola sospecha podría abrir una caja de Pandora para explicar crímenes como el de Álvaro Gómez Hurtado o el de otros colombianos que han aspirado a luchar por el acceso al poder sólo con sus ideas. Al final, en aras de la discusión, se podría argumentar que se trata de la palabra de un criminal confeso, contra la palabra de un político de carrera que ocupó altas dignidades en el manejo del Estado. Sólo la justicia y quizás el tiempo, con las pruebas correspondientes, dictaminará las responsabilidades del caso. Lo único cierto, es que el lugarteniente de Pablo Escobar, de quien se sabe, presencia todas esas reuniones y participa en los hechos, así lo afirma...*

## *Capítulo XVIII*

# *«¡Mátalo Pablo..!»*

Siempre me sorprendió el nivel de personas que visitaban al *Patrón*. Portentosos industriales, intelectuales, artistas, banqueros, corredores de bolsa, universitarios buscando financiación para sus tesis de grado y muchos, muchos políticos. Después del ex-presidente López Michelsen, el más inteligente de los políticos elocuentes e ilustrados, íntimo de Pablo Escobar, era Alberto Santofimio Botero, quien de treinta frases que pronunciaba, veintinueve incluía las de personajes ilustres de la literatura universal, pensadores políticos o filósofos.

«El doctor Santofimio o *Santo*, como le decíamos, siempre en actitud catedrática, hilaba entre sus construcciones gramaticales permanentemente frases inteligentes.

A Pablo Escobar siempre lo halagaba repitiéndole:

*—Recuerda Pablo lo que dijo John F. Kennedy... «Un hombre inteligente es aquel que sabe ser tan inteligente como para contratar gente más inteligente que él»...*

«Pablo Escobar empieza a gestar la muerte de Luis Carlos Galán, el mismo día en que el líder del *Nuevo Liberalismo* lo expulsa de su movimiento y lo descalifica en plena plaza pública, en un discurso que pronuncia en el *Parque Bolívar de Medellín.* Pablo no le perdona nunca a Galán que lo haya expuesto ante los agentes de la *DEA*, ante la opinión pública y ante los medios de comunicación, truncando de esa forma sus intenciones de pasar, como se lo aconseja su amigo y asesor, el Senador Alberto Santofimio Botero, inadvertido como narcotraficante y mafioso, pero haciendo política como un próspero y progresista ganadero del *Magdalena Medio Antioqueño* que busca ganar poder, dando dádivas a la gente necesitada. La respuesta de

*Luis Carlos Galán Sarmiento (Foto cortesía periódico El Espectador)*

Pablo Escobar, ante el despiadado ataque de Galán, consiste en manifestar que la cerrada oligarquía política colombiana habla por boca del mismo para impedir la aparición de nuevas figuras en la brega política.

«En sus muy frecuentes visitas a la *Hacienda Nápoles,* Santofimio, en largas jornadas, le aconseja a Pablo cómo desenvolverse con éxito en la política y no morir en el intento.

«Un día, el *Patrón*, después de una manifestación pública, tomando cerveza, le pregunta a Alberto Santofimio:

—*Ve Alberto, ¿vos creés que yo tengo madera para la política?*.

Y Santofimio, animándole, contesta:

—*No sé si madera, pero si mucha plata y en este país la política se hace con plata.*

«Santofimio pasa horas y horas hablando de política con el Patrón y explicándole cómo es que se consiguen los votos.

*—La política clientelista se hace comprando concejales en los Concejos y diputados en las Asambleas. Son ellos los que tienen los votos. Con esos votos se llega a las alcaldías y a las gobernaciones, se llega a la Cámara de Representantes y al Senado y por ese camino, a los establecimientos descentralizados y al Presupuesto del Estado; ahí están, mi querido Pablo, los contratos y por lo tanto la plata.*

A lo que el *Patrón* le argumenta entre carcajadas:

*—Pero yo para qué quiero plata, Alberto, si la plata ya la tengo.*

*—Pablo... la política no sólo da plata, sino da poder. La política es para tener poder, con el poder puedes nombrar a los Directores de la Aeronáutica Civil, para que entren y salgan tus aviones; con poder puedes tener al Director de Aduanas, para que no revisen tus mercancías; puedes tener al Director del Das, Generales de la República, Comandantes de Policía...eso da la política, Pablo: ¡poder! Ya vas a ver lo que podemos hacer cuando yo sea Presidente de Colombia.*

«Alberto Santofimio expone siempre sus ideas con una capacidad de convencimiento, una elocuencia y una inteligencia, que impresionan al *Jefe*. De ahí la determinante influencia de sus consejos. Es Santofimio Botero quien le sugiere a Pablo Escobar que se retire de la política, el día en que la Cámara en pleno, con su votación, le hace perder su investidura.

*—No te preocupes Pablo, que yo me encargo de la política y tú de los beneficios de ella,* —le dice Santofimio.

«Siempre Santofimio le recalcaba a Pablo que Luis Carlos Galán era su peor enemigo, sin embargo, hasta ese momento, aún no le había recomendado matarlo. Pablo comentaba entonces, que Santofimio le exageraba las cosas que venían de Galán.

«Un día, el *Patrón* me pide que vaya al aeropuerto a recoger al doctor *Santo* y se lo lleve al *Oriente Antioqueño.* Cuando estuvimos los tres en la oficina del *Jefe*, Santofimio le reitera el grave error de no haber asesinado a Andrés Pastrana:

*—Yo te lo advertí, Pablo, si no eliminabas a Andrés Pastrana, era Alcalde de Bogotá; y ya verás como llega a Presidente de la República; dicho y hecho.*

«Comenta además, la manera como se han disparando las encuestas a favor de Luis Carlos Galán por el hecho de estar hablando abiertamente en contra de la mafia, del narcotráfico y en forma particular, contra Pablo Escobar Gaviria...

«La persecución contra el *Jefe,* por parte de la Policía Nacional, se acrecienta; nos movemos con mayor discreción y nos refugiamos en la *Hacienda Nápoles* y en sus alrededores. En el día *Pablo* atiende sus citas menos privadas en la casa de la *Hacienda*; la vigilancia exterior, a varios kilómetros, nos daba tiempo para salir y adentrarnos en la zona boscosa, en caso de un allanamiento. Las citas más privadas se hacían en una casita llamada *Marionetas,* aproximadamente a unos diez kilómetros de la *Hacienda*.

«Habiendo recibido una llamada urgente de Santofimio, el Patrón me ordena que, al igual que otras veces, vaya a buscarle al aeropuerto y lo conduzca, esta vez a la casita.

Al llegar, entra presuroso y una vez sentados los tres en la sala, le dice:

*—Pablo, te traigo un dato gravísimo: Luis Carlos Galán es seguro el próximo Presidente de Colombia, está recibiendo apoyo de la Embajada Norteamericana, no hay nada que hacer.*

*Pablo Escobar y Santofimio Botero en una reunión social. Marzo 25 de 1979*
*(Foto cortesía periódico El Espectador)*

*Luis Carlos Galán - al fondo - en un debate en el Senado de República. En primer plano de perfil aparece Alberto Santofimio Botero. Diciembre 12 de 1984.*
*(Foto cortesía periódico El Espectador)*

Y luego continúa diciendo, textualmente:

—*Si Galán es Presidente te extradita, utiliza todo el poder del Estado para llegar a ti; esta vez te lo digo con todo el conocimiento de causa... Pablo, tienes que matarlo.*

«Entraron a continuación en acaloradas discusiones, analizaron las consecuencias del asesinato del Ministro de Justicia Lara Bonilla y cuáles serían las repercusiones de matar a Galán. Delante de mí, Santofimio le dice al *Patrón*:

—*Galán te va a cobrar la muerte de Rodrigo Lara Bonilla; ellos eran amigos inseparables, tienes que matarlo ahora que es vulnerable, Pablo; cuando sea Presidente, no le podrás llegar.*

Pablo Escobar le pregunta una vez más:

—*¿Qué se dice en los círculos políticos, dan por seguro que le gane a Álvaro Gómez?.*

—*Desde luego, Pablo, Álvaro Gómez jamás será Presidente de Colombia, ponle la firma; el Presidente se llama Luis Carlos Galán.*

Pablo Escobar insiste en preguntarle:

—*¿Quién va a ser el próximo Presidente de Colombia?.*

A lo que Santofimio le contesta.

—*Mira Pablo, va a ser Luis Carlos Galán, pero no importa quién sea, Galán es tu enemigo, Galán te echó a la DEA, Galán te sacó del Congreso, Galán te humilló en la plaza pública...*

«Pablo Escobar se queda en silencio. Toda la habitación está en silencio. Yo estoy absolutamente hipnotizado, escuchándolos y pensando qué va a pasar con nosotros si se toma en ese momento tal decisión. El silencio continúa...

«Mientras el *Patrón* piensa, Santofimio lo mira y le dice con voz suave, lenta y cadenciosa:

—*«Mátalo Pablo»*.

Silencio…

—*«Mátalo Pablo»*.

Silencio…

—*«Mátalo»*.

«Pablo se queda callado por espacio de cinco minutos. Sólo mueve sus ojos. Era como si el veneno de las palabras de Santofimio le empezara a hacer efecto. Estoy seguro que había más odio por Galán, en él, que en el propio Pablo.

El *Patrón* le devuelve la mirada y no le contesta.

«Pablo Escobar rompe repentinamente su silencio e incorporándose del sillón en el que está sentado, me ordena que viaje a la ciudad de Medellín y busque a Ricardo Prisco Lopera y que en el término de la distancia se lo ponga en su presencia.

«Sin mediar palabra salgo hacia *Medellín*. En el camino comprendo que la decisión está tomada: Luis Carlos Galán morirá.

«Ubico a Ricardo en el barrio *Aranjuez*; le informo que el *Jefe* lo quiere ver; toma su pistola y objetos personales; le digo que deje su pistola sin salvoconducto y que lleve un revolver 38 que tenía con papeles bajo un nombre falso, ya que Ricardo se movía con documentos a nombre de otra persona; lo mismo hacía yo. Vuelve conmigo al día siguiente, a la *Hacienda*. El *Patrón* se levanta tarde y saluda efusivamente a Ricardo. Nos sentamos a conversar los tres.

«El *Patrón* tiene ya la información de que Luis Carlos Galán va a dictar una conferencia en la *Universidad de Medellín*, como parte de su gira política. Le da precisas instrucciones a Ricardo para que consiga un buen equipo de hombres, rockets y fusilería para atacarlo en el momento en que esté saliendo de la *Universidad*. El rocket para iniciarlo y la fusilería para rematarlo. Y pensó rápidamente en utilizar esto para atacar a sus enemigos del *Cartel de Cali*; me ordenó que comprara un carro, concretamente una camioneta *Mazda Station Wagon,* a nombre de Elmer Herrera Buitrago, alias *Pacho Herrrera*, uno de los hombres fuertes del *Cartel de Cali*.

«Ricardo recibe las órdenes y sale sin pérdida de tiempo hacia *Medellín* a planear todo. Yo quedé en entregarle, en dos días, máximo tres, la camioneta a nombre del hombre de Cali donde irán las armas.

«El *Patrón* se reúne con los demás socios de *Los Extraditables*, entre ellos *Kiko* Moncada y Albeiro Areiza, alias el *Campeón,* quienes le son más cercanos. Les manifiesta que va a matar a Luis Carlos Galán, que informes de plena credibilidad, además de lo que dicen las encuestas, lo dan por seguro ganador de las elecciones presidenciales. Inmediatamente ponen el grito en el cielo:

*—La persecución va a ser terrible, Pablo; mejor consultémoslo con todo el Cartel para que no suceda lo que pasó con la muerte de Lara Bonilla, donde todos quedamos inconformes*, —le dice *Kiko* Moncada.

*—No los estoy consultando, les estoy informando para que busquen buenos escondites; o acabamos con Galán o él acaba con nosotros...* —afirma enfáticamente Pablo.

«Luis Carlos Galán cumple la cita en la *Universidad de Medellín;* allí se despacha ante su auditorio contra Pablo Escobar; afuera lo espera la mano del *Capo* para matarlo. Una mujer asomada en un tercer piso, ve un hombre escondido en un lote de maleza, y alerta a la policía. La reacción es inmediata; el hombre un ex-soldado en realidad, se deshace del rocket, se baja los pantalones y simula estar haciendo sus necesidades fisiológicas; la policía lo detiene. Al minuto encuentran el rocket. Los doce hombres que conformaban el comando se esfuman dejando abandonada la camioneta con las armas. El ex-soldado llora y se sostiene en su versión, convenciendo a la policía que finalmente lo deja ir. Llegan refuerzos y encuentran la camioneta con las armas en su interior. Galán es sacado de la Universidad y de la ciudad, bajo fuertes medidas de seguridad.

«Como consecuencia del fracaso del atentado en Medellín, Pablo cita a una reunión urgente que se lleva a cabo en la hacienda *La Isla de la Fantasía* de propiedad de Gonzalo Rodríguez Gacha. En esta reunión plenaria de *Los Extraditables*, a la cual asistieron *El Mexicano*, *Kiko* Moncanda, Albeiro Areiza alias el *Campeón*, JM, Henry Pérez, Ariel Otero y una veintena más de personas de la organización, Pablo les manifiesta, yendo directamente al grano, que tiene información, impecablemente confirmada, de los círculos políticos, obtenida a través de Alberto Santofimio, acerca de la segura elección de Galán como Presidente de la Nación; les comenta que él había intentado matarlo en Medellín, sin éxito. Ahora todo lo que oliera a paisas no podría acercársele a Galán. Por lo tanto, un nuevo ataque tendría que ser llevado a cabo en Bogotá. *El Mexicano, Kiko Moncada* y el *Campeón*, se opusieron al atentado. Pablo Escobar fue muy claro:

*—Si ustedes no me apoyan lo haré yo, pase lo que pase; la extradición, con un tipo como Galán, es imposible de ser tumbada; necesitamos un presidente y una clase política amedrentada y la muerte de un hombre como Luis Carlos Galán es un mensaje claro para los demás presidenciables. La persecución que se venga no nos va a afectar tanto, pues todos sabemos movernos bajo presión...*

«La reunión continuó y por espacio de más de dos horas, *El Mexicano*, el *Campeón* y *Kiko* buscaron la mejor forma de evitar la muerte de Galán. La discusión terminó cuando Pablo, muy serio, le dijo a *El Mexicano*:

*—Compadre, es Galán o nosotros...*

«*El Mexicano*, conociendo al *Patrón*, sabía que lo haría; convencido, al igual que *Kiko* y el *Campeón,* accedieron a que se cometiera el crimen. Sólo quedaba manejar la parte logística. Henry Pérez dijo:

*—Yo tengo un hombre que puede hacer la vuelta en Bogotá...*

«Esperamos tres días a que éste llegara; se trataba de Jaime Eduardo Rueda Rocha, quien vino acompañado por cinco de sus hombres. Fue ahí donde lo conocimos.

«Se le encomendó la ejecución del atentado, ofreciéndole doscientos millones de pesos por el trabajo. Jaime pidió más dinero; *El Mexicano* dijo que por el dinero no había problema, que recibiera esa plata del fondo de *Los Extraditables* y él le *echaba* mercancía para que se desquitara, significando esto que él lo incluía en un embarque de cocaína; Jaime sonrió y dijo que no había inconveniente, que estaba arreglado. *El Mexicano* le preguntó qué necesitaba; Jaime pidió viáticos y una sub-ametralladora *Mini Atlanta 380*. Ya que en los arsenales de *Los Extraditables* no existía esta arma, Pablo me ordenó que la buscara y la comprara. Ante la inquietud del *Patrón* acerca de quién suministraría el itinerario de Galán en Bogotá, Gonzalo Rodríguez Gacha dijo que eso no era problema, ya que él tenía un hombre en el *DAS* que le era incondicional. La reunión terminó en muy buenos términos; Henry le dijo a Pablo que Jaime Eduardo era su mejor hombre y que confiara en que la muerte de Luis Carlos Galán era un hecho consumado. Nos despedimos todos y salimos, con Henry Pérez, rumbo a la *Hacienda Nápoles*, franqueando caminos interiores de las haciendas, evitando en lo posible, tocar la Autopista Medellín-Bogotá

«Ya en la *Hacienda*, me encaminé rápidamente a Medellín a buscar la sub-ametralladora *Mini Atlanta*. A los dos días la conseguí en el mercado negro de armas, justamente en el bar llamado *Perro Negro* y pagué por ella dos millones de pesos, entregando el arma a la gente de *El Mexicano* en la ciudad. Una vez cumplido esto, regresé a la *Hacienda Nápoles*. El *Patrón* se encontraba en el escondite del *Río Cocorná* en el corazón de la *Hacienda*; así que cambié de vehículo y me dirigí allí; le comuniqué a Pablo haber cumplido su orden, éste me felicitó y dijo: «Ahora sólo nos toca esperar, estamos en manos de *El Mexicano*».

Nosotros seguimos con la vida normal, rutinaria.

«Llega el 18 de agosto de 1989, un día decisivo para la mafia, el país, Luis Carlos Galán y el Coronel Waldemar Franklin Quintero. El pesado día comienza con la muerte a bala del Coronel. *Titi, Séforo* y *Julio Lagarto* lo cazan antes de llegar al comando. Treinta balazos le ponen fin a la vida del policía que le sirvió treinta y cuatro años a su institución. Sólo va acompañado de su chofer, desplazándose en una patrulla policial.

«La mano de Pablo Escobar lo alcanza muy pronto y cobra venganza de la humillación que el Coronel le hizo a su esposa, la *Tata* y a su hija Manuela.

«Como resultado de los exhaustivos trabajos de inteligencia efectuados, sabemos que el candidato asistirá a una manifestación política en Soacha– Cundinamarca; allí lo espera el poder de la mafia, su cita con la muerte.

«La *Mini- Atlanta 380,* que yo he conseguido en Medellín para el atentado, ya está en manos de Jaime Eduardo Rueda Rocha, secundado por José Ever Silva y los hermanos Enrique y José Orlando Chávez Fajardo. Esta sub-ametralladora es un arma letal, por su sencilla manipulación y su pequeño tamaño; es fácil de maniobrar en público; su ráfaga es devastadora.

«El comando de *El Mexicano* se camufla entre los seguidores de Galán. El Presidente de la República, Virgilio Barco Vargas, está recibiendo el embate de la mafia, golpe tras golpe. Luis Carlos Galán, enterado de la muerte del Coronel de la Policía, seguro abrirá su discurso en Soacha atacando a Pablo Escobar y dándole el tinte de héroe al oficial ajusticiado.

«A las 8:30 de la noche, Luis Carlos Galán llega a la plaza. Sus copartidarios gritan vivas; todo es una fiesta, pancartas, pasacalles, banderas; el triunfo es un hecho. Lo llevan a la tarima sus seguidores, acompañados de la numerosa escolta del *DAS*. Saludando, Galán cierra su puño y, apenas subiendo los escalones de la tarima, antes de iniciar su enardecido discurso, la *Mini-Atlanta* escupe su mortal carga. La ráfaga tabletea y Galán cae mortalmente herido. Las cámaras de los noticieros registran la dramática escena.

«Se escuchan tiros a lo lejos, cae herido un escolta del *DAS*. La confusión es total. Galán es sacado de urgencia al hospital más cercano.

«Mientras tanto, yo estaba con Pablo en su escondite de *Cocorná*; Pablo Escobar es un león enjaulado. Oía las noticias en un pequeño radio Sony, estaba muy nervioso; nunca lo había visto así, ya que las noticias decían que Galán se encontraba herido y solicitaban sangre para él. Esto era una mala señal. Pablo dijo:

*—Tenemos que estar muy atentos porque si este hombre sobrevive, nunca más podremos volver a acercárnosle.*

Aproximadamente a los treinta minutos, la radio dio la noticia:

«Luis Carlos Galán ha muerto»...

«Galán se ha desangrado en el camino al hospital; los intentos de los médicos por revivirlo han sido en vano.

«Pablo apagó el radio, llamó a quien manejaba el cordón de seguridad y le ordenó que estuviera alerta. Se sentó en el quiosco que daba hacia el río y allí se quedó solo, pensativo y mirando al vacío…

«A las dos horas se reunió con nosotros; estaba contento, dijo que era un gran día para la mafia, que la organización de *Los Extraditables* estaba fortalecida, que ya lo fácil había pasado, que lo duro estaba por venir; se mostró muy complacido por la muerte del Coronel Quintero, ya que le "había tocado a su familia"...

«Estuvimos hasta la madrugada conversando sobre lo que se nos vendría; no hubo licor ni fiesta, ya que Pablo no ingería licores; únicamente alrededor de las dos de la mañana pidió un cigarrillo de marihuana, lo aspiró tres veces y lo apagó. El ambiente era de preocupación, pero Pablo Escobar estaba en pie de guerra; esta vez no iba a correr, como lo hizo cuando sucedió lo de Lara Bonilla.

«La noticia paraliza al país, las fuerzas militares entran en acuartelamiento de primer grado. El Presidente va a los medios, acompañando de su gabinete y, desencajado, promete mil plagas contra la mafia. Pero *Los Extraditables* también están preparados y le tienen su sorpresa al gobierno. El mundo entero se solidariza con Colombia.

«Galán, economista y abogado, listo para gobernar y la esperanza de un pueblo, ahora está muerto. El país llora a su líder y entierra sus ilusiones. La Policía, el Ejército, la Infantería de Marina, la Fuerza Aérea, el *DAS*, la *DEA,* todos contra la mafia. Miles de allanamientos, detenciones, decomisos, se dan contra la organización delictiva.

«La *Hacienda Nápoles* a los pocos días fue allanada. Nosotros no nos movíamos del lado del *Patrón*; había cero comunicaciones, por lo que debimos trasladarnos hasta el escondite de *Marionetas,* en donde podíamos tener acceso a señal telefónica.

«El *Patrón*, *El Mexicano* y nosotros, aguantamos el temporal y nos seguimos moviendo a pesar de estar en la mira del gobierno.

«Por orden de Pablo viajo a *Medellín*, llamo de nuevo al contacto de *El Mexicano* y, de los fondos de *Los Extraditables*, entrego, en el almacén Éxito de la carrera Colombia de Medellín, como pago por la muerte de Luis Carlos Galán Sarmiento, los doscientos millones de pesos pactados

«Los excelentes documentos falsos que porto, me salvan en cada requisa. Un pequeño cambio en mi fisonomía me ayuda. La situación es seria y delicada. El país entero llora a su líder; el peor enemigo de Pablo Escobar es por fin silenciado.

«Los hombres del operativo salieron sin problemas de la plaza. En una redada, las autoridades de la *DIJIN* detienen a cinco hombres que son ajenos al atentado, chivos expiatorios que son inculpados.

«El Coronel Peláez Carmona aparece como un héroe nacional, por ser el policía más efectivo del país. En tiempo récord encuentra a los supuestos culpables del crimen y el arma con que asesinaron a Luis Carlos Galán. El tiempo demuestra que sólo era un payaso ya que los presuntos asesinos resultaron ser inocentes y absolutamente ajenos al hecho. Esto pasa a formar parte de las especulaciones que rodearon el hecho, como la falsedad de la versión que circuló acerca de que Galán fue rematado dentro del vehículo que lo conducía herido desde la plaza de la localidad de Soacha al hospital del municipio de Bosa.

«Al mismo tiempo, en el Cementerio Central de Bogotá, el hijo del inmolado líder, Juan Manuel Galán, entrega las banderas del movimiento de su padre al que fuera su jefe de debate en la campaña galanista, Cesar Gaviria Trujillo.

«Ante el féretro de su padre, Juan Manuel señala al hombre que debe tomar el liderazgo y convertirse en Presidente de Colombia. Cesar Gaviria, quien ya ha amasado poder como Ministro de Hacienda y Ministro del Interior, del Presidente Virgilio Barco, es ahora catapultado por el destino para ser elegido el nuevo Presidente de Colombia.

«Gaviria arranca su discurso en contra de la mafia y promete que su bandera será el compromiso por combatirla y derrotarla, con la ayuda de todos los colombianos. Todo el respaldo que tenía Galán, le es inmediatamente endosado por el pueblo, la prensa y el país político; la opinión pública así se lo demuestra.

«Por esas palabras, Pablo Escobar va ahora por Gaviria, sin miramientos.

«La siguiente vez que Pablo habla telefónicamente con Santofimio, le dice:

—*...Alberto, ... ¡ahora el que sigue es Gaviria!..*

## *Capítulo XIX*

# *«El vuelo de la muerte»*

Una vez que pagué los doscientos millones de pesos por el asesinato del doctor Luis Carlos Galán, según lo pactado, regresé a la *Hacienda Nápoles,* en tiempo récord. El del radio me informa que *Pablo* se encontraba en la caleta de las *Parcelas California;* allí me reúno con el *Patrón* y continúo con mis labores de secretario y escolta. Para esa época, no había en el país equipos de radiometría que permitieran ubicar a las personas que se comunicaran por teléfonos móviles, instalados en los vehículos, por esa razón yo contestaba las llamadas desde el carro. El *Patrón*, a raíz de la arremetida de las autoridades, no daba citas; todo lo manejaba por teléfono. La inquietud del momento era el nuevo presidente. Cuando César Gaviria tomó las banderas del Nuevo Liberalismo, en el entierro del doctor Luis Carlos Galán, las encuestas lo favorecieron. Recibí una llamada de Alberto Santofimio Botero donde le pedía una cita a Pablo; éste se la negó, pero hablaron por teléfono; trataron sobre los posibles resultados de las elecciones con Gaviria al frente. Después de esa llamada, recibí alrededor de cuatro llamadas más de Santofimio, a lo largo de diez días. En todas se hablaba de temas políticos, ninguna de ellas era comprometedora. Pablo, por el teléfono, cuando hablaba con sus amigos, aún cuando estaba muy seguro de no ser escuchado, siempre dejaba ver que no tenía relación con la muerte de Luis Carlos Galán; se lo adjudicaba a *Los Extraditables,* diciendo que él sólo era una parte del grupo y que no era el *Jefe.* Después de esto y viendo el agigantamiento de la figura de Gaviria por la campaña que adelantaba, Pablo planea matarlo.

«Se programa entonces un atentado durante un mitin político, en la plaza de Pereira, con un carro bomba. Este plan quedó sin efecto dado que se estimaba que el número de víctimas iba a ser inmenso. Debido a las estrictas medidas de seguridad que rodeaban al candidato, el carro habría que detonarlo a una distancia considerable, utilizando por tanto una enorme cantidad de explosivos.

«El *Patrón* recibe entonces la información de que el candidato, Cesar Gaviria, viajaría a la ciudad de Cali en un vuelo comercial. Pablo le encomienda a *Cuco* que arme un maletín bomba, y que *Arete* lo haga llegar a Bogotá; *Memín,* un trabajador del *Negro Pabón*, utiliza un contacto de Pablo Escobar en el aeropuerto de El Dorado, para introducir el maletín hasta la sala de espera después de las requisas de la Policía Aeroportuaria. Por ser un vuelo doméstico, los controles de seguridad son mínimos. *Memín* utiliza un amigo, para encargarle que lleve y abra el maletín luego que el avión decole y se presurice, con la excusa de activar una grabadora, para escuchar a dos pasajeros que viajan en la silla de adelante. Una buena cantidad de dinero convence al amigo de *Memín.* No tiene nombre, porque nace sin él, ya que el destino lo elige para acabar con la vida de 107 personas que estaban abordo del avión *Boeing 727 de Avianca*, en la ruta Bogotá-Calí. *Memín* está a la espera de que aborde Cesar Gaviria con su comitiva; llegan las 7:00 de la mañana y no aparece el personaje; era claro que no iba a volar, pero la suerte está echada. Los pasajeros de este fatídico vuelo, van a ser víctimas del apretón de manos que se dieron Pablo Escobar y Miguel, el terrorista de *ETA,* que enseña a hacer bombas, en el año 1988, en la *Hacienda Nápoles*.

«Los explosivos están en el avión; no hay forma de parar nada. A los pocos minutos del despegue, sobre la población de Soacha, el avión explota, desintegrándose y muriendo todos sus pasajeros y tripulantes. El país queda en shock; una bomba en un avión, es lo último que podía pasar. La nación está desconsolada y sin un norte; todas las sospechas recaen sobre Pablo Escobar.

«Cesar Gaviria Trujillo, por recomendaciones de su jefe de seguridad, el Coronel Homero Rodríguez, a última hora, decide no viajar. El futuro nuevo Presidente de la República de Colombia sabe que Pablo Escobar le pisa los talones. Después del este hecho, la seguridad del político se fortalece y se restringen, al máximo, sus desplazamientos. Las encuestas lo dan como seguro ganador.

«Y ahora pienso en las ironías del destino…este Coronel, que le salva la vida a Gaviria y nos hace fracasar el atentado, a la postre terminó siendo el director de la *Cárcel de la Catedral de Envigado*, donde estuve preso con Pablo Escobar y otros miembros del *Cártel de Medellín.*

## *Capítulo XX*

# *Se busca...*

Llega a la ciudad el temible *Bloque de Búsqueda*, un grupo de oficiales y agentes de la policía, con el único objetivo de perseguir a Pablo Escobar y a sus hombres; usará las herramientas de la tortura y el ajusticiamiento, para de esta forma desmantelar el *Cartel de Medellín*.

Trae una organización policiva nueva, llamada el *Grupo Elite*. Montan su centro de operación en la *Escuela de Policía Carlos Holguín*, tristemente famosa por la instalación de una sala que bautizan «*el sauna*», donde introducirán a todos aquellos a quienes quieran hacer hablar; esta particular sala de tortura, mediante sus muy altas temperaturas, llegaba a despellejar a los prisioneros que eran introducidos en ella. Entre las herramientas de ferretería que se utilizarán para lograr las delaciones, están los taladros eléctricos, con los cuales serán perforadas rótulas y columnas vertebrales. Algunos de nuestros hombres que lograron salir de allí con vida regresaron inválidos, con laceraciones en su cuerpo, sin uñas e incluso sin ojos.

Son más de 500 efectivos. Vienen acompañados por la *DIJIN*, al mando del Mayor de la Policía, Riaño, un oficial sanguinario y cruel. Éste grupo de 20 hombres, es la punta de lanza del *Bloque de Búsqueda*. Son llamados los *Rojos* por sanguinarios y crueles, tienen alias al igual que nosotros; los más importantes eran: *Lápiz, Cañón, Motor* y *el Negro.* Siempre operan de civil.

Un General de la Policía, cuando es cuestionado por los periodistas de Caracol y RCN sobre los procedimientos que atentan contra los Derechos Humanos, contestó:

—*¿Qué quieren, que mande a unas monjitas para atraparlos?*.

La *DEA* y asesores norteamericanos se establecen con ellos en la *Escuela Carlos Holguín*; traen tecnología de punta para ubicar teléfonos móviles y escuchar conversaciones.

El *DAS* pone sus hombres en la ciudad traídos desde Bogotá, pero éstos no se mezclan con sus compañeros del *DAS* de Medellín. Le pasan información al *Bloque* obtenida del *Cartel de Cali*. La policía local es seleccionada; todo oficial que se presuma fuera aliado de Pablo Escobar es sacado de la ciudad.

El *Cartel de Cali* mete la mano y su dinero en el *Bloque de Búsqueda.*

La *DEA* «se hace la de la vista gorda», les interesa acabar con el *Cartel de Medellín*. El *Bloque de Búsqueda,* al mando del Coronel Murcia, tiene una orden: como sea, acabar con Pablo Escobar y Gonzalo Rodríguez Gacha.

A la ciudad le espera un gran baño de sangre; Pablo no se va a entregar sin pelear, a la policía tampoco le va a salir gratis. El *Bloque de Búsqueda* tiene el respaldo del Presidente de la República y los norteamericanos.

Pablo recibe una información de inteligencia desde *New York,* donde le comentan que el Presidente de la República de Colombia, el empresario Julio Mario Santodomingo, el Gobierno de los Estados Unidos y altos mandos militares, han tomado la decisión: hay que matar a Pablo Escobar. Todos tenían sus razones para tomar esa medida. A Julio Mario le había tumbado uno de sus aviones y eso era imperdonable.

En los fusiles del *Bloque de Búsqueda*, están las balas que acabarán con cientos de antioqueños, pero en las comunas de Medellín, también están las balas con el nombre de cientos de policías y la dinamita los espera, ansiosa.

Un ingrediente agrava más nuestra situación; son lanzados a los medios de comunicación los anuncios de «**Se Busca**» y, soltados desde el aire por los helicópteros de la policía, miles de volantes con nuestras fotos. Cada hora, en la programación habitual de la televisión nacional, pasan esta mención.

***«Se busca a Pablo Emilio Escobar Gaviria,***
***un millón de dólares de recompensa»***
***«Se busca a Gonzalo Rodríguez Gacha,***
***un millón de dólares de recompensa»***
***«Se a busca Jhon Jairo Arias Tascón, alias Pinina,***
***$50,000 dólares de recompensa»***

A mí también me inmortalizan:

***«Se busca a Jhon Jairo Velásquez Vásquez, alias Popeye,***
***$50,000 dólares de recompensa».***
***«Se busca a Luis Carlos Aguilar Gallego, alias Mugre***
***$50,000 dólares de recompensa».***
***«Se busca a Otoniel González Franco, alias Oto,***
***$50,000 dólares de recompensa».***

El *Patrón* dice: la historia nos muestra que, al que públicamente le pongan precio por su cabeza, es hombre muerto. La ciudad es empapelada con nuestras fotos, como en el lejano oeste. *Mugre* llevaba 6 meses de haber llegado de Miami y participa en todos los operativos del *Cartel. Arete, Chopo, Cuchilla, El Negro Pabón, Paskin, Ricardo Prisco, Taison* y demás bandidos, se salvan de los terribles anuncios.

Se burlan de mí por estar en la mira de la Policía y el Gobierno. El *Patrón*, firme y en pie de guerra. Nosotros, lo mismo; el valor de Pablo nos contagia. Seguimos moviéndonos amparados en los cambios mínimos de la fisonomía y los documentos falsos. En mi estadía en Miami, me hago operar la nariz y el mentón; yo era belfo; la dolorosa cirugía me corrige la mordida y junto con la operación de la nariz, mi cara cambia en gran medida. Mi apariencia física mejora y lo más importante, no me parezco en nada al de la foto del anuncio de «Se Busca»; la foto que tiene la policía, es la de mi pasaporte.

El *Grupo Elite* sale a las calles tras nuestra pista, monta retenes en puntos clave de la ciudad, con nuestras fotos a mano. Todo carro de lujo que ven, lo paran en el acto, bajan a la gente con groserías: «¡Bájate vieja mafiosa, decíle a ese hijueputa de Pablo Escobar que nos salga!»... La prepotencia y abuso de autoridad es total. La gente los odiaba.

Subiendo por la *Cola del Zorro* somos parados *Pinina* y yo, por un grupo de los policías *Elite* que hacen un retén. No llevábamos armas; un policía se nos acerca y nos entrega a cada uno un volante con nuestras fotos.

—*Colaboren, se buscan estos asesinos.* —Nos dice sin mirarnos mucho y nos deja seguir.

Ahí nos dimos cuenta que con la foto no había peligro.

En la *Escuela Carlos Holguín* reciben la información, de la ciudadanía, reclamando las recompensas. El *Patrón* pone a dos hombres a que llamen y den información errada para confundirlos. Los policías del *Grupo Elite* sólo son la fachada; los *Rojos* no se andan con amenazas y bravuconadas, van a los barrios populares y en la creencia falsa que todos los jóvenes son matones al servicio de Pablo Escobar, los filan y los asesinan; las esquinas se convierten en paredones de ejecución. En el barrio *Villa Tina* son ejecutados doce jóvenes por los *Rojos;* en el barrio *Santa Cruz,* cuatro más fueron asesinados de la misma forma y otros tres, en el barrio *Castilla.* No pasa una noche sin una masacre; todos los días desaparece gente y se sabe que éstos terminan su vida dentro de la *Escuela Carlos Holguín;* en menos de veinte días, más de setenta jóvenes caen bajo las balas oficiales.

Los matones del *Patrón* en esos barrios están alerta y no salen de sus escondites. Pablo Escobar no aguanta más y acepta el reto; él ama a su pueblo y lo están masacrando, las clases pobres, de donde él viene, están sufriendo el embate de unos asesinos oficiales, venidos desde Bogotá. *Antioquia* es *Antioquia* y la violencia no asusta a sus bandidos, allí se convive con ella, la cultura de la muerte tenía su asiento en las calles de *Medellín*.

El *Patrón* nos llama a *Ricardo Prisco, Luver, El Flaco, Chopo, Palomo, Yova, Pinina, Oto, Arete, Paskin, Cuchilla* y a mí; nos da una orden, que ninguna organización criminal civil en el mundo se atreve a dar; con su voz dolida y llena de rabia, dice:

*—Muerte a la policía de la ciudad y carros bomba para el Grupo Elite.*

Las comunas de *Medellín* estallan de alegría; es como si el pueblo se fuera a la revolución a desahogarse de todo lo que, por décadas, en su pobreza lo oprime.

*Taisón* es llamado de Cali y se enfila en la guerra, con sus dos hermanos, la *Chepa* y demás bandidos de *Castilla.*

Se pagan 1,000 dólares por policía muerto; 2,000 dólares, por sub-oficial muerto; 5,000 dólares, por teniente muerto, 10,000 dólares, por capitán muerto; 20.000 dólares, por mayor de la policía muerto y 30,000 dólares, por coronel muerto.

Abre las caletas de armas y las reparte en los barrios; pistolas, revólveres, ametralladoras, *Mini Uzi*, fusiles, granadas de mano y gran cantidad de munición, van a parar a manos de los bandidos con agallas, la pelea ya no era entre bandas, es contra la Policía Nacional. La pelea es a muerte, todos sabemos que al que se deje atrapar vivo, le arrancan el alma a golpes dentro de la *Escuela Carlos Holguín.*

*Cuco,* con suficientes carros bomba para la pelea; *Chopo,* pide uno y lo coloca en el puente del *Pan de Queso*; por allí pasa a diario un camión con policías del *Elite* a hacer registros en *La Estrella*. Llega el día de atacar a la Policía, el primer saldo es de nueve policías a bala; los agentes viven en los barrios populares al lado de los que los están matando.

Los *Rojos* van con todo y continúan sus masacres, todos atacamos y caen cuatro policías más. *Chopo* le madruga al *Elite* y detona el carro bomba contra un camión del mismo, lo coge de costado y lo tira al otro lado de la autopista, quince policías mueren en el acto, diez más quedan gravemente heridos; las escenas son dantescas, policías corren encendidos como teas humanas, los destrozos en el lugar son brutales, automóviles de civiles son destruidos y mueren seis personas, una veintena queda mutilada.

Los *Elites* ya han encontrado la respuesta que buscan. Pablo Emilio Escobar Gaviria les ha salido al paso, ahí lo tienen: la dinamita es su tarjeta de presentación. La ciudad bajo ríos de sangre acompañados por los sonidos de las bombas.

La locura se ha apoderado de todos…

*Capítulo XXI*

# *Explota el DAS*

El 6 de diciembre de 1989 un bus bomba con 8.000 kilos de dinamita estalla a 30 metros del edificio del *DAS* en el barrio *Paloquemao* de Bogotá. La explosión se oye en toda la Capital, mueren más de 100 personas y 700 quedan heridas. La ciudad tiembla; el sistema de salud se colapsa y los medios de comunicación claman por donantes de sangre.

El mundo se solidariza con Colombia; todos saben que detrás de la gran bomba está Pablo Escobar y el *Cartel de Medellín.* La explosión abre un gran cráter de 4 metros de fondo, 13 de largo y 12 de ancho. El edificio del *DAS* sigue en pie, pero con la fachada y su interior totalmente destruidas, la onda explosiva no le da de frente. El objetivo principal, el General Miguel Alfredo Maza Márquez, sale ileso; el blindaje de la oficina lo salva; su secretaria, a escasos tres metros, muere. El General fue tirado al piso por la explosión.

Fueron afectados barrios enteros vecinos al *DAS:* el *Ricaurte*, la *Sabana*, *Colseguros* y la zona industrial. Los ascensores del edificio quedaron expuestos con sus ocupantes muertos, historias de terror corren por toda la ciudad, de cabezas a kilómetros de distancia y de manos y piernas en las azoteas. Colombia es un pueblo amedrentado por el terrorismo; el diario *El Tiempo* de Bogotá toma las banderas del *Espectador* y va contra la mafia.

El General es un hombre con suerte. Se inicia la investigación, los vecinos de la bodega de donde sale el bus informan a las autoridades y el mismo General llega a la bodega, situada en la calle 2ª Sur N° 19-63; va con los medios de comunicación y ante las cámaras, sale deprisa al ser alertado por sus escoltas por un fuerte olor a dinamita.

El *Patrón* ve esto en la televisión y deja escapar una sonrisa. Pablo Escobar se convierte en el enemigo público número uno del país. Ríos de tinta corren por cuenta del *Capo* en los periódicos de todo el mundo; su figura es estampada en cuanta publicación hay en el planeta tierra. La bomba al *DAS* de Bogotá es un acto de no regreso, marca una generación, la ciudad nunca lo olvidara.

El país ya no cree en sus dirigentes, el pesimismo es total.

## *Capítulo XXII*

# *Muerte de un mito*

Pablo Escobar recibe a su amigo Gonzalo Rodríguez Gacha en una pista clandestina, cerca de la *Hacienda Nápoles*; conversan por dos horas. El *Patrón* le propone que compren la montaña de *Aquitania*, que colinda con la selva que sale a *Sonsón, Antioquia;* son más de 30.000 hectáreas y además tiene la figura que la declara reserva forestal y así los aserradores no podrán profanar el santuario.

«*El Mexicano* se niega, el *Patrón* le insiste, le dice que allí aguanta el operativo que sea, que él tiene los guías; *El Mexicano* se niega de nuevo, tiene una cita con la muerte.

—*Pablo, voy para Cartagena donde «El Navegante», a coordinar una ruta nueva muy buena, llevo a mi hijo Freddy para que aprenda; no me demoro,* —le dice Gonzalo al *Patrón* con decisión.

—*Mexicano* no te metás a la costa; allí vas a estar al descubierto, —le insiste Pablo a su amigo.

«Gonzalo se despide de su socio y amigo, partiendo a cumplir con su destino. El *Navegante,* llamado Enrique Velásquez, amigo del *Cartel de Cali,* informa de la cita que tiene con Gonzalo Rodríguez Gacha. Pacho Herrera y Santacruz Londoño, lo conectan con el *Bloque de Búsqueda*. Todo se confabula para mal de *El Mexicano*.

«El *Bloque de Búsqueda* con un comando especial, lo rastrea en Cartagena; la *Yuca Rica*, que está acompañando a su amigo, recibe la información que un comando del *Bloque* está en la ciudad, la policía local los alerta. La *Yuca* no lo piensa dos veces y sale por vía marítima con *El Mexicano*, su hijo Freddy y dos guardaespaldas, rumbo a *Coveñas*.

«Pero el informante los *datea* de nuevo y un helicóptero les sigue los talones. Cuando ganan la playa, van a un viejo camión, lo toman por la fuerza y tratan de salir, vía terrestre, de la zona. El helicóptero acosa al camión; la *Yuca,* Freddy y los escoltas se arrojan del vehículo para confundirlos y son ametrallados desde el helicóptero. *El Mexicano,* al volante, continúa solo.

«A 500 metros, un retén de la Infantería de Marina, apostado allí por casualidad, advierte a *El Mexicano;* los infantes están alerta por el tiroteo entre los escoltas de Gonzalo y el helicóptero. Pensaban que era un ataque de la guerrilla. Gonzalo cree que el retén esta ahí para él y se lanza del camión. Un infante de marina lo pone en la mira y mata al Capo Gonzalo Rodríguez Gacha. Cuando llegan sus perseguidores ya está muerto.

«*El Mexicano* nunca se dejaría atrapar vivo; cumple el eslogan de *Los Extraditables:* «Preferimos una tumba en Colombia a un calabozo en los Estados Unidos».

«La noticia se riega como pólvora por el país y el mundo, la gente recobra las esperanzas, el *Cartel de Medellín* es vulnerable, cayó *El Mexicano*. El Presidente Virgilio Barco proclama la victoria; todo es felicidad, la euforia se ve en los medios de comunicación.

«El *Patrón* recibe la noticia con calma, él se lo advirtió a su amigo; en su gesto hay una expresión de «¡se lo dije!». Escobar sabe que tiene que responder con fuerza, él busca la caída de la extradición y el triunfalismo del gobierno opaca todo lo que se ha hecho hasta el momento.

«Escobar ordena apretar duro contra la Policía. Un carro bomba activado por *Chopo* alcanza un camión del *Grupo Elite* en el sector del estadio de fútbol; mueren seis policías, veinte resultan heridos. La detonación deja secuelas en la zona. Los pistoleros de los barrios truncan la vida de cinco policías e hieren a dos.

Los *Rojos*, en la noche, cobraban la muerte de los policías. La masacre no se hace esperar y la caravana de la muerte avanza, desangrando a Colombia lentamente…

*Aparecen de izquierda a derecha: Gustavo González Flórez, alias Gonganza, narcotraficante de Medellín; se sometió a la justicia junto con Pablo, luego se fugó; más tarde fue asesinado en la cárcel de Bellavista, en 1992, por orden de Pablo Escobar, cobrándole una traición; la novia de Gonganza, no identificada; Pablo Emilio Escobar; y Jhon Jairo Velásquez Vásquez.*

*Luis Carlos Aguilar Gallego, alias Mugre. Foto tomada en la cárcel de máxima seguridad de Itagüí, en donde se encontraba purgando condena.*

*Foto tomada en la finca de Bolombolo, Antioquia, propiedad del clan de los Ochoa, en la fiesta de celebración el día que cayó la extradición. Aparecen de izquierda a derecha: Jhon Jairo Velásquez Vásquez, alias Popeye; alias Carlos Mario, -porta una subametralladora MP-5, propiedad de Pablo Escobar- murió en 1987; era sicario del «Chopo»; Pitufo fue el sicario que resultó muerto el día del secuestro del Procurador Carlos Mauro Hoyos -nótese la pistola en su mano-; el Arete, pago su condena en la cárcel de Itagüí, se encuentra fuera del país; el Misil, sicario de Itagüí, vive en USA, se convirtió en pastor y hoy predica la Biblia; un celador de la finca.*

*Foto tomada en la cárcel de alta seguridad de Itagüí. De izquierda a derecha de pie Fredy Misterio -robo 23 millones de dólares a los hermanos Galeano fue el inicio de la guerra entre éstos y Pablo Escobar-; Celina; Mugre; de camiseta blanca con escudo en el pecho Otoniel González, alias Oto; detrás de Oto aparece Juan la Garra; extremo derecho Valentín de Jesús Taborda -vigiló a Andrés Pastrana durante su cautiverio-; sentados de cabello largo alias Lambas; extremo derecho alias Terry -sicario de la banda de los Priscos.*

*El Mugre con Celina, amiga de éste. Foto tomada en la Carcel de Itagüí.*

*Jairo Correa Alzate, Capo importante del Magdalena Medio. Quiso heredar el imperio de Pablo Escobar. Fue asesinado posiblemente por el Cartel del Norte del Valle.*

Junio 20-2005

Señores Ediciones Dipón y
Ediciones Gato Azul.

Con el presente escrito de mi puño y letra yo. Jhon Jairo Velasquez Vasquez con cedula de ciudadania 71 613.722 de Medellin (Antioquia) y actualmente recluido en la carcel de alta seguridad de combita en la Torre #2 y con el T.D. 007.

- Exonero de toda responsabilidad a las dos editoriales de lo que esta escrito en mi libro Sangre - Traicion y Muerte.

- Yo soy el unico responsable de lo que alli escribo y afirmo

- La periodista Astrid Legarda Martinez, no tiene ninguna responsabilidad de lo que yo escribi en mi libro

- La periodista Astrid Legarda Martinez, es la dueña universal de todos los derechos del libro Sangre - Traicion y Muerte

- El libro Sangre - Traicion y Muerte le pertenece a Astrid Legarda Martinez.

Jhon J.

Apodado 'popeye'

*Reproducción facsimilar del original suscrito por Jhon Jairo Velásquez Vásquez, alias Popeye, enviado a Ediciones Dipon y Ediciones Gato Azul en donde asume la absoluta responsabilidad de las afirmaciones contenidas en el libro Sangre, Traición y Muerte, exonerando de toda responsabilidad tanto a las Editoriales como a la Autora. Nótese huella dactilar al lado de su firma. Fechado en junio 20 de 2005*

*Capítulo XXIII*

# *Promesas incumplidas*

Cesar Gaviria continúa con el mismo discurso de Luis Carlos Galán. El periódico *El Tiempo* ataca duro con sus editoriales. *El Espectador*, mas tímido, pero sin abandonar su bandera de atacar a la mafia, lucha por sobrevivir económicamente; va derecho a la ruina. El *Patrón* le encomienda la tarea a *Pinina* que llame a los anunciantes del periódico y los amenace en nombre de *Los Extraditables*. La pauta publicitaria de *El Espectador* se va a pique; nadie quiere vender el periódico en su negocio por miedo a *Los Extraditables*. El periódico comienza a adquirir deudas que van creciendo, como una bola de nieve.

*Cuco* va a la ciudad de Bogotá y arma un camión bomba con 2.000 kilos de dinamita. El explosivo está almacenado en una finca de la *Calera,* y lo disimulan con rollos de papel higiénico. El camión es llevado por don Germán hasta el barrio *La Cabrera*, un exclusivo lugar de la capital. Allí vive el General Maza Márquez y varios políticos de peso; *Maradona* recoge a don Germán, su padre, después de encender la mecha lenta.

El objetivo era sorprender, en la madrugada mientras duermen, al General y sus vecinos. La mecha es apagada por la escolta del militar, evitando un gran desastre. El *Patrón* saca un comunicado de *Los Extraditables* anunciando grandes atentados contra la Capital de la República, por el tema de la extradición y por las desapariciones de allegados al *Cartel de Medellín*, causadas por el *Bloque de Búsqueda.*

El *Patrón* cambia de zona y se mete a una finca de *El Campeón,* en la parte alta de *Sabaneta*. Organiza un corredor hasta el municipio de *Caldas*, donde tiene dos escondites, en cada una de las localidades, separados uno del otro por unas diez horas a pie. Se mueve por el filo de la montaña, discretamente.

Desde allí organiza la ofensiva contra el Estado, la Policía y los caleños. Los *CAI* de la ciudad son atacados con dinamita; los carros bomba, detonados a control remoto, son el pánico de los policías y los vecinos de los comandos. Comunidades enteras en romería exigen que los policías abandonen sus pequeños cuarteles. Éstos, finalmente son abandonados por la Policía, quienes se repliegan a la *EAFIT*, *Policía Antioquia, Escuela Carlos Holguín* y *Escuela de Policía en la Estrella.*

El cuerpo *Elite* se encuentra diezmado por las bajas en sus filas; la moral de los policías es nula. Cuando salen en los camiones a un operativo, no saben si vuelven a su base, cada vez que pasan al lado de un carro mal estacionado, aprietan el alma esperando que no explote y así hasta el próximo carro. No tienen vida, la presión los esta desgastando. En la *Escuela de Policía de Sub-oficiales en Sibaté, Cundinamarca*, son entrenados por los ingleses, en tácticas anti-terroristas, los *Comandos Junglas de la Policía.* Son destinados a reforzar a los miembros del *Grupo Elite* en Medellín.

La dinamita acorrala a la ciudad. Los carros bomba, guardados en parqueaderos de edificios, se detonan solos, afectando seriamente al edificio y dejando numerosas víctimas. Una dinamita experimental, fabricada por un químico del *Cartel de Medellín*, es almacenada en el barrio *Éxito de Colombia,* en una casa de familia. La dinamita de color blanco, amanece de mal genio y se detona espontáneamente, destruyendo la manzana completa. Las víctimas son pocas, ya que la explosión ocurre a las 8:30 de la mañana, cuando los vecinos están en sus trabajos o estudiando.

Nadie está seguro, la paranoia es total, cualquier carro puede explotar, cualquier casa puede volar en pedazos, llevándose la de los vecinos. La Policía está enloquecida, atendiendo llamadas de carros sospechosos. El que deje un carro mal estacionado o estacionado en lugar prohibido, llega la Policía y le da tratamiento de carro bomba, quebrándole los vidrios.

El Capitán y el Teniente, amigos del *Rojo*, fueron detectados y asesinados a los veinte días; el hombre que tenía Pablo Escobar para sobornar oficiales de la Policía, es secuestrado y desaparecido por los *Rojos;* la guerra entre la mafia y la policía en su punto mas alto; policías con conexión con bandidos de los barrios, matan policías y los cobran… Bandidos avezados, matan los policías y les roban las armas: fusiles *Galil,* ametralladoras *Uzi*, revólveres y pistolas; pasan a manos del *Cartel de Medellín.*

«El Senador Federico Estrada Vélez vivía en el barrio *Éxito de Colombia*, el barrio de mi juventud; es la persona mas prestigiosa del barrio, todos lo conocemos. Entro al sector de incógnito, veo el chofer del Senador en la tienda de Hugo, en la esquina de la casa del político. A las 7:30 a.m lo recoge y sale Estrada Vélez con su chofer, en un automóvil *Renault 9,* a tomar la vía de la carrera 70. El Senador va en la banca de atrás, sin prevención. Un hombre que no valora su vida, se ha convertido en un detractor de *Los Extraditables,* en el *Senado de la República*.

Anda casi solo y sin blindaje en su auto. Voy donde *Pinina* y le informo la situación; éste me pide que le haga completa inteligencia. Frecuento el barrio, dejándome ver lo menos posible del Senador; éste sale siempre a la misma hora, unas veces toma la vía a la carrera 70, otras veces sale por el almacén *Éxito*, a la carrera Colombia.

Listo, dice *Pinina*, vamos por él antes de que viaje a Bogotá. *Pinina* va con cuatro policías del *F-2* de *Belén*, amigos nuestros, que trabajaban en operativos del *Cartel de Medellín;* nos los ha presentado Jorge González.

El *F-2* es un organismo civil de policía secreta, como está la ciudad es imposible cuadrar un operativo de secuestro de un Senador, sin apoyo.

Los policías ganan el dinero con la mafia y no se atreven a vendernos por la recompensa; conocen a Jorge González y otros policías, amigos del *Mico,* conocen las familias de los cuatro policías del *F-2;* ellos no saben nada de *Pinina* ni de mí. Cuando los necesitamos, Jorge González nos los ubica. No les importa la guerra entre la policía y la mafia.

Tres radios, *Pinina* en el barrio, sentado en la tienda de Hugo; yo, moviéndome; los cuatro *F-2* en el parqueadero público cerrado, al frente del almacén *Éxito*. Yo aviso la ruta que toma el Senador, los policías lo interceptan y lo plagian. No puedo dejarme ver del chofer, ya que me conoce y tampoco se puede matar, ya que Pablo quiere hablar con Federico Estrada Vélez, para que cambie su actitud y ayude a tumbar la extradición, «ambientándola» en el Senado.

Después de secuestrado, *Pinina* y yo lo recibiremos sacándolo hasta *El Poblado* y lo entregaremos a *Cuchilla*. Llegamos al barrio a las 7:00 de la mañana, nos ubicamos, *Pinina* en su puesto, yo en el mío, todos listos para el operativo. A las 7:10 a.m., sale el Senador, toma la vía a la carrera 70; lo reporto por el radio. Sobre la avenida lo interceptan los policías y *Pinina*, yo los adelanto y avanzo.

Los policías lo sacan sin encontrar resistencia alguna, neutralizan el carro del Senador quitándole las llaves. Los policías introducen al Senador en el maletero del carro de *Pinina*, el chofer del político observa toda la acción. *Pinina* avanza dos cuadras y cambiamos al Senador de carro; en ese momento me reconoce, pero disimula. Salimos de la zona.

El cambio de vehículo nos da la ventaja de poderlo llevar al escondite. El chofer de Federico Estrada Vélez datearía el carro que dejamos tirado al trasbordar. Esto nos da la oportunidad de sacar a su jefe de la zona. *Pinina* y yo, solos con el político, los policías por su lado. La ciudad es cerrada a los veinte minutos; ganamos la avenida *El Poblado,* la bronca es más fuerte de lo que esperamos, la radio convocaba a la ciudadanía para que colaborara con información sobre los vehículos que plagiaron al Senador. En las calles se ven radioaficionados con sus equipos a mano, esperando ver pasar los carros sospechosos. El Ejército y la Policía a las calles; no podemos llegar hasta la cita con *Cuchilla* y nos metemos en una bodega del Patrón, en la Avenida de *El Poblado.* Ya la radio puja por la búsqueda del carro en que vamos; alguien nos ha visto hacer el reemplazo y nos denuncia.

*Pinina,* ordena que nadie salga de la bodega. El Senador sale del baúl y pide agua; se la llevo pregunta por qué es secuestrado. No le contesto nada y me mira asustado. *Pinina* sale a buscar a *Cuchilla* para ubicar un nuevo sitio para la entrega. El político intenta dialogar, lo rechazo; me acuerdo cuando lo busqué para que me ayudara a conseguir un empleo en el tránsito municipal; ni siquiera se dignó recibirme cuando, con una sola llamada suya, el empleo hubiese sido mío. Ahora ya no tengo que rogar por nada, lo que quiero lo tomo a la fuerza.

Ante la insistencia del político, acepto el diálogo, pero para presionarlo. Me habla como si no me conociera y le digo, mirándolo a los ojos:

*—Usted me conoce, yo trabajo para Pablo Escobar; apenas baje la bronca lo vamos a llevar ante él.*

El Senador calla, sabe que está en manos del mismo diablo.

*Pinina* demora más de lo esperado, me preocupa que alguien nos haya visto entrar a la bodega y tomo la decisión de salir rumbo a otro lugar. Amarro al Senador, lo amordazo y cambio de carro; con el político *enmaletado* salgo rumbo a *El Poblado* a un apartamento de *Pinina,* en el edificio *Monterrey*.

Dejo razón en la bodega a *Pinina* que voy donde *la Flaca.* La calle está totalmente bajo control de la Policía y el Ejército, pero hacia *El Poblado* no hay retenes. Tomo la transversal inferior y llegando al semáforo, me toca en rojo; dos policías en moto se detienen a mi lado. Mirándolos de reojo, acaricio mi pistola; cambia el semáforo, los policías siguen y yo continúo mi camino.

En el edificio, paso de largo por la portería. El portero me conoce como visitante del apartamento, pero no sabe que soy *Popeye*. Entro al parqueadero cubierto, y dejando el baúl entreabierto le quito la mordaza al Senador. El político pide agua de nuevo.

—*Agua no hay por ahora doctor*, —le digo y continúo: — *Lo voy a dejar sin mordaza, pero al menor ruido me toca dispararle.*

—*Sí señor* —me contesta.

Cierro el maletero y me siento al lado del puesto del conductor, como quien espera que llegue alguien. A las dos horas llega *Pinina* con tres carros y suficiente combo para movernos seguros, trae un fusil *R-15* para mí. Dejamos el vehículo en el parqueadero y trasbordamos al político al maletero del carro de *Pinina;* vamos en caravana, *Pinina* y yo en la mitad, fusiles a mano rumbo a la cita con *Cuchilla*. La bronca está más calmada y llegamos sin contratiempo al barrio *Conquistadores,* moviéndonos por las vías no principales. En una solitaria calle, nos espera *Cuchilla,* le entregamos al Senador y salimos rumbo a un escondite en *Las Palmas*. Recibo una llamada urgente de mi amigo Juan Diego, voy al barrio lo recojo y nos dirigimos a las afueras.

—*Pope, no vuelva por el barrio la gente está diciendo que usted se llevó al Senador,* —me dice muy preocupado y continua: —*no paran de pasar carros sospechosos.*

—*Amigo, el que diga algo se muere.* —Le comento seriamente.

Me despido de Juan Diego y salgo rumbo a la casa de Jorge González. A los dos días, *Cuchilla* mueve al Senador al escondite de *Las Palmas;* allí lo recibe Pablo Escobar.

Sentados en cómodos sillones conversan largamente; el político se compromete a cambiar su discurso y a convencer a la clase política allegada, para buscar la caída de la extradición. Le pido al Senador que no hable de mí a las autoridades y se compromete a no hacerlo.

El *Patrón* se despide de mano del Senador y *Cuchilla* lo lleva al escondite del barrio *Conquistadores*, para liberarlo junto con un comunicado de *Los Extraditables*. Ante un allanamiento masivo del *Elite*, los caleteros dejan solo al Senador y salen de la casa; el político, tranquilamente abre la puerta y va a los policías; la noticia reconforta a la ciudad y al país, la policía da la liberación como un rescate.

El político, sorprendentemente, arremete contra la extradición en los medios de comunicación, pero internamente la apoya y ataca a *Los Extraditables*.

Pablo Escobar, furioso por la falta de carácter, toma la decisión de matarlo.

Yo no puedo entrar al barrio pues está bajo vigilancia, a la espera que yo aparezca, para echarme mano; el político tampoco me cumple y me delata ante las autoridades.

Le hago inteligencia en las afueras del barrio y se la entrego a *Titi* y *Séforo*. El conductor de Federico Estrada Vélez me conoce perfectamente y colabora con la Policía para mi captura.

El 21 de mayo de 1990, cuando se dirige a su casa, el Senador Federico Estrada Vélez es asesinado junto con su chofer. *Séforo* y *Titi* le descargan todas sus pistolas por no tener palabra de hombre…

*Capítulo XXIV*

# ***Burlando el cerco***

Como a las 8:00 de la noche, algo inusual en Escobar, presiente que el nuevo día va a ser largo. A las 3:30 de la madrugada, un vigilante va deprisa a la alcoba del *Patrón* y le anuncia que 20 camiones con policía van rumbo al *Magdalena Medio*, que acaban de pasar por *Río Claro;* Pablo da la orden que nos despierten, nos reúne en la sala y nos pide que nos alistemos.

«Regresa de nuevo el vigilante: trae el reporte de que son 30 los camiones que bajan por la pavimentada de Bogotá a Medellín. Son reportados en *Puerto Triunfo* y, adicional a ellos, unas camionetas con civiles armados con fusiles.

—*Es el DAS y los Rojos de la DIJIN…* —dice el *Patrón* y remata:

—*Vienen para acá.*

A las 4:30 a.m., la señal de los radios es cortada, el *Patrón* vaticina que a las 5:00 a.m los helicópteros van a estar sobre el escondite.

—*Godoy, 24, Pepsi, Carlos Negro, Oto, Cuchilla, Roberto, Tato y Popeye, vengan conmigo,* —dice Pablo.

«Somos los que conocemos la súper secreta.

«Todos estamos armados hasta los dientes: *Oto* con la *M.P-5* del *Patrón, Cuchilla* con un fusil *R-15, Tato* con un fusil AUG, *Carlos Negro* con una *Mini Uzi*, el *Patrón* con su pistola *Sig Sauer*, yo con un fusil *R-15*.

«El *Patrón* va adelante hacia los primeros árboles de la selva. Caminamos 20 minutos, allí, en un lugar a la sombra de los árboles,

Escobar se detiene. Pasan 50 minutos y los helicópteros no aparecen. El *Patrón* tiene un lapsus mental al enviar a *Carlos Negro* a que saque una moto de la casa y vaya hasta la pavimentada a ver qué ve; Pablo Escobar no corre sin necesidad, tiene que tener el operativo respirándole en la nuca para que lo haga. *Carlos Negro* le entrega la *Uzi* a *Godoy* y va a cumplir la orden. Desde donde estamos se divisa la casa perfectamente. Cuando *Carlos Negro* se divisa a lo lejos en la moto, el *Patrón* recapacita y comprende que comete un error, ya que éste conoce la súper secreta.

«A las 5:40 a.m., llegan 2 helicópteros y ametrallan la casa los carros que lo acompañan también disparan contra ella. El *Patrón* toma la delantera y empezamos a caminar sin mirar atrás; de lejos se oye el tableteo de las ametralladoras M-60. Caminamos sin hablar, a marchas forzadas. Los helicópteros nos acompañan con su sonido y nos recuerdan que un solo error nos sirven en bandeja de plata a sus M-60. La selva nos cubre totalmente, vamos a campo traviesa.

«*Pepsi y 24* cierran el grupo, están en su medio y se ven muy seguros. A las 10:40 a.m., estamos a una hora de la súper secreta. No hay descanso. Ya los helicópteros no se oyen. Siendo las 11:50 a.m., llegamos a la súper secreta. Escobar no está tranquilo, ya que la regla de oro del escondite se ha roto, *Carlos Negro* no aparece. Nos organizamos sin montar vigilancia; *Godoy* prepara para todos un almuerzo frío, con enlatados, para evitar humo delator. Descansamos, el *Patrón* se lamenta de no haber matado a Henry Pérez.

A las 3:50 p.m., un helicóptero sobrevuela muy cerca de la súper secreta, nos recogemos en la cabaña, *Pepsi* y *24* toman posición, nosotros con el *Patrón.* El aparato pasa de largo, sobre nosotros y sale del sitio.

*—Están buscando la cabaña no hay duda,* —afirma Pablo Escobar.

Y continúa diciendo:

*—Carlos Negro está con ellos.*

«Llega la noche. Escobar ordena que durmamos sin vigilancia y todos descansamos a pierna suelta. En la noche no hay peligro que la cabaña sea vista. La corriente de agua es la única señal para dar con la súper secreta. El regalo de la selva, ahora es nuestro enemigo. Llega la mañana, el *Patrón* ordena que aseguren la cabaña; *Pepsi* y *24,* quedan montando guardia sobre el arroyo, a 10 minutos de la cabaña. Para que un hombre como Pablo Escobar esté inquieto, es algo de cuidado.

«Un desayuno frío, y armas a mano. A las 9:30 a.m., vuelve el helicóptero, los 2 fusileros alertas. Sobrevuela una y otra vez la zona, siguiendo el riachuelo, como quien no encuentra lo que busca.

*—Listo...* —dice el Patrón, y continúa.

*—Carlos Negro debe estar detenido, seguro lo están apretando y les está colaborando. Henry Pérez conoce a Carlos Negro y éste no dudaría en señalarlo con el Bloque de Búsqueda.*

Algunos no vemos la situación tan crítica, pero no decimos nada. A las 11:00 a.m llega *Pepsi* corriendo a la cabaña, detrás viene *24.*

*—Patrón... vienen por el agua y son muchos...* —dice *Pepsi.*

«Rápidamente salimos de la cabaña, los 2 fusileros cubren la retirada, el *Patrón* adelante abriendo trocha.

«Toma la decisión de romper el cerco policial de frente, vamos hacia donde nadie nos espera. La Policía tiene la información de *Carlos Negro* que vamos selva adentro. Cuando ganamos la montaña, se oyen los primeros disparos de la policía, *Pepsi* y *24* se atrincheran en los árboles, a 100 metros uno del otro. Cuando el grupo *Elite* ve que no estamos en la cabaña, se aventuran a la montaña, *Pepsi* les dispara, los policías se devuelven y contestan el fuego, *Pepsi* va hasta donde está *24*, sigue de largo y *24* le dispara a la Policía. Llegan 6 helicópteros y empiezan a ametrallar la zona en barrido, de la cabaña a la selva. Nos protegemos con los frondosos árboles. La metralla está muy cerca de nosotros. El ruido es infernal, sobre nuestras cabezas caen pesadas ramas que desprenden las balas. *Pepsi* sostiene a la policía y *24* nos llega.

«Un helicóptero desciende demasiado y lo tenemos en la mira, el *Patrón* nos grita que no le disparemos, sólo buscan ubicarnos, el helicóptero es un señuelo. Llega *Pepsi,* el fuego sobre nosotros se retira, el *Patrón* nos da la orden de avanzar con todo y jalona duro por 20 minutos. Se detiene Escobar y nos agrupamos, falta *Oto*, se quedó en el jalón. No importa que la persecución esté encima, Pablo Escobar no deja a sus amigos. Le ordena a *24* y *Pepsi* que se devuelvan a buscarlo.

«Los helicópteros siguen ametrallando la zona, pero ya no están sobre nuestras cabezas. Aprovechamos para tomar aire.

—*Vamos de nuevo a Aquitania, la policía no sueña que regresemos, éstos piensan que al descubrirnos la cabaña vamos selva adentro.*

Dice Pablo y comenta:

—*Señores, la selva nos come vivos, si nos dejamos empujar a ella.*

«A los 15 minutos llegan con *Oto,* los helicópteros vienen de nuevo y el *Patrón* pega otro jalón. Un grupo de policías nos sigue, *24* y *Pepsi* les disparan, demorándolos; éstos no disparan pues los árboles nos cubren. Caminamos perdiendo los policías, ellos avanzan más lentamente, su pesado equipo y el desconocimiento de la zona, nos da ventaja. Se detiene la metralla de los helicópteros, pero no los sobrevuelos. Vamos a paso largo, nos estorban los fusiles; a las 2 horas nuevamente el *Patrón* se detiene, esta vez faltaba *Cuchilla.* Pablo indaga por él y *Pepsi* responde que tomó otro rumbo por iniciativa propia.

—*No le gusta la idea de ir a Aquitania,* —dice serio el *Patrón.*

«Ya estamos fuera de la bronca, pero no es hora de descansar y ordena de nuevo la marcha. Caminamos sin detenernos hasta que cae la noche, el *Patrón* nos guía por un camino para llegar a *Aquitania*, mucho mas largo pero mas seguro. Llega la hora de tomar un merecido descanso, cobijados por la noche y la selva, la tranquilidad es total sin el ruido de los helicópteros.

La tranquilidad del *Patrón*, nos contagia a todos.

—*Muchachos, tenemos la ventaja, la policía está amanecida, a esta hora no dan más, vamos a cruzar la carretera de Aquitania, rumbo a Río Claro,* —nos dice Pablo.

—*Listo Patrón, contestamos todos.*

Aprovechamos para conversar, reírnos, comentarnos la perdida de *Oto* y la decisión de *Cuchilla* de cambiar de rumbo.

—*Pepsi y 24 son unos buenos peleadores, unos verracos,* — comenta Escobar.

«Se termina la tertulia y llega el momento crítico de cruzar la carretera. El *Patrón* mantiene una pequeña linterna, de una sola pila doble, amarrada del pantalón en uno de los pasadores de la correa. Esta pequeña luz, enfocada al suelo, nos guiaría fuera de la selva; íbamos a caminar por potreros donde pasta el ganado, estábamos al descubierto; era más útil que las grandes linternas que tenían *Pepsi* y *24,* en su equipo.

«El área está minada de policías y una luz potente, en campo abierto, nos delataría a kilómetros. Un pequeño radio de bolsillo, marca Sony, hace parte del equipo del *Patrón;* éste lo enciende y comienzan las noticias:

*Escobar está totalmente rodeado en el Magdalena Medio, es cuestión de tiempo que caiga...* pregona el periodista y continúa:

*El Bloque de Búsqueda llega al escondite principal del Capo y la policía lo tiene ubicado en la selva.*

«Escobar se ríe. Apaga el radio y organiza el cruce de la carretera. *Pepsi* adelante, sigue *Pablo,* después *24*, le sigue *Roberto,* luego *Oto, Tato, Godoy* y yo. Armas listas, partimos hacia *Río Claro,* caminamos en absoluto silencio; *Pepsi* no necesita luz para moverse, es un completo gato. El *Patrón* clava la linterna al piso y nos guía a todos, un mal paso era mortal en la situación que nos encontramos.

«A los 45 minutos ya se ven las fogatas de los campamentos de los policías, caminamos sin mirarlos; a los 20 minutos se detiene *Pepsi*, la carretera destapada está ante nosotros.

*—Adelante, crucemos,* —habla con seguridad *Pablo Escobar.*

«La carretera está sin vigilancia, pasamos sin problema, apura el paso *Pepsi*, y nos alejamos del cerco policial.

«Caminamos hasta las 10:0 p.m., estábamos a 100 metros de la carretera pavimentada. Es hora de descansar y dormir un poco, el hambre y la sed nos acosan. Sólo hemos comido el desayuno de la mañana.

«Nos ocultamos en una pequeña cañada y recostados sobre el pasto, abrazados con los fusiles, dormimos todos; no montamos vigilancia, la oscuridad de la noche nos daba la seguridad. Tenemos que dormir todos, el día fue muy agitado y lo que nos espera es incierto. El cerco policial quedó atrás, muy atrás...

«A las 4:30 a.m., nos despertamos. Todo normal; a las 5:00 a.m., el *Patrón* le dice a *Godoy* que deje la *Mini Uzi*, vaya a una de las tiendas de la carretera y compre gaseosa, pan y salchichón. A los 20 minutos *Godoy* toca en una de las tiendas, despierta el tendero y consigue traer suficiente líquido y comida para todos; como acompañamiento del suculento banquete, *Pablo* prende el pequeño radio y una noticia lo alegra:

*Pablo Escobar está cercado por 1.500 policías en la Danta, en el Magdalena Medio; huye con un pequeño grupo de hombres...,* —remata el periodista: —*en la noche, en Medellín, fueron asesinados 4 policías por pistoleros de la mafia.*

—*Bien muchachos la gente está firme, movámonos,* —ordena Escobar.

«Cruzamos la carretera pavimentada, caminamos hasta *Río Claro,* tomamos la ribera del río, a lo lejos se oyen los motores de los helicópteros. Caminamos torpemente por entre las grandes rocas, alejándonos cada vez más del operativo, cada paso es ganancia. Cae la tarde y un torrencial aguacero nos acompaña; nos sentamos a esperar la noche, que llega con el interminable aguacero. El cansancio no da lugar a sentir hambre, necesitamos viajar livianos, por eso el *Patrón* no le ordenó a *Godoy* comprar más provisiones. No para de llover en toda la noche, dormimos a intervalos, los árboles dejan pasar la lluvia; el ruido del río nos arrulla. El *Patrón* no se inmuta; es un guerrero; se tapa de la lluvia con una hoja de plátano. Nadie habla, el frío, el cansancio, el hambre, nos une en el mutismo.

«Llega el nuevo día, el sol sale con fuerza, la ropa mojada tendrá que secarse encima del cuerpo; el *Patrón* ordena continuar la marcha río abajo. A las 11:00 a.m abandonamos el río y caminamos a través de haciendas ganaderas; a las 3:20 p.m llegamos a una humilde casa:

—*Buenas, buenas, buenas tardes* saluda el *Patrón.*

—*Buenas tardes compañeros*

Contesta una anciana.

*—Síganse*

El *Patrón* le pide a la anciana que nos venda comida.

*—Mientras les preparo algo, descansen muchachos.*

«Enseñada a ver hombres armados cruzar por su humilde casa, no se asusta por nosotros.

«De sobra sabe que se trata de Pablo Escobar, y los fugitivos que tanto pregona el viejo radio que reposa, amarrado con una cabuya, en un palo de la cocina. Aprovechamos y tomamos un placentero baño, secamos la ropa al inclemente sol, haciendo lo mismo con las medias y el calzado.

«El *Patrón* se lamenta de *Carlos Negro*. Todos lo secundamos en su apreciación. Nuestro ánimo es bueno; la olla en el fogón presagia una buena comilona. El radio anuncia las noticias; vamos a la cocina con el *Patrón*, la anciana mira de reojo mientras pela una yuca. Se oye el locutor del radio que dice:

*«Pablo está hambriento y totalmente rodeado, huye con Oto, Popeye y 5 hombres más; 1.000 hombres más para la zona».*

Y continúa:

*«Dos policías mueren en Medellín a manos de matones del Cartel; una nueva masacre de jóvenes se presenta en el barrio Santa Cruz, 4 jóvenes caen bajo las balas de desconocidos».*

«El *Patrón* comenta que no está la totalidad de los *Rojos* tras nosotros. Le anima que los muchachos en Medellín estén en la pelea.

*—No corran más, muchachos, métanse en aquel montecito, que yo les llevo comida,* —nos dice la anciana señalándonos con el dedo una pequeña arboleda.

«El *Patrón* comenta con su hermano Roberto la situación, mientras nosotros conversamos; *Tato* hace bromas, *Pepsi* y *24* vigilan desde el corredor de la casa. Llega la comida, un delicioso sancocho de gallina, comemos hasta perder el hambre. Reposamos un rato y el *Patrón* ordena reanudar la marcha; la anciana insiste que vayamos al monte. Escobar le da las gracias y declina su oferta diciéndole:

*—Señora tenemos que avanzar.*

Nos despedimos de la anciana.

El *Patrón* le da suficiente dinero y salimos de la casucha.

*—Adiós compañeros.*

«Nos dice la vieja y se para en la puerta de su casa a vernos partir, como una abuela que ve sus nietos ir a la guerra. De los helicópteros nada, caminamos 4 horas largas hasta una hacienda ganadera donde conocen a *Pepsi* y *24*. Esperamos afuera, los 2 fusileros entran solos; a los 5 minutos salen y ante una señal suya, avanzamos al interior de la casa.

«Un campesino y su mujer nos dan la bienvenida, el *Patrón* contesta con cortesía y agradecimiento, lo mismo nosotros. Nos ubicamos en la casa y nos dedicamos a descansar. A las 6:30 p.m., llegan tres hijos del campesino, nos saludan y se nos ponen a la orden. De los tres jóvenes, dos son campesinos, el otro viste diferente, se ve que vive en la ciudad, sus modales son finos, por encima se le ve que su nivel cultural es alto. Llega la noche, comemos y a dormir, tenemos que recuperar las fuerzas. El *Patrón* no ordena montar la vigilancia.

«En la mañana, un buen desayuno nos reconforta, la casa toma vida y las labores del campo dan su inicio. Los hijos del campesino, nos preguntan por la persecución; el más interesado es el que viste diferente. *Roberto,* les promete un toro de raza para mejorar la ganadería, los campesinos agradecen el ofrecimiento. La casa es sencilla, pero no pobre.

«El *Patrón* empieza a organizar la salida de la zona, ordena a *Godoy* que vaya a un caserío a 10 horas de camino, llame al *Arete* y consiga transporte; el caserío es el único lugar que tiene teléfono en la ruta a nuestra salida. *Godoy* sale acompañado de las señas dadas por *Pepsi*, para llegar al caserío y lleva la consigna de esperarnos que, tarde o temprano, llegaremos.

«Pablo mira y no ve sino a dos jóvenes, falta uno, llama a *24* y le indaga por el tercero.

—*¿Quién es el joven de blue jean y por qué no está?*

—*Es el hermano de los dos campesinos, estudia en la Universidad de Antioquia, está de vacaciones, se fue a buscar un hacha a una finca vecina,* —contesta *24*.

«A Pablo no le gusta pero no dice nada. Va al rajadero de leña y ve allí un hacha. Reúne a *Pepsi y 24* y preguntándoles donde más hay teléfonos.

—*En estación Corona a 4 horas a caballo,* ——contestan.

«El *Patrón* nos llama aparte y nos ordena recoger nuestras cosas y salir a un monte a 20 minutos de la casa. Allí nos quedamos hasta la hora del almuerzo, no se ve nada anormal. *24* va por el almuerzo y a indagar por el universitario. Pasa una hora y llega *24*, de una el *Patrón* lo indaga por el universitario.

—*No Patrón, en la casa nadie sabe nada de él.* —Contesta el fusilero.

—*Comamos pronto y cambiémonos de lado que estamos sapeados,* —dice con energía Pablo.

«En 10 minutos damos cuenta del sabroso almuerzo, dejamos las ollas y comenzamos una caminata hacia un lugar más seguro. Siendo las 3:00 p.m., llegamos a un buen sitio, desde donde se divisaban los potreros de la finca y nadie nos ve. A las 3:30 p.m., vemos el universitario a galope, mirando para todos lados, es obvio que nos está buscando. A lo lejos se oyen los helicópteros, tenemos de nuevo el operativo encima. Debemos ir hacia donde *Godoy*, pero a Escobar le preocupa que las instrucciones que le dio a éste hayan sido oídas por el universitario. Tres helicópteros dejan policía en el único puente que daba salida de la zona, el *Río Samaná* es muy caudaloso y sólo se puede cruzar por el puente. Avanzamos con prisa hacia una casucha a 500 metros del río. *Pepsi* sabe que en esa casa vive un pescador. Los helicópteros nos sobrevuelan pero no nos ven. El pescador sabe cruzar el río; si lo pasa a nado y amarra una manila, podríamos atravesar el correntoso río. Llegamos con prisa a la casucha, el pescador saluda asustado, los fusileros piden el favor, bajo recompensa, que nos ayude a cruzar el río; éste reacciona grosero y se niega.

*—Nos ayuda o se muere...* —le dice Pablo con la pistola en la mano.

«Nosotros callamos, esperando la orden del *Patrón* para dispararle al pescador. Éste cambia de idea, toma una manila y vamos al río. Los helicópteros siguen peinando la zona, la vegetación nos cubre. El río brama como un león herido, el agua golpea brutalmente contra las grandes rocas.

«La zona se está llenando de policía, los helicópteros traen tropa y la van regando en nuestra búsqueda. Fusil en mano vigilamos al pescador que se lanza al temido río; una sola seña de huir, para que una lluvia de balas le pongan fin a sus días, era tiro fijo. En un forcejeo donde se estaba jugando la vida, el pescador amarra la punta de la manila a un árbol y sin pensarlo dos veces, se lanza hacia nosotros, ganando nuestra orilla, asegurando la manila. Pasa primero *24,* después el pescador, luego Pablo, lo seguimos nosotros por último *Pepsi.*

«El agua me empuja con fuerza en el pecho, por poco me suelto de la manila, los fusiles a la espalda, estorban con fastidio. Pasamos todos, manila cortada y ya estábamos al otro lado, ahora el pescador hacía parte del grupo. Los helicópteros siguen peinando la zona. Apuramos el paso y llegamos a una empinada y gran montaña; con las manos y los pies avanzamos hacia la cima; la noche ya empieza a coquetearnos cuando llegamos. Ya es de noche y los helicópteros se retiran.

«Estamos a salvo, la tropa no se dirige al puente, va hacia la casa del universitario; también lo pensarían antes de internarse en zona guerrillera, en este lado de la montaña, los helicópteros no han traído más de 100 hombres.

«*24* y *Pepsi* conocen la zona y pasan adelante. Los seguimos, avanzando torpemente, la linterna del *Patrón* ya ha agotado la batería, *Pepsi* saca la suya y vamos más deprisa. Caminamos toda la noche, al amanecer el *Patrón* ordena descansar.

«Los helicópteros se oyen a lo lejos, la ropa mojada ya hace estragos en los muslos, no nos atrevíamos ni a hablar del cansancio. Pablo Escobar, súper tranquilo; nos da moral. Descansamos dos horas y *el Jefe* nos anima a marchar hacia donde está *Godoy*. El objetivo es el caserío, nos estamos gastando las últimas energías, caminamos por inercia. A las 2:40 p.m., avistamos el caserío, nos ocultamos en la manigua; *24* deja el fusil, el equipo y va en busca de *Godoy,* a los 20 minutos regresa:

—*Listo Patrón, Godoy tiene un camión 3 1/2 carpado, nos recoge fuera del caserío,* —dice el fusilero.

—*Perfecto,* —contesta el *Patrón*.

«Todos nos alegramos. Ya no podíamos más, las armas nos pesaban el triple. Escobar se pone de pie y avanza, nosotros lo seguimos. A los 15 minutos vemos en el camión a *Godoy* y un chofer; *Godoy* se alegra de vernos, nosotros más. Pablo Escobar se despide de abrazo de *Pepsi* y *24* y les dice:

*—Bueno amigos devuélvanse de acá, entierren los fusiles y los equipos, llévense al pescador y cuando todo se calme, nos vemos de nuevo.*

*—Patrón acá estaremos para usted siempre, no se preocupe por nosotros, que en el caserío tenemos amigos.* —Hablan con energía los fusileros.

«El pescador nos mira asustado. Nos despedimos todos de los valientes muchachos, en el pescador nadie repara. El *Patrón,* en la cabina, al lado del conductor, nosotros todos atrás, con la carpa cerrada, partimos rápidamente sin avanzada. La carretera destapada no era muy transitada, le daba suficiente tiempo al *Patrón* para ganar la oscuridad, en el caso de un retén de las autoridades.

«A las 8:10 p.m., pasamos por *San Carlos, Antioquia*. A las 10:00 p.m., estamos en la finca de *Oto,* caímos muertos del cansancio, no dábamos más, dormimos como lirones, después de una gran comida. Llega la mañana y nos levantamos tarde, tomando un gran desayuno. Ese día lo descansamos todo, lavamos la ropa, *Godoy* va al pueblo y nos trae útiles de aseo y medicamentos para las llagas de los muslos y pies, ya que por todas partes tenemos pequeñas cortaduras de la manigua.

«*El Peñol*, con su gran lago nos da tranquilidad; la finca de *Oto* queda al pie del lago, un gran lugar para descansar ya salidos de la bronca; el balance era malo para el Gobierno, para Henry Pérez, *Carlos Negro* y el universitario.

«Ese día firmaron sus sentencias de muerte. Las noticias de televisión daban por hecho que Pablo y nosotros caíamos; el único puente por donde podíamos cruzar estaba vigilado. Mostraban las cámaras la súper secreta. Permanecimos dos días en el *Peñol. Arete* llegó con tres automóviles y salimos rumbo a Medellín.

«En *Copacabana,* nos esperaba Ricardo Prisco Lopera, con su gente; nos llevó a Pablo y a mí hasta su escondite en las montañas.

*Oto*, *Roberto Escobar*, *Tato, Godoy*, el chofer del camión y *Arete* continúan a Medellín. Para Ricardo Prisco era un gran honor tener en su escondite a Pablo Escobar. Nos colma de atenciones. Al otro día, *Arete* nos hace llegar ropa y noticias de *Cuchilla*: salió en sentido contrario al nuestro, ganó la carretera y tomó un autobús, hacia Medellín.

«Más de uno flaqueamos, pero el *Patrón* nos apoyaba y animaba de tal forma para seguir adelante, que lo logramos. Pablo Escobar era un gran líder y amigo.

«El escondite de Ricardo es muy concurrido por los bandidos del barrio *Aranjuez;* ésto no le gusta al *Patrón*. Escobar comienza a sentirse mal, el estómago no le recibía los alimentos, vomite y vomite, no se paraba de la cama, raro en un hombre tan saludable como el *Patrón*. Al otro día, más mal todavía, los remedios caseros no le servían, dolor de cabeza y sudoración. Ya sin fuerzas, Ricardo, muy preocupado, manda por su hermano que es médico. El *Patrón* se ve tan indefenso que, para el problema tan grande que tenemos, es de admirar su fortaleza ante la enfermedad. No pierde de vista la pistola, le sigue preocupando el mal manejo del escondite; no me muevo de su lado, tomaba sólo agua y al momento la vomitaba. Le cambiaba la ponchera y la traía de nuevo, el *Patrón* se secaba el sudor con una toalla. A las 8:30 p.m., llega el médico nos saluda, el *Patrón* no le contesta sólo lo mira.

*—Popeye, ¿ ustedes tomaron aguas crudas en la persecución?* —Me pregunta el médico.

*—A toda hora doctor,* —le contesto.

«Toma el brazo derecho del *Patrón* y le extrae sangre de la vena; habla con Ricardo, se despide y queda de venir al otro día. El *Jefe* pasa una noche de perros, lo mismo Ricardo y yo; no nos separamos de su lado en ningún momento. Con agua fría y una toalla le bajaba un poco la fiebre; todo el tiempo me pasé haciendo esto, le di unos medicamentos que trajo el médico y ahí mismo los vomitó. Le daba agua y era igual; el estómago la recibía por poco tiempo y después la expulsaba. Pablo miraba su pistola y mi fusil. Ricardo y yo callados, no nos atrevíamos a hablar, para no molestar al enfermo.

«Llega el nuevo día, por encima de la casa pasan los helicópteros que van de la *Escuela Carlos Holguín* al *Magdalena Medio*, al operativo.

«Dos de la tarde, llega el médico con el resultado de los análisis de la muestra de sangre: Paludismo cerebral, ese es el diagnóstico, dice sin saludar, el médico; apresuradamente inyecta al *Patrón* en la vena y deja gran cantidad de pastillas y la orden de darle suero oral y bastante agua.

«Ricardo llama a *Comanche* y lo dejamos cuidando a Pablo. Exhaustos nos vamos a dormir. *Comanche* me despierta a las 5:00 p.m., era hora de darle la medicina al *Patrón*, saco dos pastillas y se las doy con un vaso de agua. Como un buen paciente, se toma la droga sin protestar. Vamos a mirar la seguridad y comento que no es bueno que salga tanta gente del escondite; *Comanche* me tranquiliza, me dice que todos los muchachos son de confianza.

«El *Patrón* decía que los que a uno lo venden, son los de confianza, ya que a los malos nadie los utiliza. La casa en media montaña no le daba oportunidad al *Patrón* para salir, no tenía fuerzas ni para ir al baño. Le doy la droga por reloj, a los dos días el estómago ya le recibía alimentos suaves, calditos de pollo, carne molida, colada, caldo de huevo. La cocinera de Ricardo lo cuidaba como a un bebé. Ya no sudaba, tomaba grandes cantidades de agua.

«Al otro día ya caminaba un poco, se bañó, cambio su ropa y se animó a oír noticias, que era su adicción. La fiebre lo dejó demacrado y muy golpeado; bajó de peso, pero ya tenía de nuevo su *Sig Sauer* en la pretina del pantalón. Le pide a la cocinera arroz revuelto con huevos. Esto era una seña que se estaba recuperando.

—*Pope, ¡sáqueme de aquí!* —Me dice el *Patrón.*

«Hago una nota y se la doy a *Comanche*, para que se la lleve al *Arete*, pidiendo que nos recoja en la pavimentada a las 4:00 p.m. *Comanche* sale de urgencia con el mensaje. Ricardo a las 3:00 p.m., le ordena al mayordomo que ensille un caballo; el *Patrón* se despide de abrazo de Ricardo y le da las gracias por todo; se despide de los muchachos, les queda de mandar dinero con Ricardo. Lo ayudo a montar, tomo la bolsa con los medicamentos, dos botellas con agua y me tercio el fusil a la espalda.

«Ricardo me da un radio, conectado a todos los puestos de control. Tenía toda la zona asegurada con vigilantes. El mayordomo lleva el animal de cabestro, Pablo se asegura en la montura, yo atrás. En el trayecto se consume las 2 botellas de agua y toma una de las medicinas. A las 3:40 estábamos a 100 metros de la pavimentada, el *Patrón* desmonta con mi ayuda, mientras el mayordomo tiene el caballo.

«Pablo se sienta en el pasto, ha dejado el radio y la bolsa con los medicamentos; voy a la autopista, me oculto tras un barranco y a las 4.00 p.m., en punto, llega *Arete* con 3 carros y gente armada. Le hago señas y voy por el *Patrón*. Le doy el dinero que tengo al mayordomo, me despido de mano, lo mismo el *Jefe* y le entrego el radio. Pablo camina despacio y sin ayuda, hasta la pavimentada.

«De allí vamos rumbo a una casa finca, en una unidad cerrada, en *Rionegro,* propiedad de Félix Antonio Chitiva alias la *Mica*, un amigo del *Patrón.* La casa estaba a cargo de *Arete* y el portero lo conocía. Llegamos con el combo hasta un kilómetro antes de la casa y allí *Arete* despide a la gente; seguimos en un Renault 4, *Arete, Pablo* y yo. La portería estaba abierta, entramos sin problema. El portero sólo miró al *Arete* y éste lo saluda, sin parar. El lugar era moderno, con todas las comodidades; *Arete* nos deja y sale a buscar comida y a la cocinera del *Patrón.*

«En la casa encuentro agua embotellada y le llevo a Escobar. Total tranquilidad, sin vecinos, bellos prados, un lugar ideal para que el jefe de la mafia, se recuperara. A las 9:00 p.m llega *Arete* con la cocinera y los alimentos, mientras estaba lista la comida *Arete* le informa al *Patrón* que *H.H.,* fue detenido, junto con diez trabajadores más de la *Hacienda Nápoles*, que a *Carlos Negro* lo habían detenido; lo colgaron de los pies de un helicóptero, pero no dijo nada y lo dejaron libre.

—*¡Miente!* —Dice secamente el *Patrón* y ordena:

—*Mátenlo.*

Pide rastrear al universitario con *24* y *Pepsi*. Matarlo es la orden. Me pide papel y lápiz y hace una nota para Henry Pérez, donde le informa que están en guerra, le dice al *Arete* que la envíe a la Alcaldía de *Puerto Boyacá*, que allí se la hacen llegar al líder de las autodefensas. El *Patrón* le pide al *Arete* que se lleve mi fusil y me deje una pistola.

Cada día que pasa el *Patrón* está mejor, no le fallo con los remedios, comemos súper bien y recuperamos el sueño perdido. A los tres días vuelve el *Arete* con la noticia de la muerte de *Carlos Negro*. La policía todavía estaba en el *Magdalena Medio* buscándonos. Carlos Arturo Taborda Pérez, alias *Carlos Negro*, caía bajo las balas de la mafia por desleal.

A los diez días, el *Patrón* le pide al *Arete* que le lleve una amiga que tenía en *Envigado,* se encierra con ella y acaba de botar las fiebres, con una gran «sudada».

Pablo Emilio Escobar Gaviria está nuevamente en pie…

*Capítulo XXV*

# *Conexión México - Cuba*

Pablo Escobar tuvo un sueño que nunca pudo alcanzar... el contar con los misiles tierra-aire, *Stinger,* de fabricación norteamericana. Los busca en Nicaragua, Panamá, El Salvador, Miami, en los lugares donde ha habido guerra y donde los norteamericanos han llevado sus armas. Sólo allí es posible conseguirlos. El precio de cada uno de estos misiles llega a los 250,000 dólares en el mercado negro de armas. Estos misiles son vitales para derribar helicópteros y objetivos civiles.

Con esta gran arma en la mano, el *Patrón,* en un operativo helitransportado de las autoridades, no tiene peligro. Hasta el mismo Presidente de la República es hombre muerto. Con buen equipo y cuidadosa inteligencia, en el helipuerto del Palacio de Nariño, estos misiles son mortales, dice Pablo Escobar. Desde cientos de oficinas y apartamentos, que circundan el Palacio, se ve cuando el helicóptero presidencial despega o aterriza.

El *Patrón* trata de conseguirlos en Cuba, no los *Stinger,* sino los tierra-aire similares a los americanos, en la versión de los soviéticos. La cercanía de Pablo Escobar con el presidente *Fidel Castro*, no es lo suficientemente concluyente para conseguir los ansiados misiles.

Pablo Escobar siempre busca la forma de llegar con su droga a las calles norteamericanas, a través de gobiernos no aliados y enemigos de los Estados Unidos de Norteamérica. Lo quiere hacer a gran escala; ya lo ha hecho a través de Nicaragua, en la época que este país estuvo en manos del gobierno sandinista.

Con ayuda de Jorge Avendaño, apodado el *Cocodrilo*, el *Patrón* llega a *Fidel Castro,* en la isla de *Cuba*. Éste lo conecta con su hermano Raúl y así se inicia una operación de tráfico de cocaína, con destino final a la ciudad de Miami. Pablo Escobar conserva la amistad con Fidel Castro, desde su estadía en Nicaragua; nunca han hablado personalmente, pero sostienen permanente y fluida comunicación por cartas y terceras personas. La amistad se establece a través de Álvaro Fayad, el comandante del M-19, e Iván Marino Ospina.

El trato se cierra y el *Cocodrilo* viaja a la isla con un pasaporte falso, coordina todo en cabeza de *Raúl Castro* y por espacio de dos años, trabajan de la siguiente manera:

La droga, se empacaba en condones y luego se unían varios preservativos en paquetes de un kilo, envolviéndolos en bolsas plásticas que eran selladas con cinta adhesiva (por si había que tirar el cargamento al mar, éste no se mojara y pudiese ser recuperado posteriormente). Salía del puerto de Buenaventura —en Colombia— navegando por el Pacífico, hasta las costas mexicanas, donde era recibida por los socios locales; inmediatamente llegada, era subida a aviones con matrícula mexicana y despachada rumbo a Cuba. Con el apoyo de las autoridades cubanas, los aviones procedentes de México no tienen problema alguno. Allí, los militares cubanos, al mando del General Ochoa y el oficial Tony Laguardia, bajo instrucciones directas de Raúl Castro, se hacían cargo de la mercancía, custodiándola para posteriormente embarcarla en lanchas rápidas, *tanqueadas* con gasolina por cuenta de los cubanos, con destino a los Estados Unidos, entrando por *Cayo Hueso*. Las lanchas iban y venían varias veces durante esas jornadas, pero cambiaban la tripulación. Ya en costas estadounidenses, la droga era recibida por el *Mugre,* quien con su gente la trasladaba a varias caletas, situadas en *Kendall, Boca Ratón* y el mismo *Cayo Hueso*. Estas caletas eran casas residenciales, con solares amplios y discretos, en donde se perforaba el terreno y, en tubos de PVC, para que no se humedeciera la cocaína, se enterraba la droga, esperando a ser distribuida en pequeñas cantidades a los minoristas, para ser comercializada en todos los Estados Unidos. Cada caleta tenía capacidad de almacenamiento de hasta 2,000 kilos.

Los cubanos reciben dos mil dólares por cada kilo de droga transportada y doscientos dólares por cada kilo custodiado.

La tajada de la mafia en México, por el uso de su infraestructura, como puente a la isla, oscila entre mil quinientos y dos mil dólares por cada kilo, dependiendo de la importancia del embarque. La cercanía entre México y la isla cubana, dan margen para transportar más cantidades de cocaína y gastar menos combustible.

Pablo estaba feliz con esta ruta. Decía que era un placer hacer negocios con Raúl Castro, pues era un hombre serio y emprendedor.

Esta ruta llenó las arcas del *Patrón,* quien se encontraba ilíquido al comenzar negocios con los cubanos, pues la guerra con el Estado colombiano le había demandado muchos recursos. En cada envío, hacia Cuba, por avión, se cargaba un promedio de quinientos a seiscientos kilos. Fueron varias decenas de vuelos los que se hicieron, con lo que se manejaron miles de kilos en total, durante todo el tiempo que duró la ruta.

Durante este operativo y en varias oportunidades, enlaces cubanos viajaron a Medellín; los movíamos con documentos falsos y para no llamar la atención, por su acento, se los hacía pasar por *costeños.* Los viajes y la atención de éstos en Colombia estaban totalmente a cargo del *Cocodrilo.*

Al comienzo de los negocios con los cubanos, los mexicanos se mostraron reacios a incluirlos, alegando que ellos querían cobrar mucho por participar. Pablo se impuso, pues de antaño, simpatizaba con la causa de la revolución y quería apoyar a Fidel.

Los dólares producto de la venta de esta droga en los Estados Unidos, llegaban a manos llenas, camuflados en electrodomésticos, que ingresaban a Colombia ante la mirada complaciente de algunos funcionarios de la aduana, al servicio de Escobar. Desde allí, se repartía su participación a los socios mexicanos y cubanos.

La ruta cayó cuando se destapó todo el escándalo, al caer un gran cargamento decomisado por la *DEA*, proveniente de Cuba, y varios cubanos detenidos confesaron delatando la operación. La investigación lleva a la *DEA* hacia el *Cartel de Medellín* y al gobierno cubano. El *Cocodrilo* sale de Cuba rumbo a Colombia. La investigación llega hasta las más altas esferas del gobierno norteamericano. El tráfico es a gran escala y alegan que es imposible que los funcionarios de la isla no lo supieran. Esto pone al gobierno de *Cuba* en la mira de sus más encarnizados enemigos, los norteamericanos. Mucha cocaína quedó enterrada en suelo cubano.

Fidel Castro no se queda con los brazos cruzados y ordena una farsa de investigación, para de esta forma protegerse él y de paso, a su hermano Raúl. En la isla, se anuncia con bombos y platillos a los medios de comunicación, que «la Revolución Cubana fue penetrada por el narcotráfico, en manos de unos apátridas y malos hijos, enquistados en el ejército revolucionario». Se acusa al General Arnaldo Ochoa y once personas más; en tiempo récord, el general es fusilado con sus más cercanos colaboradores, creyendo que con esto tapaban el sol con un dedo.

Ante la comunidad internacional, el gobierno cubano cree haber puesto una cortina de humo al escándalo. Sin embargo, frente a los norteamericanos, la cosa es a otro precio. Me cuenta Pablo Escobar que, en un computador de la CIA y en las oficinas del *Pentágono*, para esos temas, duerme el caso. Pero no ha muerto, simplemente lo tiene archivado con el sellito de «información clasificada».

Ahí estaban entregando una patente de *corso* y una excusa perfecta para que los invadieran sus poderosos vecinos. Ante la *Organización de las Naciones Unidas,* Estados Unidos vería justificado su proceder y los cubanos no tendrían oportunidad, por tratarse de tráfico de drogas.

Después de ese suceso, las comunicaciones entre Fidel Castro y Pablo Escobar tuvieron que silenciarse. No obstante, Pablo, propuso a los militares cubanos canjear armas de fabricación rusa por droga, pero éste negocio nunca se concretó.

Pasado un tiempo el nexo se restablece reanudando la correspondencia. Nunca supe exactamente de qué se trataban esos cruces de cartas, siempre cuidadosamente selladas.

El último contacto que yo conocí entré Fidel Castro y el *Patrón*, fue con ocasión de haber sido enviado por él, a los Estados Unidos para comprar un misil *Stinger* tierra-aire. Dado que mi vuelo hacía escala en la Ciudad de México, Pablo, conociendo la amistad de Fidel Castro y el escritor Gabriel García Márquez así como su importante papel de mediador de causas, le solicita hacerle llegar una comunicación a Fidel, que me entrega en un voluminoso sobre sellado. Nunca supe qué decía esta misiva pues para mí las comunicaciones del *Patrón* eran sagradas y jamás se me habría ocurrido conocerlas si él no me las comentaba. Llegué al aeropuerto *Benito Juárez de la Ciudad de México* y el escritor me estaba esperando, rodeado de gente, en la puerta de la sala. Me saludó amablemente y le dije:

*—Maestro, aquí le envía Pablo para que por favor le entregue esta carta al Comandante Fidel Castro.*

Simplemente me la recibe y me dice:

*—Así se hará.*

De paso, me invita a una tertulia que se haría esa noche en su casa. Yo, gentilmente me excusé pues debía continuar mi viaje hacia los Estados Unidos, pasando por Tijuana, para concluir la misión que el *Patrón* me había encomendado. No pude cerrar el negocio del misil con el traficante de armas que habíamos contactado. Sin embargo, Pablo insiste y consigue en Panamá su ansiado rocket; el problema era que le faltaba la ojiva, cosa que Pablo pensó conseguir en otro lugar, sin lograrlo. Luego ese misil fue encontrado por la policía pero nunca se anunció a los medios.

A su regreso de Cuba, el *Cocodrilo* busca un contacto en *Costa Rica* y se dirige allí para tratar de recuperar la droga que se quedó enterrada en la isla; por poco es detenido y regresa apresuradamente a su *Envigado* del alma a disfrutar su inmensa fortuna. Cuando el *Cartel de Medellín* se derrumba el *Cocodrilo* se somete a la justicia colombiana purgando siete años de carcel. Al salir viaja nuevamente a *Costa Rica* a tratar de vivir tranquilamente sin embargo es traicionado por otro hombre de Pablo Escobar y es asesinado por encargo de sus enemigos, ganados en su loca vida de derroche de dinero.

Giovanni Lopera Zabala cree que al manejar el asesinato de el *Cocodrilo* se congraciaría con la mafia antioqueña que reemplazó a Pablo Escobar. Regresa a Medellín y a cambio es asesinado brutalmente.

Pablo, siempre recursivo, abrió nuevas rutas a través de las Bahamas, para continuar atendiendo el mercado americano y canadiense. Nunca le interesó demasiado el mercado europeo.

*Capítulo XXVI*

# *Enroque y jaque mate*

Agosto 30 de 1990. El emisario de Ricardo Prisco, por instrucciones de Pablo Escobar, saca con engaño a Diana Turbay de la revista *Hoy por Hoy*. La periodista va tras un reportaje para su revista, se hace acompañar del periodista alemán Hero Buss; la periodista Azucena Liévano; Juan Vitta, editor de la revista; Orlando Acevedo, auxiliar de cámara y Richard Becerra, camarógrafo. Cuando ingresan al *Magdalena Medio*, para dirigirse a *Santander* donde supuestamente los espera el cura Manuel Pérez, máximo dirigente de la guerrilla del *ELN*, los aborda Ricardo Prisco, con su gente. Los periodistas palidecen cuando su guía se pasa al bando de los bandidos. Diana Turbay y sus colegas están en manos de *Los Extraditables*.

Escobar está contento con el operativo de Ricardo Prisco, sobrepasa todos los cálculos del *Jefe* de *Los Extraditables*, los secuestrados tienen una lápida en el pecho. Diana es la ficha clave, los demás sólo sirven para presionar sobre Diana. Pablo Escobar no se va a dejar timar esta vez por el gobierno. El influyente padre de Diana el ex-presidente liberal Julio Cesar Turbay Ayala, es una ficha clave para presionar a Gaviria. La madre de Diana, doña Nydia Quintero es una distinguida dama, muy conocida en el país por sus obras sociales; ella presiona al Presidente Gaviria, en los medios de comunicación, por los decretos de sometimiento a la justicia.

El *Jefe* ha tenido conocimiento que la *DIJIN* está planeando secuestrar familiares del *Cartel de Medellín*, para canjearlos por los periodistas retenidos. Pablo no duda en contestar:

*—Nuestros familiares están listos para el sacrificio, no cambiaremos los periodistas por nadie...*

La guerra está complicada; Diana y sus acompañantes se hallan en un real peligro. Si en un operativo de la policía muere el *Patrón*, los periodistas serán ejecutados al instante; si un familiar del *Patrón,* muy cercano, es secuestrado por la *DIJIN,* Pablo Escobar dará la orden de asesinar, en el acto a los rehenes.

El 19 de septiembre de 1990, Pablo Escobar inicia una serie de secuestros, que ponen en jaque a importantes familias de la sociedad bogotana, buscando con ello contar con importantes elementos de presión, frente al Gobierno Nacional, para conseguir el fin último de *Los Extraditables*: la derogación definitiva de la extradición.

Dentro de estas víctimas, el secuestrado más importante está en manos de *Toño Porcelana*. Después de haber salido del periódico *El Tiempo,* en la capital de la República, Francisco Santos Calderón es abordado por dos camionetas y obligado a salir de su carro blindado; el periodista es hijo de Hernando Santos, el dueño del primer diario del país.

El hecho de ser *El Tiempo* el medio periodístico más importante conlleva la responsabilidad de haberse convertido en un autentico forjador de la opinión nacional y por ende incide, de manera determinante, en los destinos sociales, políticos y económicos del mismo.

El chofer de Francisco Santos es ejecutado para darle más dramatismo al plagio. Al otro día del secuestro, las noticias no hablan sino del hecho y de la muerte del conductor Suárez Ibáñez.

El mismo día, cae en manos de Pablo Escobar, Marina Montoya; ejecuta el plagio *Enchufe* en el restaurante *Las Tias,* de Bogotá.

Un gran día para la mafia, Pablo Escobar Gaviria y *Los Extraditables*. Un día de venganza contra la burla de Germán Montoya y venganza contra el periódico *El Tiempo* que está atacando con sus editoriales a la mafia y favoreciendo la extradición. El periódico, que es custodiado por soldados del ejército, esperaba un carro bomba, no un secuestro.

Ahora *El Tiempo* tiene que pasarse a las filas de *Los Extraditables,* si no quieren a Francisco Santos muerto. El poderoso periódico está amordazado internamente. Una cosa era lo que refleja en sus páginas editoriales y otra, muy distinta lo que piensa Hernando Santos, una víctima más de esta guerra despiadada, en la que Pablo Escobar obliga a sacrificar la verdad en aras de sus nefastos intereses.

Pablo envía un mensaje muy claro a la clase política, a través del periódico *El Tiempo:*

—«Debe impulsarse una Asamblea Constituyente que reforme la constitución y elimine la extradición de plano y el periódico *El Tiempo* debe ambientarla ante la opinión pública y apoyarla».

Ahora Pablo va por una constituyente, para reformar el artículo 35 de la Constitución Nacional, que autoriza la extradición de colombianos a otros países. El decreto 2047 no le sirve al *Patrón*, pues en un cambio de gobierno y estando en prisión, bajo la presión de los norteamericanos, lo pueden extraditar.

El *Patrón*, contento. Todo marcha sobre ruedas y a pedir de boca; en el escondite está tranquilo, esperando el desarrollo de los acontecimientos. La mamá de Diana Turbay, ataca duro al Presidente de la República para que modifique el decreto 2047, como paso tendiente a la liberación de su hija.

Los medios de comunicación le hacen eco a las palabras de doña Nydia. El *Patrón* trabajándole a la *Constituyente* y presionando con los secuestrados. El 7 de noviembre de 1990, se cierra el círculo para buscar la caída de la extradición. En Bogotá, *Yova y Enchufe* con su grupo armado hasta los dientes, secuestran a Maruja Pachón saliendo de Focine. Este plagio se completa con Beatriz Villamizar, hermana del ex-senador Alberto Villamizar. Maruja Pachón es la mujer de Alberto Villamizar; ella es una persona importantísima de la sociedad bogotana; cuñada del difunto candidato presidencial abatido por la mafia, Luis Carlos Galán Sarmiento, en cuyo entierro, la familia le ha endosado la Presidencia de la República a Cesar Gaviria Trujillo. Ahora el Presidente de la República tiene que corresponderle el favor a la familia de Galán. Debe ayudar a tumbar la extradición para que *Los Extraditables* dejen libre a Maruja Pachón. El esposo de Maruja y hermano de Beatriz, es un galanista a morir y detractor de Pablo Escobar. El *Patrón* trata de matarlo en varias oportunidades. Y las vueltas que da la vida, ahora tienen que trabajar arduamente para que *Los Extraditables* se salgan con la suya. La clase política tiembla. Escobar, en una jugada magistral y con la ayuda de la suerte, también tiene a la casa Galán trabajando empeñosamente para tumbar la extradición.

La situación del Presidente Gaviria es complicada: de un lado los norteamericanos presionando fuerte para que sostenga la extradición y no ceda; por el otro lado, el poderoso Hernando Santos, orientando el futuro político del país; doña Nidya clamando y trabajando por la vida de su hija; el ex-presidente Julio Cesar Turbay Ayala, cabeza del partido liberal, presionando también y ahora la viuda de Luis Carlos Galán, con su hermana en manos del temido Pablo Escobar.

La encerrona al Presidente es total. El *Patrón* sin embargo no canta victoria, sabe que cualquier cosa puede pasar. En el escondite, Pablo no está eufórico, pero se le vé animado, instruye a sus hombres para que se esfuercen en la muerte de más policías.

Pasadas las semanas y logrando el *Jefe* todos sus objetivos, pone en libertad tanto a Santos como a Maruja Pachón.

Diana Turbay, lamentablemente muere por culpa de la policía en un muy torpe rescate...

*Capítulo XXVII*

# Buscando una cárcel

El *Patrón* sostiene correo constante con Guido Parra, su hombre contacto con las altas esferas del poder y del Gobierno, en busca de respuestas concretas a la petición de la convocatoria de una Constituyente. Guido Parra le hace ver al *Patrón* que no es fácil cambiar de plano una Constitución que tiene más de cien años, ésta ha sido reformada en varios de sus artículos, pero nunca en su totalidad. El *Patrón* le contesta que los rehenes los tiene él y que el Partido Liberal tiene el poder, y ese poder es para usarlo…

El papá de Francisco Santos, liberal; el papá de Diana Turbay, liberal; la familia de Maruja Pachon, liberal; el Presidente de la República, liberal. Todos hablan el mismo idioma. Alberto Villamizar se convierte en el vocero de los secuestrados, es el puente entre la mafia y la política; viaja a la ciudad de *Medellín* y se entrevista con los abogados de Pablo Escobar. Maruja Pachón, Beatriz Villamizar y Marina Montoya, quien también ha sido secuestrada, por ser la hermana de Germán Montoya, el hombre más poderoso durante el gobierno del Presidente Barco, están en un mismo escondite. Francisco Santos está solo; los vigilantes piden medicinas y tranquilizantes para las tres mujeres. El día del plagio muere el conductor de la gerente de Focine, Ángel María Rúa, con lo que queda demostrado que la mafia habla en serio. Maruja Pachón de Villamizar y Beatriz Villamizar estaban en las garras del mismísimo diablo.

Pablo ve la buena fe del gobierno con el Decreto 2047 y la disponibilidad de avanzar en la negociación. Alberto Villamizar pide la liberación de uno de los secuestrados para ambientar la reforma del Decreto inicial. Los abogados de Escobar se reúnen con Villamizar y dan las pautas jurídicas para la reforma. Guido Parra pasa todas las inquietudes a Alberto Villamizar y éste las transmite a Hernando Santos, para que les haga un buen ambiente en el periódico ante la opinión pública.

El ex-presidente Turbay Ayala y la viuda de Galán, siguen presionando al Presidente Gaviria. El 26 de noviembre de 1990, el *Patrón* ordena a Ricardo dejar libre a Juan Vitta, editor de la revista *Hoy por Hoy*, como muestra de «buena voluntad» de *Los Extraditables.* Escobar no ve problema en dejar libre a Juan Vitta, ya que éste le llega gratis y le da maniobrabilidad al Presidente para reformar el famoso Decreto.

Este acto llena de entusiasmo a los secuestrados y a sus familias. El *Patrón* va paso a paso, el gobierno dá, él también dá; la experiencia de la pasada negociación con el gobierno Barco, marca la pauta. Tenía a Richard Becerra, Azucena Liévano, Hero Buss, Orlando Acevedo y Beatriz Villamizar para manipular la negociación. A Marina Montoya la tiene para cuando las cosas se pongan difíciles, desde el principio piensa en matarla. No la salva nadie.

Los secuestrados claves son Francisco Santos, Diana Turbay y Maruja Pachón. El 29 de noviembre de 1990, *Pablo Escobar* autoriza a *Enchufe* para que envíe la primera prueba de supervivencia de Francisco Santos. Éste escribe dos mensajes, uno a su padre y otro al Presidente de la República; a su padre le dice que espera estar en casa para navidad y al Presidente, que la prensa nacional ha demostrado que está dispuesta a pagar más de la cuota que le corresponde en favor de la democracia colombiana... El *Patrón* contento, tiene la prensa controlada, un punto vital para tumbar la extradición.

El 17 de diciembre de 1990 el gobierno cumple con la reforma al Decreto 2047 y expide el Decreto 3030, estableciendo la acumulación jurídica de penas, sitios especiales de reclusión y reafirma las plenas garantías de ausencia de extradición. Este nuevo Decreto abre las puertas para una cárcel para el *Patrón*, en el sitio que él escoja.

El gobierno siempre se niega a darle una cárcel al jefe del *Cartel de Medellín*, le ofrecían la cárcel de *Itagüí,* Pablo siempre la rechaza de plano, pues no reunía las garantías de seguridad para él y nosotros. Compra entonces una pequeña finca con casa en la parte alta de la zona montañosa de *Envigado* subiendo por la fábrica *Rosellón;* la finca se llama *La Catedral*. Éste fue el segundo triunfo del *Patrón*, el tire y afloje por el sitio de reclusión era tenso. El gobierno, desde el principio, dice que es totalmente imposible una cárcel para él y menos en *Envigado*. Ante la opinión pública nacional e internacional, se disfraza como un aporte de la alcaldía de *Envigado* a la paz del país. La cárcel es legalizada por el alcalde Jorge Meza, un antiguo aliado del *Patrón*.

*La Catedral* queda en un sitio que Pablo Escobar conoce desde joven; más de una vez transitó sus cañadas. Las pineras y la vegetación son buenos aliados, en caso de una fuga del penal. La extensa montaña tiene salida a una cadena montañosa que llega a *Santa Bárbara* y a *La Pintada,* lugares que le son familiares. Además quiere estar en su amado *Envigado*. Le hace una exigencia más al gobierno, la salida del director del *DAS,* General Miguel Alfredo Maza Márquez. El presidente pone el grito en el cielo, dice que esto es imposible pero, más temprano que tarde, lo reemplazará.

*Capítulo XXVIII*

# *Más sangre inocente*

El 22 de enero de 1991, el *Bloque de Búsqueda,* por una delación de uno de los hombres de Pablo, ubica a Ricardo Prisco Lopera en una casa del barrio *Conquistadores* y lo mata. La noticia le cae al *Patrón* como un baldazo de agua, pero permanece firme y sin desmoralizarse. Prende su pequeño radio y sigue los hechos con cabeza fría, se sienta en su escritorio y se queda pensativo por largo tiempo tomándose la punta de la nariz con el índice y el pulgar de la mano derecha, como era su hábito; al final, toma el lapicero y escribe una extensa nota indagando por la seguridad de Diana Turbay. También le escribe a *Yova:*

—*Maten a Marina Montoya.* —Estaba en pie de guerra.

Llega el correo a la misma hora de siempre y encuentra que no dice nada de la muerte de Ricardo, pero es porque el correo se recoge el día anterior. El *Patrón* me llama y comenzamos a contestar la correspondencia, después del noticiero. *Pablo* se lamenta a cada rato por la muerte del valiente líder de su grupo de matones; constantemente interrumpe la escritura, para hablarme del aprecio que le tenía a Ricardo Prisco.

Ordena atentados dinamiteros y apretar a los policías con los asesinatos. El barrio *Aranjuez* se conmociona, ha muerto el «gran bandido». El ambiente está tenso en el escondite; así como le toca a Ricardo dentro de una casa, a nosotros también nos puede llegar, si cometemos un error. También existe el riesgo de un allanamiento masivo como lo acostumbra el *Bloque de Búsqueda*.

Estamos refugiados en casa de unos amigos del *Jefe.* Corremos con la suerte de que ningún vecino tiene problemas con la ley y no hay riesgo de que, por allanarlo a él, nos copen la cuadra y buscando al ratón encuentren al gato.

El correo llega con noticias más graves. La organización de Ricardo Prisco en desbandada. También es ejecutado «*Manicomio*», hermano de Ricardo. *Los Rojos* del *Bloque de Búsqueda*, también ubican al hermano médico y lo matan. La situación es crítica, un soplón acaba con Ricardo, sus hermanos y varios de sus hombres más cercanos.

El *Patrón* escribe una fuerte carta para que Guido Parra le informe a Villamizar la ejecución de Marina Montoya, denunciando de paso la muerte del hermano médico de Ricardo. La situación dificulta mover a Diana Turbay y coordinarse con *Comanche*, el hombre cercano a Ricardo que no fue tocado por el *Bloque de Búsqueda* y *Los Rojos*. Un comunicado de *Los Extraditables* ordenando la ejecución de Marina Montoya sale a la luz pública.

El 24 de enero de 1991 es ejecutada Marina Montoya. En la ciudad de Bogotá, la mujer de 60 años de edad, paga con su vida la burla que su hermano le hizo a la mafia, cuando incumplió el compromiso de recibir a los emisarios del *Capo,* para tratar el tema de la no extradición. Desde un principio estaba programada para morir en las manos de Pablo Escobar.

Maruja Pachón y Beatriz Villamizar se quedan convencidas que Marina va a ser liberada; el televisor y el radio les es retirado por *Enchufe*, para evitar una fuerte depresión de las mujeres, que viven bajo sedantes. El mismo informante que entrega a Ricardo, a sus hermanos y a varios de sus hombres, entrega un hombre clave de la organización de Ricardo que sabe el lugar de cautiverio de Diana Turbay. Torturado habla rápido.

El 25 de enero de 1991, el *Bloque de Búsqueda* en un operativo helitransportado llega a la finca *La Bola* en *Copacabana, Antioquia*, y entran disparando. Los muchachos que cuidan a Diana la sacan de la casa, rumbo a la montaña. Una bala alcanza a la periodista y cae herida, el camarógrafo Richard Becerra la socorre. Milagrosamente, el camarógrafo sale ileso; un helicóptero de la Policía la recoge y la lleva prontamente a una clínica de la ciudad.

Yo oigo la noticia en un extra en la televisión, corro a la alcoba del *Patrón:*

—*Señor rescataron a Diana, está herida*, —le digo.

No me contesta nada y prende su pequeño radio. La bronca es total, los noticieros anuncian que está bajo cuidados médicos; los padres se desplazan a Antioquia. El *Patrón* se levanta y va a la sala. Las noticias dicen que es herida por la gente del *Cartel*.

Escobar dice:

—*Muy desafortunada esta situación en este momento, si se la llevan viva, el arreglo con el gobierno y la tumbada de la extradición se limitan, ya que ven que somos vulnerables...*

Y continúa:

—*Estamos como el día de Galán y de Jorge Enrique Pulido...*

—*Si señor*, —le contestó.

Guarda largos silencios, se para con el radio en la mano, camina con la mirada al frente vuelve, se sienta y dice:

—*Si vive perdemos nosotros, si muere pierde la policía.*

A los 20 minutos un nuevo boletín de prensa anuncia la muerte de Diana Turbay.

El *Patrón* no dice nada, pero sabe que gana. La policía error tras error, no cuenta con que el camarógrafo Richard Becerra daría su versión real de los hechos. En el helicóptero que saca a Diana herida y a Richard Becerra, va el informante que entrega el escondite; después éste aparece muerto en la finca *La Bola* junto con dos campesinos. Richard denuncia el hecho a la prensa y recibe amenazas de muerte del *Bloque de Búsqueda.*

Los bandidos salen todos por la montaña. El *Patrón* anuncia la ejecución de otro de los rehenes en un comunicado de *Los Extraditables*. Cada familiar teme que sea el suyo el próximo en ejecutar, pero la escogida es Beatriz Villamizar. Luego le seguirían Maruja Pachón y por último Francisco Santos.

Sobre el escritorio quedaron las cartas de Doña Nydia Quintero, tratando de ablandar el corazón del *Patrón*; éste las lee de nuevo y las rompe. La aguerrida madre dio una dura batalla por la liberación de su hija. Recrimina fuertemente al Presidente Gaviria por no haber impedido una operación tan torpe.

De Medellín se llevan a Diana en un ataúd. Richard Becerra tiene que salir del país. Sobre la muerte de Diana hay tres versiones: la primera, que fue ejecutada por los hombres de Ricardo Prisco. La segunda, que la misma policía la mata disparándole desde el helicóptero, pensando que es uno de los delincuentes, ya que cuando los hombres de Ricardo se dan a la fuga, sacan a Diana con un sombrero. La policía en estos operativos está acostumbrada a disparar primero y cerciorarse después de quiénes se trataba y en tercer lugar, se dice que, estando en *La Catedral*, Pablo recibe la información de que *Los Rojos* mataron a Diana, bajo la falsa información de que el *Patrón* había tenido una reunión con la periodista y ésta iba a denunciar la masacres y ejecuciones extrajudiciales del *Bloque de Búsqueda*.

La última palabra la tenían los criminalistas del gobierno y se salieron por la más fácil: la mataron los hombres de Pablo Escobar. Apenas el *Jefe* tiene contacto de correo con los muchachos que se fugan de *La Bola*, éstos le aseguran que nunca dispararon contra la periodista.

El *Patrón* aprovecha la ocasión y ataca a la policía; los medios de comunicación hacen eco de las denuncias.

El 26 de Enero de 1991, el padre de Francisco Santos, dice en el sepelio de Diana Turbay que sólo en las manos de Dios está la liberación de su hijo...

La muerte de Diana complica las cosas para las familias de los secuestrados, pero no para la mafia. Villamizar se va con todo, tras el ultimátum del *Patrón* y endereza las cosas.

*Capítulo XXIX*

# *Constituyentes en venta*

Ahora la pelea era tocando y sobornando Constituyentes para tumbar definitivamente la extradición. La técnica del terror, instaurada por Pablo Escobar estaba dando sus frutos. Las bombas en las calles y en los centros comerciales amedrentaban a todos los estratos de la sociedad colombiana. La única solución posible que se avizoraba para detener este baño de sangre parecía ser acatar la voluntad del *Patrón*. En ese sentido, el periódico *El Tiempo,* resignando sus más íntimas convicciones, informaba a la opinión pública que la *Constituyente* era la panacea y lo mejor que le pudiera ocurrir al país. Villamizar hace lo mismo en los diferentes círculos de la sociedad capitalina. El Presidente de la República, en la misma tónica, incluso recibió a todos y cada uno de los congresistas y les prometió, con su Ministro de Hacienda presente, que les financiaría las campañas, para cuando se cerrara el Congreso.

«Pablo Escobar tenía en su mano la lista con los nombres de los Constituyentes sobornados, que le habían hecho llegar Alberto Santofimio y Feisal Buitrago, uno de los abogados del *Patrón*. Yo asistí a la reunión donde estaban los contadores del *Cartel,* entre otros, Rodrigo Osorio y *Susuki*. Pablo nos pasó la lista y al frente de cada nombre una «x» con el valor a entregar en dólares. *Pinina* se encargó de recaudar el dinero y yo de separar los montones de acuerdo al valor que apareciera en la lista. Los paquetes eran entregados a Santofimio y Buitrago quienes se encargaban de llevárselos a cada Constituyente comprado.

«Fueron en total 27 los Constituyentes que recibieron entre 50,000 y 100,000 dólares por cabeza. En la lista figuraban, entre otros, Marco Antonio Chalita, del M-19 y Francisco Rojas Birry, en representación de los indígenas. Se entregaron un total de cinco millones de dólares para lograr incluir la **no extradición** dentro de la Constitución de Colombia. Hubo que asesinar a varios abogados *avivatos*, que nos garantizaban el voto de algunos constituyentes y luego nos enterábamos que se habían quedado con el dinero, los muy sinvergüenzas... En esta cifra se incluye el dinero que se utilizó para sacar elegidos a algunos Constituyentes, comprando votos.

«Varios de estos personajes, sin poder disimular cierta vergüenza, trataban de justificar su proceder diciendo que esa *platica* la iban a repartir entre sus votantes, gente muy buena y trabajadora que colabora empeñosamente en beneficio de la política y de la patria.

«La compra de votos se inició en el mismo corazón de la Asamblea Nacional Constituyente. Todos los que recibieron el pago garantizaron que la extradición quedará excluida en la nueva Constitución. El M-19 está atento, apoyando a Pablo Escobar en sus intenciones y además, se adelanta y lo expresa públicamente, una vez que han concretado, con Pablo Escobar, el voto a favor de incluir la no extradición en la nueva Carta Magna. Trabajan fuertemente en una alianza con el *Movimiento de Salvación Nacional*, para garantizar una fuerte votación. La consigna es muy clara: hay que tumbar la extradición, como sea.

«Pablo no se retiró nunca del televisor, observando las deliberaciones. Estaba en permanente contacto telefónico con Alberto Santofimio y cuando observaba que los debates se ponían calientes, le decía que se reuniera con el Ex-Presidente López Michelsen para el lobby.

«López Michelsen, propuso una operación «avispa» en las elecciones para la *Asamblea Nacional Constituyente*.

«Hubo un incidente, que por poco malogra todo el operativo y que se podría haber convertido en un escándalo de gigantescas proporciones. El doctor Buitrago, abogado de Pablo Escobar, por recomendación de un colega, aborda a Augusto Ramírez, el Constituyente de las autodefensas, buscando comprarle el voto, para tumbar la extradición. Las autodefensas del *Magdalena Medio*, están muy cerca de los viejos guerrilleros convertidos ahora en nuevo partido político. Augusto Ramírez le informa a Henry Pérez del ofrecimiento del abogado de Escobar. El líder de las autodefensas ve la gran oportunidad de torpedear el talón de Aquiles de Pablo y le informa, al *Cartel de Cali,* el hecho. Pacho Herrera, Chepe Santacruz y los hermanos Miguel y Gilberto Rodríguez Orejuela, conectan a Henry Pérez con la *DEA,* para que éste les informe detalladamente de los planes del *Patrón,* de comprar con dinero a los Constituyentes.

«La Embajada Americana, junto con la *CIA,* manejan la situación y le piden a Augusto Ramírez que acepte el soborno del dinero al abogado de Pablo Escobar. La *CIA* acondiciona una habitación del *Hotel Plaza* para la cita, con un micrófono en un espejo y una cámara en una lámpara.

«Ramírez cita al doctor Buitrago, para cerrar el trato; éste acepta gustoso y va hacia la trampa. Allí es filmado entregándole 50.000 dólares al Constituyente. Todos los diálogos e imágenes de la peligrosa cita, están ahora en manos de los norteamericanos. Con estas pruebas, los gringos van donde el Presidente Gaviria y lo presionan por la ilegitimidad de la política de sometimiento. Pero el Presidente Gaviria sabe que el pacto con Pablo Escobar hay que cumplirlo y guarda silencio.

«Los norteamericanos no filtran el video a los medios de comunicación, por pedido de Henry Pérez, ya que el M-19, se opone de plano a que el video sea sacado a la luz pública, dado que la Constituyente quedaría así deslegitimada y el Presidente de ésta es el líder del *M-19* Antonio Navarro. Además, por convicción, está en contra de la extradición de colombianos.

«Una copia del video queda en manos de Henry Pérez. La *DEA* también recibió un pitazo del *Cartel de Medellín*. Pablo Escobar se entera, por intermedio de Hernando Restrepo, que los caleños están sacando del puerto de *Buenaventura*, sobre el Océano Pacífico, cuatro mil kilos de cocaína, camuflados en unos postes de cemento. *Chopo* llama a la *DEA* en *Miami,* se identifica como triple «x» y les informa sobre el cargamento. Cuando la droga llega a los Estados Unidos y ya en bodegas de los caleños, es confiscada por la *DEA;* los caleños pierden el embarque y se les viene encima un lío jurídico con los norteamericanos; los inteligentes agentes de la agencia antidrogas, no acusan a la cúpula del *Cartel de Cali*. Guardan las pruebas para utilizarlas después, cuando hayan acabado con el *Cartel de Medellín.*

«De todos modos, el soborno a varios constituyentes, me dijo el *Patrón,* fue muy efectivo, porque la votación de la Asamblea Constituyente fue perfecta: 51 votos...

«El Ex-presidente Misael Pastrana no sólo se enteró de lo que estaba haciendo Pablo Escobar, sino que sabía que el Presidente Gaviria conocía de los sobornos. Es entonces cuando, guardando silencio, decide retirarse sin dar explicaciones para no legitimar con su presencia ese vergonzoso espectáculo.

«Pablo Escobar, estaba feliz; nos reunió a todos y dijo:

*—Popeye, mire lo que logramos con los pagos; venga y lea esto en voz alta...*

Me pasó una hoja que le habían enviado por fax desde el *Centro de Convenciones Gonzalo Jiménez de Quesada,* en Bogotá, que leí a todo pulmón...

—«***Artículo 35 de la Constitución Política:*** *Se prohíbe la extradición de colombianos por nacimiento. No se concederá la extradición de extranjeros por delitos políticos o de opinión. Los colombianos que hayan cometido delitos en el exterior,* *considerados como tales en la legislación nacional, serán procesados y juzgados en Colombia.*

Todos aplaudimos a rabiar...

Pablo Escobar levantó el puño y gritó entusiasmado:

—*¡Viva Colombia hijueputa!...*

*Capítulo XXX*

# *Saldando cuentas*

El *Patrón* recibe la información por parte de *Cuchilla* que el ex-ministro Enrique Low Murtra está en Bogotá, dictando clases en la *Universidad de la Salle*. Que siempre sale sólo y toma un taxi.

«Escobar recibe el dato y sopesa la situación. En una operación supremamente riesgosa para el arreglo con el Estado, ordena la muerte del ex-Ministro Enrique Low Murtra. Éste autorizó varias extradiciones de colombianos a los Estados Unidos y fue un aguerrido defensor de la extradición. Cuando era ministro andaba con una impresionante escolta oficial, pero cuando sale de su cargo se exilia en el extranjero y regresa al país, pensando que *Los Extraditables* no tienen memoria.

«Desde su cargo presionó para que los jueces de la república persiguieran a Pablo Escobar. El ruido de las negociaciones lo trajo de nuevo al país. El «apátrida ex-ministro», como lo llamaba el *Jefe*, no tenía memoria de las personas que envió a los Estados Unidos, no tenía memoria de como se pudren en un solitario calabozo y ahora, se encontraba caminando por las calles de su ciudad, como un ciudadano común y corriente.

*Cuchilla* le entrega la inteligencia a *Chopo,* la rutina de Low Mutra era total. Una motocicleta comprada en Bogotá y dos matones de *Medellín* contra el ex-funcionario. Pablo vivía en el filo de la navaja y esta vez estaba jugando con el final de una gran lucha contra el Estado. Cuando la víctima sale de dictar clases, es ejecutado al frente de la *Universidad de la Salle*, en Bogotá por dos sicarios del *Chopo*, que disparan las balas mas peligrosas para todos.

Enrique Low Murtra cae bajo las balas asesinas. La noticia le llega al país como una bofetada de la mafia; el gobierno se enfurece, el proceso tambalea. El *Patrón* es abordado y niega todo. Su respuesta fue.

—El señor ministro firmó varias extradiciones y *Los Extraditables,* tienen amigos y socios; además es una irresponsabilidad la forma tan desprotegida en que se movía, cualquiera con 2,000 dólares en el bolsillo pudo ordenar su muerte.

Las explicaciones de Escobar satisfacen al gobierno y contra toda crítica, continúa el proceso de negociación.

Los dos matones son ejecutados por *Chopo* y la motocicleta, enterrada. Así paga el diablo a quien bien le sirve…

*Capítulo XXXI*

# *Las mujeres de Pablo*

El único y verdadero gran amor en la vida de Pablo Emilio Escobar Gaviria fue María Victoria Henao, la *Tata*, con quien estuvo casado hasta el día de su muerte y fue la madre de sus dos hijos: Manuela y Juan Pablo. Mujer de gran gusto y elegancia, conocedora de arte y decoración, de la fina mesa y el buen vestir, ponía un status altísimo a la vida del *Patrón.* Una cosa eran las caletas y otra era su vida personal. Amante del lujo, pero con clase. Doña Tata, se vestía bien, lo mismo que sus hijos, no así el Patrón, quien era el único que carecía de interés por el tema; no dejaba los tenis, el blue jean y las camisas de manga corta; ésta era la única vestimenta con la que se sentía cómodo, pues así podía pasar desapercibido.

Doña *Tata* tenía sus automóviles de lujo, preferentemente, Mercedes Benz blancos, de cuatro puertas y con chofer. Una mujer sencilla, amable y muy nerviosa; una gastritis fuerte la acompañaba constantemente. Cuando llegaba a los escondites, se encargaba de las cosas del *Patrón* sin pizca de orgullo. Veneraba al *Jefe,* se quedaba mirándolo y le sonreía. Nunca los vi discutiendo. Muy amablemente le decía; *«¡Ay Pablo! Esas bombas, mirá eso tan terrible...»* El *Patrón* eludía el tema.

Cuando ella llegaba a los escondites se vestía cómodamente. Le decía al *Patrón* que se quitara la camisa y le *motilaba;* empezaba a cortarle el pelo despacio, mientras le hablaba. Por cariño le decía «*Mister*». Hablaban mucho de Manuela; cuando no llevaba la niña le contaba de sus pilatunas.

La señora era muy especial con todos. No tenía orgullo para nosotros ni para nadie. Su presencia inspiraba respeto. Se reía cuando el Jefe nos saludaba diciendo: «hola muchachos de la "*New Mafi*".

En los escondites se sentía tranquila; la pasmosa serenidad de Pablo la llevaba a ello. Esos encuentros eran oasis de paz para la señora. Su eterna lucha era, aparte de la gastritis, su tendencia a engordar.

Pablo Escobar siempre fue un caballero para tratar a las personas, en especial a las mujeres. Tuvo infinidad de novias de paso, amores de días que después cambiaba: reinas de belleza, modelos, mujeres hermosas del común…

Sin embargo, hubo algunas que lograron conquistar el corazón del *Jefe* por períodos más amplios, aunque en ningún caso poniendo en peligro la estabilidad de su matrimonio constituido. Nunca quiso ni aceptó tener hijos por fuera del hogar, ni llevar dos hogares.

Entre las mujeres que tuvieron romances prolongados con el *Jefe* estuvieron, entre otras, Elsy Sofía, Wendy Chavarriaga, Virginia Vallejo y una muy bella que fue reina del *Quindío*.

Wendy Chavarriaga fue una mujer especial en la vida de Pablo. Justamente con ella, el destino nos jugó una mala pasada, al vivir la experiencia insólita de compartirla con el *Patrón*, aunque, por supuesto, en diferentes tiempos...

Una noche, camino a mi escondite, voy a un pequeño bar en la zona de *El Poblado*. Me llaman la atención 3 mujeres solas en una mesa vecina. Una de ellas me mira insistentemente, hasta que me decido a hablarle. Es una mujer de 32 años, 1,80 metros de estatura, morena, cabello negro lacio a la mitad de la espalda, con el par de piernas mas bellas que mortal alguno haya visto, se mueve con clase, todo acompañado de un bello rostro donde sobresale una dentadura perfecta que ilumina su pícara sonrisa. Luego de varios tragos me invita a su apartamento. Ahí se me olvida el mundo, se me olvida que soy buscado, que tengo responsabilidades. Caigo en las garras de una mujer fría, calculadora que sabe para dónde va; ahí ni mi pistola me protege. El destino está haciendo su trabajo. La encantadora mujer, esa noche también está jugando con su vida, acaba de conocer la persona que daría fin a sus días. Pasamos la noche de amor más frenética de mi vida. En la mañana entra la mucama diciendo: *¡doña Wendy, les traigo algo de tomar!* Atónito, le pregunto, esperando que me diga que no: *¿tú eres Wendy, la que fue novia de Pablo Escobar?*

Con cara de diablo bueno, me contesta:

—*¡Si yo soy, y tú no te hagas el tonto, que yo sé que eres Popeye!*

Viene un diálogo de justificación de por qué no nos identificamos desde el principio. Nos bañamos juntos, desayunamos en la cama. Se vuelve mi cómplice, me dice que en caso de que llegue la policía ella tiene donde ocultarme, me muestra el lugar y es seguro. Me despido con un delicioso beso y quedo de volver en la noche. Caminaba por las nubes, pero un momento de cordura paso por mi mente; ¡ésta mujer es peligrosísima, el *Patrón* estuvo a punto de matarla; a mí no me conviene! Yo se de ella por comentarios de los compañeros y por cosas que a veces contaba el *Patrón*; cuando yo ingresé al *Cartel de Medellín*, ya Wendy no tenía ninguna relación con Pablo Escobar. El *Patrón* cuenta que un día llega con ella al reinado de belleza de Miss Mundo, en New York y la gente se detenía a mirarla, como si fuera una de las candidatas. Le da mucha guerra al *Patrón,* tratando de dañarle el hogar. En una oportunidad, viéndolo con otra mujer, le estrella el carro de frente. Por último y contra la voluntad de Pablo, se deja embarazar. Al enterarse Escobar de la encerrona, envía a cuatro de sus muchachos y un médico, provocándole un aborto a la fuerza. Desde allí, Wendy adquiere un odio visceral por Pablo Escobar Gaviria y empieza a hablar pestes del *Jefe* del *Cartel de Medellín* por todas las discotecas de la ciudad. El *Patrón* le pone fin a la situación, informándole por tercera persona, que si sigue con la misma tónica, es mujer muerta. Para mí, ya es tarde; ya he probado el veneno y estoy totalmente enamorado, no hay nada que hacer. Mi mente se tranquiliza, de pronto los años la han cambiado, me miento a mí mismo. Mientras yo juego al gran conquistador la guerra no para.

Un día el *Patrón* me entrega la grabación de una conversación de Wendy con gente del *Bloque de Búsqueda*. Se había torcido en su sed de venganza contra el *Patrón* y simplemente yo le servía de idiota útil en sus planes para acercarse y entregar a Pablo en bandeja de plata. Pablo me miró a los ojos con esa mirada suya tan escudriñadora y entregándome el casette, murmuró con seguridad:

*—¡Andá, Popeye, vos ya sabés lo que tenés que hacer!*

Entendí que tenía que ejecutar con mis propias manos a la mujer que me hizo perder los sentidos. Así ocurrió...

Finalmente el *Patrón* lo sabía todo…

La otra mujer estable que Pablo tuvo como amante fue Elsy Sofía, a quien mencioné al principio de este libro, cuando conocí al *Patrón* y de quien yo era su chofer. Una rubia espectacular de la alta sociedad antioqueña. Ese romance duró dos años cuando también le puso un ultimátum al *Jefe:*

*—Pablo, estoy cansada de ser la otra... o yo, o la Tata...*

El *Patrón* se limitó a contestarle…

*—La Tata.*

Me contaba que a la *Tata*, la había conquistado con discos de «Rafael» y «Camilo Sexto», y con chocolatinas «Jet», cuando era muy pobre. En cambio, Elsy se enamoró del dinero del *Jefe* y de su gran poder. A Elsy también le puso un gran apartamento de lujo en el barrio *El Poblado*, automóviles último modelo, joyas, viajes y un estilo de vida de muy alto nivel en gastos. Cuando Elsy se separó de Pablo Escobar, viajó a los Estados Unidos y se radicó allí definitivamente.

Otra de las mujeres con la que Pablo Escobar tuvo un apasionado romance fue con la presentadora de televisión Virginia Vallejo, quien tenía un par de piernas hermosas. Todos los fines de semana Pablo le mandaba su avión privado desde Medellín para recogerla en

Bogotá. Fue un romance muy sonado en el medio, pues Virginia le había pedido que le arreglara un problema que tenía con otro de sus amantes, que también pertenecía a la mafia. El problema tenía que ver con un yatc que le había regalado su anterior novio. Pablo se refería a ella con cariño, pero se le salía de vez en cuando la frase...

—*Ya está viejita la pobre...*

Al *Patrón* nunca le faltaron mujeres bellas entre 16 y 30 años. Era un fogoso amante. Aún en plena persecución, siempre nos las arreglábamos para traerle una o dos mujeres, de las cuales una debía ser lesbiana para su show privado.

Pablo también nos conseguía mujeres a los que lo acompañábamos en sus escondites. Una vez nos sorprendió con la llegada de cuatro mujeres ocultas en una furgoneta. Las prostitutas estaban felices porque el *Jefe* cancelaba en dólares y muy bien pagadas. Él se fue al cuarto con la más bella y nosotros a nuestras habitaciones con las nuestras.

La afición por las lindas chicas de la ciudad, le costó la vida a su gran amigo, socio de andanzas y cuñado Mario Henao y por poco casi es atrapado el propio escurridizo Pablo Escobar Gaviria.

Mario Henao aborda al entrenador de la selección femenina de basket-ball de Antioquia para que convenza a una hermosa deportista y viaje con él a visitar a su cuñado; el entrenador persuade a la más linda y escultural jugadora, pero ella pone como condición no viajar sola. Mario acepta que el entrenador acompañe a la joven. Un tercero es invitado al encuentro de la joven, que resulta ser del *Cartel de Cali* y por ende del *Bloque de Búsqueda*.

El ambicioso entrenador ve su gran oportunidad de enriquecerse y habla con un contacto de Miguel Rodríguez Orejuela, del *Cartel de Cali*, por medio del futbolista Pedro Sarmiento; el contacto se da y todo a pedir de boca. La bella joven deportista no sabe nada y está ajena a que va a ser seguida por la policía. Llega el día de salir al encuentro con Pablo Escobar; viajan Mario Henao, el entrenador y la deportista, con la condición de que la chica se queda a dormir y el entrenador regresa a *Medellín*.

Mario Henao se mueve tranquilamente ya que no es buscado por las autoridades. Llegaron al *Magdalena Medio* y allí fueron informados que Pablo estaba en la estación *Cocorná*; un guía los conduce al escondite sin pérdida de tiempo; llegada la tarde están ante el *Capo*; el efusivo saludo a su cuñado; el coqueteo cortés a la joven y la respectiva presentación del entrenador. Éste último, a las dos horas, pide ser sacado de nuevo para ir a la ciudad de *Medellín* a un compromiso urgente; Pablo, embelesado con la deportista, comete el error de autorizarle la salida; el entrenador se despide diciendo:

—*Sólo quería saber que la niña quedaría en buenas manos.*

El osado hombre es sacado, rompiendo la regla de oro de que todo el que conozca un escondite tiene que dormir en él. El estar en un lugar con suficiente vigilancia a kilómetros y ser un buen sitio estratégico, le da confianza a Escobar para pasar una buena velada con la chica. Su cuñado Mario Henao le ha traído un bello regalo.

A las 5:30 de la madrugada los vigías alertan sobre dos helicópteros de la policía que van hacia el escondite; un nuevo llamado de otro puesto de vigilancia alerta sobre otros dos aviones que se dirigen a la estación de *Cocorná*, repletos de policías.

Todo el mundo en el escondite se dispone a organizarse para salir. Mario se mete a la ducha para correr fresco, mientras Pablo organiza a sus hombres.

De pronto hay un helicóptero de la policía encima de la casa. Pablo sale con sus hombres disparando contra el helicóptero que le impedía desplazarse; el aparato es impactado por Escobar y sus hombres, y se retira. El *Jefe* del *Cartel de Medellín* emprende la huída, quedando atrás la joven deportista y Mario Henao; los hombres de la policía llegan por tierra y empiezan a cruzar el río para perseguir a Pablo Escobar.

El escurridizo hombre se adentra en la montaña y burla sus perseguidores. Dos días después lo alcanza la noticia que Mario Henao había muerto en la ducha; los proyectiles de la ametralladora M60 del helicóptero había traspasado el frágil techo de la casa y lo había matado…

## *Capítulo XXXII*

# *Cárcel a la medida*

El gobierno ya ha autorizado a *La Catedral* por cárcel y la guardia está también negociada. La mitad de los custodios sería del *INPEC* (Instituto Nacional Penitenciario y Carcelario) y la otra mitad serían guardianes municipales, nombrados por la alcaldía, es decir, por *el Jefe*. El *Patrón* envía los vigilantes de mayor confianza, para que sean nombrados por el alcalde *Jorge Meza* como guardias municipales, vestirán el uniforme azul. Los efectivos del *INPEC,* vigilarían la parte externa; los municipales portarían armas y estarían al lado de Escobar. Cuarenta guardianes nacionales y veinte municipales, compondrán el cuerpo de custodia. El ejército, en responsabilidad de la policía militar, cuidará el entorno de la prisión.

La cárcel terminada y la constitución reformada. Todo el trabajo finalizado. Pablo puede someterse a la justicia con tranquilidad. Un sacerdote se compromete a estar con Escobar en el proceso de su entrega el día que vaya a prisión. No es un sacerdote común y corriente, es el padre Rafael García Herreros, muy conocido en el país ya que tiene un minuto diario, en televisión, en horario triple A, llamado *El Minuto de Dios*, desde esa tribuna hace obras sociales y convoca al país.

El ex-senador Villamizar trae al sacerdote a la ciudad de *Medellín* y el *Patrón* se reúne con él en un escondite de *Envigado*. Le informa de su voluntad de parar el terrorismo y buscar la paz para el país. El anciano sacerdote, ya senil, sale de la cita y va con Villamizar de nuevo a Bogotá. Anuncia que el *Patrón* se va a someter a la justicia con otros cien narcotraficantes y extraditables.

Yo ya había recibido el mensaje de Pablo Escobar en mi beeper:

*—Hágalo ya, Popeye, entréguese a la justicia y mucha suerte.*

Apuro el paso y entro al centro comercial *Oviedo*; en el fondo del parqueadero, veo a la juez con una veintena de hombres armados con fusiles; me acerco normalmente y voy a la funcionaria.

*—Doctora, yo soy Popeye.*

Me mira incrédula, busca una foto, la mira y se ríe. A una orden suya, los fusiles que me perseguían ahora me protegen. Estaba bajo el amparo del Estado. Pablo Escobar había volteado la situación a nuestro favor, acababa de ganarle la guerra a la República de Colombia.

Salimos en tres camionetas rumbo a la cárcel *La Catedral*; bajo las órdenes de la juez, ya los retenes policiales no me preocupaban. Un numeroso grupo de periodistas nacionales y extranjeros, apostados en el primer retén del ejército, registran mi entrega a la justicia. «*Jhon Jairo Velásquez Vásquez, alias Popeye, lugarteniente de Pablo Escobar Gaviria, se somete a la justicia*»... pregonan los medios nacionales e internacionales. La entrega de Escobar se espera. A la hora, ya estábamos en la cárcel, la juez me hace un acta de sometimiento y quedo en manos del personal del *INPEC*.

A las 11:00 a.m., el *Patrón* listo para dar su paso; un guía de Escobar ya se encuentra en la *Gobernación de Antioquia*. Escobar será recogido en el helicóptero de la gobernación en una finca de la loma *El Chocho-Envigado.* Junto con el guía va el periodista local Luis Alirio Calle; Pablo los espera en compañía del sacerdote Rafael García Herreros, *Arete, Chopo, Cuchilla* y demás compañeros.

A las 3:00 p.m., las operaciones aéreas son suspendidas en los cielos de la ciudad de *Medellín.* El único aparato autorizado para volar era el helicóptero de la *Gobernación de Antioquia.* A las 4:00 p.m., aterriza en la cancha de fútbol de *La Catedral,* los guardianes ayudan a bajar al sacerdote, Pablo le sigue y detrás el periodista. Lo reciben como garantes el Procurador General de la Nación, Carlos Gustavo Arrieta; el Procurador Delegado para la Defensa de los Derechos Humanos, Jaime Córdoba Triviño; el Director de Instrucción Criminal, Carlos Eduardo Mejía y Alberto Villamizar. Éste último era la primera vez que hablaba personalmente con Pablo, después de todo lo que les toco manejar por medio de terceros.

Junto con el director del penal, Jorge Pataquiva, Escobar saca su pistola Sig Sauer, le quita el proveedor extrayendo el tiro de la recamara; éste cae al suelo, el mismo Pablo lo recoge y lo entrega a los funcionarios, junto con la pistola. El helicóptero se va y deja al periodista y al sacerdote.

La noticia le da la vuelta al mundo. Pablo Emilio Escobar Gaviria, tras las rejas. Muchas personas se tiran a las calles a celebrar; los negocios de diversión a reventar. El país feliz, la policía respira tranquila, el *Bloque de Búsqueda,* en cabeza del coronel Martínez Poveda, tristes por no haber llegado al objetivo principal; el General Miguel Alfredo Maza Márquez es retirado del *DAS* y de la Policía.

El gobierno se anota un triunfo político al parar la violencia de Escobar y tenerlo tras las rejas. El *Patrón,* en declaraciones al periodista Luis Alirio Calle, dice que sus enemigos se los deja a los enemigos de ellos y da su palabra de retirarse del crimen y dedicarse a su familia. El sacerdote habla largo rato con el *Patrón* y va donde mí, me pregunta como me llamo y me pide que le diga mis pecados; le digo los más suaves, me echa un gran sermón y al terminar me dice:

—*¿Y cómo es que se llama usted*?

Me mira y le doy otro nombre. El senil curita va nuevamente donde el *Patrón*, que habla con el periodista. Se someten a la justicia Luis Carlos Aguilar Gallego, alias *Mugre* y Otoniel de Jesús González Franco, alias *Oto.* Somos los primeros cuatro integrantes de la organización en prisión.

La embajada norteamericana da a conocer su descontento por la caída de la extradición y la cárcel de cinco estrellas concedida por el gobierno a Pablo Escobar.

El balance final de la guerra es funesto: cientos de civiles inocentes muertos; más de mil jóvenes de las comunas, muertos; jueces y magistrados, muertos; dos ministros de justicia, muertos y uno, herido; un senador, muerto; un candidato a la presidencia, muerto; un procurador, muerto; Diana Turbay, muerta; Marina Montoya, muerta; numerosos secuestros de industriales, políticos y periodistas; un avión con 107 pasajeros, dinamitado en pleno vuelo; más de 250 atentados dinamiteros, en todo el país; 540 policías, ajusticiados; 800 policías, heridos y numerosas deserciones de la institución. Incalculables pérdidas materiales. Ninguna organización criminal civil del mundo, ha enfrentado a un Estado y le ha matado 540 policías.

Pablo Emilio Escobar Gaviria arrodilla y somete al Estado Colombiano. El *Cartel de Medellín* perdió numerosos bandidos en la guerra con el Gobierno; los más notables fueron Gonzalo Rodríguez Gacha, alias *El Mexicano; Gustavo Gaviria Riveros; Mario Henao; el Negro Pabón; Pinina; Ricardo Prisco Lopera; el Monito Jorgito; el Pitufo;, Fabián Tamayo, alias Chirusa; Carlos Arturo Taborda Pérez, alias Carlos Negro; don Germán;, Maradona; Jorge González, alias El Mico*. Varios narcotraficantes alcanzaron a ser extraditados, entre ellos Carlos Ledher.

El *Cartel de Cali* ve perdida la guerra con Escobar, quien ahora está protegido por el Estado y encima, tirándoles; posteriormente se someten a la justicia *Roberto Escobar, Valentín Taborda, Jhon Jairo Betancourt alias Icopor, Tato Avendaño, Juan la Garra, José Fernando Ospina alias Gordo Lambas, Gustavo González Florez y El Palomo*.

El gobierno norteamericano protesta por la clase de gente que se está sometiendo a la justicia. La anunciada entrega masiva de narcotraficantes no se dá. Gustavo González es el único traficante que tiene un proceso por drogas, debido al envío de un cargamento de 400 kilos de cocaína a Francia, asociado con Pablo Escobar. La droga fue interceptada y fueron judicializados el *Patrón* y Gustavo González, por la delación de los socios franceses.

Los que nos sometimos con el *Patrón*, menos Roberto Escobar, fuimos convertidos en narcotraficantes y confesamos estar involucrados en el cargamento llegado a Francia. Al ser narcotraficantes, cumplíamos los requisitos para someternos a la justicia. Juan, la *Garra,* amigo de *Mugre* y *Oto*, residenciado en *La Estrella,* se entregan, lo mismo que el *Gordo Lambas*.

Pablo Escobar le anuncia al gobierno, por intermedio de Guido Parra, que quiere entregar 10 toneladas de dinamita. El Presidente comisiona un Coronel del Ejército y éste va a *La Catedral* y el *Patrón* lo conecta con *Carro Chocao*. Éste, sacaba la dinamita de los escondites y se la entrega al Coronel, en sitios convenidos; estas entregas se hacían extra-procesalmente. Era un buen gesto de parte del *Patrón* pues, estaba convencido que la guerra había terminado y la dinamita ya no era necesaria.

El *Bloque de Búsqueda* es sacado de la ciudad de *Medellín*, sólo unos pocos oficiales de inteligencia fueron dejados. La nueva *Constitución* abolió la extradición, pero creó la *Fiscalía General de la Nación* y los jueces sin rostro. A efecto de ser inidentificables, los jueces y fiscales cubrían su identidad tras un vidrio polarizado y un distorsionador de voces. Una justicia fuerte para juzgar a la mafia. Demasiados jueces habían caído bajo las balas de Pablo Escobar; esto llevó a la justicia a ocultarse. Pero el *Patrón* no cumple con otro de los pilares de la política de sometimiento a la justicia y no confiesa sus crímenes. Tampoco nos deja confesar a nosotros, a mí me dice que niegue ser Popeye, yo me identifico con mi nombre y el alias de el *Amiguito.* Contra ninguno de nosotros había pruebas.

Nos organizamos en nuestras celdas, el penal toma vida, el *Patrón* juega fútbol, camina por la cárcel, conoce a los guardianes nacionales

*Pablo Escobar con su familia. Foto tomada en la cárcel de La Catedral pocos días antes de su fuga. (Foto cortesía periódico El Espectador)*

al mando del sargento Mina, un hombre oriundo de la ciudad de Cali y a pesar de esto Pablo no desconfía de él. Dentro del reclusorio los guardias municipales tenían las armas permitidas y se mantenían todo el día al lado de Escobar.

La familia del *Patrón* comparte la vida con él; su esposa, su niña, su hijo Juan Pablo, su madre, hermanos y sobrinos. Doña *Tata* decora, a su gusto, la celda del *Patrón.* Nosotros también recibimos visitas familiares y de amigos.

El *Patrón* acondiciona un camión con un trasfondo, con capacidad para 10 personas; el camión llevaba los víveres a la cárcel, conducido por *Limón,* un empleado de Roberto Escobar. Fuera de las visitas permitidas, llegaba el camión con los socios y amigos del *Patrón.* Escobar organiza las rutas del tráfico de drogas con *Kiko*, *Campeón* y José Fernando. La mafia estaba feliz, con el *Patrón* en *La Catedral,* se podían mover a sus anchas y nadie los perseguía legalmente. *Taisón, Chopo, Cuchilla, Arete y Yova* suben permanentemente a la cárcel. Cuando la situación estaba dura en la ciudad dormían en *La Catedral*.

Enre tanto *H.H* y *Chopo* tras Henry Pérez; le cuentan al *Patrón* que tienen dos muchachos infiltrados en *Puerto Boyacá*; entraron vendiendo ropa puerta a puerta y ya son conocidos de la gente de Henry. Y lo más importante, están dispuestos a morir con tal de que sus familias reciban 50,000 dólares cada una; Pablo Escobar se compromete a darles el dinero y asegura que él mismo supervisará que esto se cumpla.

Las armas ya estaban a disposición de *Ratón* y *Pachito,* dos valientes jóvenes de *Bello*, que estaban dispuestos a morir por Pablo y por la paga. Ellos sabían que al matar a Henry Pérez no saldrían con vida de *Puerto Boyacá*. Henry se mostraba mucho en el pueblo y sus paisanos sabían que iba a morir. Se mofaba de Pablo Escobar, su escolta y la protección de las autoridades, le daban confianza. Las declaraciones de Pablo el día de su entrega a la justicia, acabaron de tranquilizarlo. Lo que no sabía el jefe de las autodefensas de *Puerto Boyacá*, era que Pablo Escobar no perdonaba.

Se cuidaba de un carro bomba; nunca se imaginó que *Ratón* y *Pachito* lo tenían en la mira y que sería atacado en su reino. Henry, de dientes para afuera, decía no temerle a Escobar, pero sabía que con el *Patrón* no se jugaba. Su orgullo y ego no lo dejaban internarse en la selva y cuidarse así de su mortal enemigo. Cuando sus escoltas le pedían que se cuidara, decía:

*—Mijo no se preocupe, que ese viejo está acabado.*

El 20 de julio de 1991, a un mes largo de la entrada a prisión de Pablo, Henry Pérez se alista para asistir, en su pueblo, a la fiesta de la *Virgen del Carmen*. La cita para venerar a la virgen es en la iglesia San José Obrero, a las 6:00 p.m. En el día, Henry asiste a la cabalgata en honor a la virgen; el pueblo está de fiesta, los estallidos de la pólvora alegraban el espíritu junto con los bailes y la procesión con la imagen a cuestas. Aunque la fiesta era religiosa, todos miraban a Henry Pérez, su paisano que se atrevió a desafiar a Pablo Escobar.

Lo que no sabía el jefe de las autodefensas era que estaba asistiendo a su última fiesta. Al jolgorio también se hizo invitar la venganza, estaba representada en dos pistolas *Pietro Beretta* 9 milímetros, que portaban *Ratón* y *Pachito*. Henry disfruta del reconocimiento de su pueblo. A las 6:00 p.m., le pide a sus ocho guardaespaldas que dejen los fusiles en una casa a una cuadra de la iglesia y conserven las pistolas en la cintura.

Henry llevaba su pistola *Sig Sauer* con cacha enchapada en oro, que le había regalado el difunto Gonzalo Rodríguez Gacha; medio pueblo la conocía. Evelio, su hombre de confianza va a la iglesia armado. Lo acompaña Marina, la esposa de Henry Pérez y Ariel Otero, el segundo al mando. Los ocho escoltas quedan en la puerta de la Iglesia, ingresan Henry con su *Sig Sauer* en la cintura tapada con la camisa, Evelio con su arma dentro del carriel, su esposa Marina y Ariel Otero, que va desarmado. Se sientan en la primera banca como le corresponde al personaje más ilustre del pueblo, al lado del alcalde de *Puerto Boyacá*.

*Ratón* y *Pachito* entonaban las alabanzas a la virgen junto con Henry. La iglesia totalmente llena de devotos. Los 2 hombres de *Chopo* y *H.H* sabían que su víctima no faltaría a la misa y ellos llegaron primero. A las 6.15 p.m., *Pachito* escoge a Henry Pérez y *Ratón* a Evelio; sacan las pistolas y disparan a quemarropa, el sacerdote interrumpe la misa, la gente grita y corre, los guardaespaldas de la puerta se alertan pero no pueden ingresar por la avalancha de gente que abandona el templo. Ariel Otero se tira al suelo, Marina grita enloquecida, el alcalde corre.

*Pachito* y *Ratón* guardan sus armas y se confunden entre la multitud que corre despavorida. Evelio sobre un charco de sangre yace sin vida; Henry herido, pide que lo lleven a la clínica de las autodefensas. *Pachito* y *Ratón* ganan la puerta de la iglesia pero son señalados como los matones. Los hombres de Henry les disparan, en la confusión se meten a una casa, los escoltas van tras un hombre que huye en una motocicleta, le disparan y cae muerto frente al hotel. Un joven corre despavorido y entra a su casa, metiéndose bajo una cama, allí llega un escolta de Henry y lo mata, ahogando su pedido de misericordia. *Pachito* y *Ratón* se cambian de ropa en la casa y salen hacia la autopista Medellín - Bogotá. El dueño de la casa los delata a la gente de Henry Pérez, estos les dan alcance y tras un breve enfrentamiento los ejecutan. La escolta de Henry va por los fusiles para proteger a su líder. El pueblo está en un caos total.

El médico de las autodefensas, doctor Augusto Ramírez, le dice a Ariel Otero que tienen que llevar a Henry al hospital del pueblo, ya que él no puede hacer nada. El líder de las autodefensas se está desangrando, un tiro le perforó la vena aorta a la altura del estómago. Henry le dice al doctor:

—*No me dejen morir, que yo no me puedo morir*.

Cuando llegan con Henry Pérez al hospital *José Cayetano Vásquez* él ya ha muerto desangrado; así termina la vida del líder de las autodefensas. La noticia estremece el pueblo pero no les extraña, todos sabían que era hombre muerto. Los guardaespaldas van ante los cadáveres de *Pachito* y *Ratón* y les vacían los fusiles en fila, estaban matando dos muertos.

Henry y Evelio son llevados a la morgue del pueblo que queda en el mismo hospital. *Pachito* y *Ratón* son recogidos por la policía con más de 150 tiros cada uno y también llevados a la morgue. El muerto de la motocicleta era el administrador de una finca cercana; al oír los tiros aceleró la moto en prevención de su vida y la gente de Henry pensó que iba a recoger a *Pachito* y *Ratón.* El joven que murió debajo de la cama corrió en busca de refugio al oír la balacera, el miedo lo mató.

Ya no hay nada que hacer; el jefe de las autodefensas del *Magdalena Medio* está muerto. Recibió tres tiros que le quitaron la vida: uno en el pómulo derecho y dos en el pecho. Evelio recibió un solo tiro en el corazón. El velorio congrega a todo el pueblo, Henry y Evelio son expuestos durante el día en el parque de *Puerto Boyacá*, largas filas de dolientes y curiosos pasan frente a los dos féretros. El pueblo despide a su hijo ilustre, lo que no saben es que murió por soplón. A las 4:00 p.m., son enterrados en el cementerio local, junto a la tumba de Pablo Guarín, el hombre que murió por mano suya y recomendación de *El Mexicano*. Henry Pérez y Pablo Guarín, son vecinos de tumba, las ironías de la vida. Un busto es erigido frente a su sepultura. Ariel toma el mando de la organización y frente a las cámaras de televisión acusa a Pablo Escobar del asesinato y lo llama «*Rata asesina*».

Miro al *Patrón* y tiene la mirada dura.

Este escándalo salpica la política de sometimiento. El *Patrón* había roto nuevamente su palabra. Pablo no oculta su satisfacción por la muerte del controvertido Henry Pérez; va a la cancha de fútbol a jugar un partido. *Ratón* y *Pachito* son enterrados por la policía en una fosa común; el dinero le fue entregado por *Chopo* y *H.H* a las dos familias de los valientes jóvenes, quienes nos vengaron de los difíciles días que pasamos en la persecución y de la enfermedad del *Patrón*.

El *Cartel de Cali*, se da cuenta que Escobar sigue guerreando y se preparan para combatirlo. Pronto pasa la bronca del famoso muerto y todo vuelve a la normalidad.

El *Patrón* se levanta más temprano, atiende asuntos de la guerra con los caleños; por el citófono habla sin reserva, el cable aéreo no era fácil de intervenir. Todo el que necesita hablar con él iba hasta la casa del citófono. Si el asunto ameritaba una cita personal, era subido por *Limón* en el camión.

Sigo con mi puesto de secretario y manejo la agenda de Escobar. Cuadro las citas, contesto el citófono y tengo el control sobre el camión. Pablo evita los teléfonos, teníamos encima a los norteamericanos. En las noches de visitas familiares, la chimenea de la celda del *Patrón* era encendida creando un agradable ambiente. El *Patrón* con doña *Tata* y Manuela haciendo bromas; Juan Pablo jugando atari en el televisor, la cocinera preparando deliciosos platillos. El guerrero disfrutando de su triunfo.

El *Patrón* incumple de nuevo su palabra empeñada al gobierno, después que asegura en carta escrita al periódico *El Tiempo* que no administrará tras las rejas el negocio de la cocaína, y que tampoco tendría testaferros en la calle.

Organiza la ruta la *Fany* con *Kiko* y *el Campeón*. Esta ruta por vía marítima, en cada viaje introducía a México diez mil kilos de cocaína y de allí a las calles norteamericanas.

Le pone precio a la cabeza de Ariel Otero, 250,000 mil dólares, y desata una guerra en el *Magdalena Medio*, aprovechando el vacío de poder que ocasionó la muerte de Henry Pérez. *H.H* utiliza esta coyuntura y ejecuta a mandos medios de las autodefensas. Ariel Otero toma la decisión de sacar a los medios de comunicación, por sugerencia del *Cartel de Cali*, el video del soborno al constituyente de las autodefensas.

Esto ocasiona un gran escándalo que mancha la *Constituyente,* la política de sometimiento y el sepultado tratado de extradición. Así nuevamente se demostraba que éste tenía sin cuidado a los mafiosos del *Cartel de Cali*, porque ellos estaban seguros que nunca los tocarían.

Un viejo guerrero se interna en la montaña. Don Ramón Isaza sabe que Pablo es peligroso y no quiere correr la misma suerte de Henry. Se refugia en su gente y está a la defensiva, cada vez que es atacado por la gente de *Chopo* y *H.H* se defiende. Don Ramón es el jefe de las autodefensas del lado de Antioquia, recibia apoyo de Henry Pérez; controla la región de la *Danta*, las *Mercedes, San Miguel, Puerto Triunfo* y *Doradal*. Un hombre serio, leal a su causa y respetado en su zona. Corrige los errores de Henry y deja que al lugar vuelvan los finqueros y el turismo. Se independiza de cualquier vínculo con las autodefensas de *Puerto Boyacá*.

Pablo tenía que acabar con él para retomar el control del sitio. La Fiscalía General de la Nación, en cabeza del doctor Gustavo de Greiff, tiene la tarea de acumular pruebas contra Pablo Escobar y nosotros, por todos los hechos violentos que sucedieron en el país. Un fiscal sin rostro me indaga por el secuestro de Andrés Pastrana Arango y la muerte del procurador Carlos Mauro Hoyos; por orden de Pablo, yo todo niego, hasta allí llega la investigación, no tenían pruebas.

Las fiestas no podían faltar en *La Catedral.* Hermosas mujeres visitaban a Pablo Escobar. En esas ocasiones la chimenea ardía para el placer, la marihuana y la cerveza que acompañaban la velada. Las luces de la ciudad se veían desde la celda del *Patrón.* Cuando la neblina cubría *La Catedral* le daba un halo de misterio; ya no se veía el titilar de las luces de la bella *Medellín*. Pablo, abrigado con su ruana y con la barba crecida se veía más poderoso y peligroso. Era una nueva época dorada para la mafia antioqueña, vuelven los viejos tiempos.

Se mueven tranquilos y esto les da margen para organizar más rutas para el tráfico. Futbolistas de los equipos Nacional y Medellín suben a la cárcel a jugar con el *Patrón* y los demás compañeros. Los partidos eran de dos horas, hasta que el *Patrón* no iba ganando, no paraban.

Escobar recibe mayor número de visitas y el camión sube hasta cuatro veces al día. Un oficial salvadoreño le manda a Pablo la información, que emisarios del *Cartel de Cali* están comprando bombas *papaya* y le detalla las especificaciones. Son unas bombas de 500 libras de explosivos *C-4* y tienen que ser lanzadas por un avión de guerra. Este contacto del oficial salvadoreño lo obtuvo el *Patrón* cuando estuvo intentando comprar los misiles tierra-aire. Escobar se preocupa y toma medidas. Pide permiso para construir unas cabañas cerca de los pinos, dentro del perímetro de la malla. El control de las luces, próximo a la salida de su celda, es apagado en la noche por el vigilante cuando el penal era sobrevolado por un avión. El área de la cárcel y su espacio aéreo estaban prohibidos para el sobrevuelo. Los aviones de la *DEA* sobrevuelan constantemente La Catedral, fotografiándola. Escobar recibe la información que sus conversaciones van a ser grabadas.

Los caleños empiezan a hacer inteligencia al camión y a los carros que suben a *La Catedral;* sujeto que era detectado por la gente del

*Patrón*, era secuestrado y ejecutado. Los caleños compran una finca cerca del penal; *Chopo* les cae y mata tres personas que vivían en ella.

Pilotos de la fuerza aérea fueron tocados por Pacho Herrera, para que bombardearan la cárcel, sin éxito.

Los días domingos el *Patrón* los dedicaba a su familia. Eran días de tranquilidad. Cada uno con su visita, disfrutando de esta época "feliz". Cuando Pablo descansaba, lo hacíamos nosotros. Una pequeña taberna construida por iniciativa del *Mugre* era el lugar de reunión. Música, risas, anécdotas de la guerra y licor eran la constante. Los más animados eran Juan la *Garra* y *Gordo Lambas,* los seguían el *Mugre* y *Tato*. El *Patrón* iba un rato y luego se retiraba, pero no tomaba licor. Las bellas mujeres no podían faltar, *Mugre* y *Oto* los más aficionados a las conquistas femeninas. *Mugre* un hombre inteligente, guapo y cercano al *Patrón,* llevaba su tiempo de prisión haciendo gimnasia y pegado a su computador. Siempre acompañaba a Pablo en sus interminables partidos de fútbol. Por chismes de su municipio *La Estrella*, *Chopo* trata de indisponerlo con el *Patrón* para matarlo, antes de la entrada a *La Catedral*, pero Escobar se impuso y lo evitó. El que si no se salvó fue *Carro Chocao*; el *Chopo* lo mató y después le informó al *Patrón* que estaba robando en las cuentas de la dinamita. A Escobar no le gustó, pero se aguantó, ante la cascada de justificaciones que le esgrimió *Chopo*.

*Mugre* guardaba ésto en el corazón. *Oto* un hombre fiel al *Patrón* y de su total confianza, se dedica al deporte y hace todo lo que le ve emprender a *Mugre* un bandido guapo y mal amigo.

*Tato* se dedica a la carpintería que era su hobby y a servirnos a todos en lo que necesitáramos dentro de nuestras celdas. Valentín Taborda se quejaba de su pierna quebrada el día del rescate de Andrés Pastrana, es un hombre sencillo y leal a la causa de Pablo Escobar.

Jhon Edison Rivera Acosta, alias el *Palomo*, en compañía de Jhon Jairo Betancourt, alias *Icopor* siempre pendientes del *Patrón,* desde que se levanta, hasta que se acuesta; Juan la *Garra* y el *Gordo Lambas* le ponían la nota humorística a la cárcel, buenos tipos y serviciales. Roberto Escobar vive pendiente de su familia, los negocios y sus caballos de paso fino. Muy atento a la seguridad de su hermano y de la cárcel. Gustavo González Florez, llevando una vida de personaje especial, era el compañero de tertulia del *Patrón* en las noches. Un hombre de finos modales, metido en la boca del lobo, se montó en el bus de la victoria. Era un traidor y un cobarde que, más adelante, sería ejecutado en prisión por orden del compañero de largas tertulias, Pablo Escobar.

*La Catedral* no era precisamente un lugar de descanso, sino de trabajo y duro. El *Patrón* estaba reestructurando el *Cartel de Medellín*, llevando el peso de la guerra contra el *Cartel de Cali* y las autodefensas del *Magdalena Medio,* capoteando lo escándalos en la prensa y los problemas domésticos. Pablo tenía paciencia para todo. Sin la extradición encima y el *Bloque de Búsqueda* pisándonos los talones, podía el *Patrón* dedicarse de lleno a reorientar la mafia antioqueña para su beneficio, constituyendo así un elemento de peso que intimidara el posible restablecimiento de la extradición.

El ejército controlaba permanentemente el penal en la parte externa. Disparaban contra los aviones que se atrevían a cruzar el espacio aéreo. Pronto aprendimos a vivir bajo la amenaza de las bombas; siempre vivimos en peligro y uno más, no nos iba a sacar corriendo. El valor y tranquilidad de Pablo Escobar nos contagiaba a todos. Fueron construidas seis cabañas, en la parte alta y mimetizadas con la vegetación; la de Pablo contra la montaña, al lado de la cabaña de Gustavo González; más abajo la de *Mugre* y *Oto*. Seguía la de Roberto y la mía. Entre la cárcel y las cabañas, el *Patrón* hace construir un refugio antiaéreo. Cuando llegaba la noche subíamos a las cabañas y regresábamos a la cárcel de nuevo en la mañana. Era un trayecto de 500 metros.

Un contacto de la Fuerza Aérea le informa a Pablo Escobar que, en la base de *Palanquero*, hay un cuarto especial donde no entra sino personal norteamericano. Allí, en un tablero están detalladas las celdas de cada uno de nosotros y en especial la de Pablo, junto con las nuevas cabañas. Era claro que los gringos tenían sus negras intenciones, pero no había relación entre éstos y las bombas *papayas*. Ahora nos teníamos que cuidar por aire y tierra; el *Patrón* en su salsa, no se inmutaba, ya había tomado las precauciones del caso. Escobar tomaba cualquier situación, por crítica que fuese, con naturalidad. La ley de la compensación la teníamos de frente: la dinamita que fue el arma clave para vencer al Estado, ahora nos amenazaba. De cualquier forma, para nosotros era mas seguro estar en *La Catedral*. Recibo la orden de requisar a todo el que vaya a hablar con el *Patrón*, que no fuera *Chopo, Arete, Taisón y Yova*. Requiso en búsqueda de un micrófono a *Kiko Moncada, José Orejas,* el *Campeón, Mike Ramírez*, Félix Antonio Chitiva y personas que llegaban con ellos. Buscaba algo artesanal, pero estábamos muy equivocados; no tuvimos en cuenta que el enemigo era los Estados Unidos. Once años después, el mismo Félix Antonio Chitiva alias la *Mica*, pregonaba en la cárcel Modelo que él burla la seguridad de Pablo Escobar, al ingresar con un botón y una hebilla de correa acondicionados por la *DEA* como micrófonos.

La *Mica* hablaba de narcotráfico con Pablo Escobar. Este personaje trabajaba para la mafia y la *DEA*. En un apartamento de Bogotá, entrega a la policía, treinta millones de dólares encaletados en un doble muro, de propiedad de sus nuevos patrones, con quienes hizo una gran fortuna. La *DEA* lo tiene protegido en los Estados Unidos, a la espera de una leve condena por narcotráfico. El *Patrón* recibe una mala noticia: su socio y amigo Albeiro Ariza, el *Campeón,* es plagiado saliendo del aeropuerto *Olaya Herrera* de *Medellín*. Al ser informado el *Patrón*, alerta a todos los bandidos sobre el grave hecho y busca hablar con los caleños para tratar de rescatar al *Campeón*, incluso está dispuesto a dar por terminada la guerra con el *Cartel de Cali*.

Su cara mostraba la preocupación. Agota todos los recursos, pero al otro día el *Campeón* aparece torturado y muerto a orilla de una carretera, en el *Oriente Antioqueño.* Un golpe mortal para la mafia y Pablo Escobar Gaviria. Se siente el problema en la cárcel. No me alegro del fin del *Campeón*, así él hubiera conspirado para matarme. El *Cartel de Cali* lo había ejecutado.

El *Patrón* se recupera del golpe y sigue adelante. La cárcel sigue con su vida. Ariel Otero aparece muerto en la glorieta de Puerto Boyacá. El ex-teniente del ejército se había refugiado en el seno del *Cartel de Cali*, después de traicionar el movimiento de autodefensas que heredó tras la muerte de Henry Pérez. Se inventó una negociación con el gobierno, desarma las tropas, entrega parte de las armas y huye a Cali con 100 fusiles *Galil* nuevos, poniendo estas armas en manos de la mafia.

La prensa sindica a Pablo Escobar Gaviria de la muerte del nuevo líder de las autodefensas, pero no salpica al *Patrón,* ya que un helicóptero trajo el cadáver desde Cali, lo dejó en una finca de *Puerto Boyacá* y de allí fue llevado a la glorieta. Los caleños lo mataron, nadie supo por qué. Lo tiraron en *Puerto Boyacá* para echarle encima un escándalo a Pablo Escobar. El nuevo jefe de las autodefensas busca a *H.H* y pide hablar con Pablo Escobar. El *Zarco* le dice al *Patrón* que ellos mataron a Ariel Otero y pide el dinero ofrecido por la cabeza del ex-teniente. Escobar sabe que no es así, pero le paga el dinero para que él tome el control de la zona y vaya contra don Ramón Isaza. El *Zarco* sale de *La Catedral* con una orden de 250,000 dólares y aliado con el *Patrón*. Los socios del *Zarco*, *Santomano* y *Policía* están de acuerdo.

Por intermedio de un visitante de Gustavo González, me llega una nota de Ángela María Morales, con un número telefónico y pidiéndome que la llamara. La nota me gusta, se trata del amor platónico de mi juventud. Aprovecho que Roberto Escobar había llevado un teléfono móvil y la llamo.  A los dos días estaba en la cárcel la bella Ángela María, la mujer que nos hacía suspirar a todos cuando el mafioso de moda la paseaba por la ciudad como un trofeo.

Reina de belleza, modelo. Toda una hembra. Sin pensarlo estaba involucrado sentimentalmente con la imponente mujer. El *Patrón* se burlaba de mí al verme otra vez enamorado. Yo había prometido no volverme a involucrar con mujeres de la mafia, pero Ángela me borró ese pensamiento con su presencia. El destino la tenía para que me diera a mi único hijo, *Mateo*. Ya con un hijo de un mafioso de Bogotá llamado *Tatin* y con 31 años de edad, parecía encaminada en la vida. *Tatin* fue asesinado en Bogotá en un lío de mafia y Ángela regreso a Medellín. Una mujer exactamente igual a Wendy, pero blanca.

Recibíamos visitas de control del *INPEC* y cuando había mucha gente los llevábamos a una pieza, debajo de la celda del *Patrón*. Un pequeño oso es llevado a la cárcel como regalo de su padre, para Manuela.

Los americanos comienzan una campaña contra Escobar, diciendo que sigue delinquiendo desde el penal, que los grandes capos están en la calle, que el sometimiento es una farsa. Los estadounidenses saben que para poder implantar de nuevo la extradición en el país tenían que acabar con Pablo Escobar.

*Orejitas* se desencuaderna y se le sale de las manos al *Patrón*. *Arete,* quien lo llevó a la organización, informa a Pablo y éste le pide a *Chopo* que lo mate.

Cada vez que se embriagaba con licor, asesinaba personas sanas del barrio *Aranjuez*. Estaba comprometido con un secuestro que no le había sido reportado al *Patrón*. Así muere Jhon Dennis Giraldo Patiño, alias *Orejitas*, un niño en las lidias de la mafia quien, a sus 16 años de edad, no pudo controlar sus ganas de matar.

*Taisón* es citado al penal para cerrar el operativo contra José Santacruz en la *«novillera»*, allí se estaba hablando de una gran masacre. Fotografías aéreas a mano, con un informante listo en un caserío cercano a la «novillera» para que avise por radio, cuando el jefe mafioso llegue a su Hacienda, todo listo. El *Patrón* analiza todas las posibles salidas de escape de la casa principal y le recomienda a *Taisón* como coparlas. Las fotografías son dejadas en la cárcel, para enseñárselas a *Kiko Moncada*. Al otro día sube *Kiko* y el *Patrón* le cuenta el plan a su socio de guerra, pero le cambia algo, le dice que el informante tenía una pequeña fábrica de dulces.

Le toca arreglar un problema domestico al jefe de la mafia. La mujer de *Chopo,* con la que tenía dos hijas, se consigue un amante. Ana lo convence de conseguir dos matones para matar al *Chopo*, cuando vaya a visitarla. El amante, sin experiencia, busca los dos primeros matones que le recomiendan y toca a dos hombres de *Yova*; éste sube de afán al citófono, el *Patrón* me ordena que lo haga subir con el *Limón.*

Lo que no sabía el amante de Ana, era que al mero hecho de mencionar al *Chopo*, todos los bandidos de la ciudad sabían de quién se trataba. Pablo cita al *Chopo* con urgencia y le cuenta la triste historia. Éste rabia a más no poder, pero Escobar estaba cuidando a su amigo y hombre que lleva la parte militar del *Cartel de Medellín*.

*Chopo* va con las pruebas que le da el *Jefe* donde su mujer; la obliga a citar a su amante y después de una gran golpiza de bandido y matón ofendido en su hombría, descarga su pistola sobre el iluso casa fortunas. Ana sólo se lleva una gran golpiza que la deja de cama; la salvan sus dos preciosas hijas.

Pablo, al estar en el lugar donde le podían escribir, recibe correo de Cali, de personas que se ofrecen para guardar bandidos en sus casas y datos de enemigos. A todo le pone cuidado, le llega una carta de una señora que le pide un carro nuevo, una casa y 50,000 dólares, para vivir sin afanes; llegan Biblias, cartas del extranjero, como la de un banquero que ofrecía su banco para manejarle el dinero. Con el correo teníamos especial cuidado, ya que una carta bomba era muy factible.

Una noche se activan las señales colocadas por el ejército, cerca de la cabaña del *Patrón,* una luminosa luz delata un grupo que intentaba ingresar a la cárcel; el ejército hace su trabajo, los guardias municipales se alertan. El *Jefe* saca su pistola, nosotros con los ojos bien abiertos. Los intrusos aprovechan el cobijo de la noche y huyen. El *Patrón* tenía de nuevo una pistola, no pasó mas de dos días sin ella. Reemplaza rápidamente la que entrega al Estado; el gobierno pensaba que tenía la pistola de Pablo Escobar, sólo tenía una de ellas.

Hay noches en que la neblina es más fuerte, es un buen regalo de la naturaleza para darnos buenos sueños; los vigilantes, al primer indicio de sobrevuelos apagaban las luces de la cárcel. Ángela sube constantemente y duerme en el penal, nunca le dije que estábamos amenazados de bombardeo.

Pablo acosa a *Taisón* por el ataque a la *«novillera»*, éste le informa que el *Capo* no volvió por la hacienda y que él lo tiene ubicado en una finca en *Buenaventura*. Escobar ordena que lo ataque. Esa noche se queda pensando y en la mañana me pide que ubique a *Taisón* urgente; hago uso del teléfono y lo localizo, el *Patrón* me pide que le pregunte más o menos cuantos años tiene Santacruz. Sesenta contesta *Taisón* y agrega, cojea de la pierna derecha. Es el padre que tiene el mismo nombre de José Santacruz Londoño. Pablo para en el acto el operativo. Donde *Taisón* hubiera matado al padre de don *Chepe,* hubiera sido como entregarles una licencia, para que mataran a la familia de Pablo Escobar. A los 20 días llega *Taisón* con la noticia de que en el caserío estaban indagando por una dulcería, hombres armados de don Chepe. El único que tenía el dato de la dulcería era *Kiko Moncada*; a otros socios de la guerra, como *José Orejas* le dijo que era una panadería. Esto lo hizo el *Patrón* ante varios operativos fallidos contra los caleños, que sabían sus socios. No había duda, *Kiko Moncada* era el delator.

El 1º de diciembre llega el cumpleaños del *Patrón;* éste celebró sus 42 años de edad, en familia. Van a la cárcel a felicitarlo sus bandidos: *Cuco, El Gato,* en silla de ruedas; *Arete, Chopo, Yova, Taisón, Cuchilla, Jorge Avendaño el Cocodrilo,* entre otros. Los que estábamos con él, cerramos el grupo, junto con su familia. Compartió con nosotros, se habló de todo, menos de la guerra. Fue un día feliz para Pablo Escobar Gaviria.

El 24 de diciembre, doña *Tata* lleva un buffet para todos y doña Hermilda, la mamá del *Patrón*, llegó con buñuelos, natilla y hojaldras. Pablo toma un buñuelo, partiéndolo en dos le unta caviar y lo come sin recato; de reojo me vio y le dio risa. Me le acerqué y tomándole el pelo le dije:

*—Patrón, esto lo voy a poner en el libro, cuando escriba la historia del Cartel de Medellín.*

Me mira serio y me dice:

*—Los muertos no escriben libros.*

Y se fue a su celda.

A Pablo Escobar no le gustaban los libros; sólo hizo un libro con todas las caricaturas que salían de él en los periódicos y revistas. Publicó una edición limitada, de lujo y lo regalaba a sus amigos, con dedicatoria. Yo disfrutaba a mares de mi nueva conquista, fue una bonita Navidad.

El *Zarco* es ejecutado en el *Magdalena Medio* en la purga interna de las autodefensas; después muere *Santomano* y el *Policía*. Con esto se esfuman las esperanzas de Pablo para retomar el control de la región. Pero sigue en la guerra contra don *Ramón Isaza.* El *Grupo Elite* de la policía que todavía patrullaba la zona, se presta por una fuerte suma de dinero, para matar al viejo guerrero; en una cita pensaban dispararle un rocket, pero don Ramón no la cumplió.

Contesto una llamada del citófono, era *Yova;* le paso al *Patrón*, terminan de hablar y me cuenta:

*—Ubicaron al capitán del B-2 del ejército, socio de doña Wendy.*

Dice con sorna. Vía citófono, el *Patrón* ordena que lo maten.

El capitán muere en una cita, en busca de datos de *Chopo*. Allí quedaba totalmente cerrado y enterrado el capítulo de Wendy.

Una nueva mala noticia llega al *Patrón*. En Cartagena y con complicidad de oficiales de la Armada Nacional, matan a Jairo Mejía alias *J.M*, socio en la guerra contra el *Cartel de Cali* y el Estado, viejo amigo de Envigado.

Un nuevo golpe de los caleños, que también le dolió a Pablo Escobar. Lo que más le afectaba era no haber podido golpear la estructura de la cúpula del *Cartel de Cali*. A esta altura de la guerra el *Cartel de Cali* le había matado al de *Medellín* a: *El Mexicano, Mario Henao, Gustavo Gaviria, el Campeón, Jairo Mejia, Pinina, el Negro Pabón, Ricardo Prisco Lopera, Chirusa, Merengue*, numerosos mandos medios y centenares de bandidos. Era una guerra perdida de principio a fin por *El Patrón*.

Un escándalo sacude la cárcel; un oficial del ejército autoriza la entrada de un famoso arquero de fútbol, René Higuita. La prensa potencializa el escándalo y le cuesta el puesto al director del penal Jorge Pataquiva; si René Higuita hubiera entrado en el camión, no hubiera pasado nada.

Recibe el penal, como nuevo director, al coronel retirado del ejército Homero Rodríguez, un hombre honesto y místico en su trabajo, fue jefe de seguridad del presidente Cesar Gaviria; nos cuenta que él fue quien no dejó, al candidato César Gaviria, subir al avión de Avianca, el día que explotó en el aire. Un día se enojó porque una revista de circulación nacional, lo tildó de loco. El *Patrón* lo llamó y le dijo que a los inteligentes siempre los tildaban de locos.

El *GOES* de la policía mata a Jaime Eduardo Rueda Rocha en *Honda, Tolima*, este hombre se había vuelto aliado de los caleños; el *Patrón* celebra la muerte del asesino de Luis Carlos Galán Sarmiento, son cosas de la guerra...

La cárcel cada día tiene mayor afluencia de personas, entre más duro le daban al *Patrón,* más trabajaba. Me llega la preclusión por la investigación de la muerte del Procurador Carlos Mauro Hoyos, desvinculándome la Fiscalía de este magnicidio. Un mafioso apodado *Primerazo,* trabajador de *Kiko Moncada*, secuestra con el *UNASE* (Unidad Anti Extorsión y Secuestro) de la policía a la mamá de *Yova*. El mafioso utiliza los policías contra la mamá de *Yova* para canjearla por un hermano que le tenían secuestrado a *Primerazo* y éste creía que estaba en poder de *Yova.* El *Patrón* manda un emisario donde los policías y los obliga a ir a *La Catedral*. Va uno de los policías que secuestró a la señora, habla con el *Patrón*, se aclaran las cosas y es liberada la madre de *Yova. Primerazo* era famoso en *Medellín,* por una mala jugada del destino. Tenía unos amigos matones y un día descubrió que una de sus dos mujeres le era infiel, se distanció de ella y se dedicó a la buena. Un buen día le pidió a sus amigos que le mataran a la infiel, pero no les especificó bien, cuál de las dos era. Estos le conocían a ambas mujeres. Saliendo de una discoteca, vieron fácil a una de sus mujeres y la asesinaron. Fueron a cobrar el dinero y se encontraron con la sorpresa que habían matado a la buena.

Luego del fallido secuestro de la madre de *Yova, Primerazo* huye de la ciudad y se esconde cerca de Bogotá; uno de sus hombres lo vende y es ejecutado por matones de Medellín.

*Kiko* le informa al *Patrón* que la *Fany* había sido interceptada por las autoridades en Estados Unidos. Pablo hace sus propias averiguaciones y le informan que la cocaína está en *Los Ángeles* y está siendo comercializada. El *Patrón* recibe otra información de que los caleños están tocando gente del ejército, para que le den entrada a un francotirador al perímetro de la cárcel que ellos controlan, para matarlo. El *Cartel de Cali*, no descansa, los sobrevuelos de aviones se hacen más constantes.

Pablo no se cohíbe de moverse en el penal por el dato del francotirador y continúa su rutina normal, jugando fútbol, moviéndose de la cárcel a las cabañas, saliendo al parqueadero a despedir su familia.

El destino estaba marcado para Gerardo Moncada, alias *Kiko Moncada* y el *Cartel de Medellín.* En un cruce de cuentas con su amigo, socio y compinche, se crea la enemistad entre los dos personajes; ésto unido al detalle del caserío cerca a la «novillera» y lo de la *Fany*, lleva a Pablo Escobar Gaviria a cometer su más grave error y va contra su viejo amigo que comenzó en el tráfico de las drogas haciendo caletas en automóviles, para el transporte de droga. En el taller de *Kiko* se conocieron los dos hombres.

Pablo utilizaba los servicios del hábil mecánico *Kiko,* un hombre de 38 años, con presencia simple, de ciudadano común. No usaba joyas, no mostraba su dinero, ni presumía de él. Su delgadez le daba una apariencia de indefensión. De tez blanca, 1.75 metros de estatura, amable y servicial. Un trabajador sin descanso, un industrial del tráfico de drogas. A todos los más cercanos a Pablo Escobar nos ayudó económicamente y nos prestaba automóviles o escondites, sin preguntar nada. *Kiko* incursiona en el tráfico de drogas y se convierte en el mayor traficante de la ciudad. Pablo lo protegía militarmente y éste lo socorrió financieramente en los momentos más críticos de la guerra contra el Estado, cuando el efectivo se le agotaba a Escobar. En una oportunidad, cuando ya se avizoraba el arreglo con el gobierno, el *Patrón* se enamoro de un lote, en la loma del *Chocho*, para construir su casa, cuando saliera de prisión. Pero no tenía liquidez; *Kiko* lo supo por tercera persona y le envió los tres millones de dólares que costaba el lote. Mantenían una deuda simbólica de cinco mil dólares que le prestó *Kiko* al *Patrón*, cuando comenzaron. Ni pablo se la pagaba, ni *Kiko* se la cobraba. La que si era voluminosa era la deuda de treinta millones de dólares que disminuía o aumentaba, según el dinero que pidiera Pablo.

Cuando la *Fany* llegaba a las calles de los Estados Unidos, *Kiko* le daba parte de las ganancias al *Patrón* y abonaba el resto a la deuda. A la hora que fuera, que el *Jefe* necesitara uno o dos millones de dólares, *Kiko* se los facilitaba sin ningún problema. En varias ocasiones escondió al jefe del *Cartel de Medellín* en su infraestructura. Pablo Escobar olvida todo esto y le ordena al *Chopo* que le ponga una cita a su amigo y lo mate.

El *Chopo* lo cita en una casa de *El Poblado*, lo amarra y le pide una suma astronómica de dinero. *Kiko* no comprende como su gran amigo, ordenaba secuestrarlo *Chopo* le notifica lo de la *«novillero»* y lo de la *Fany*, éste niega todo y pide hablar con Pablo Escobar. *Kiko* le entrega a *Chopo* 5 millones de dólares, que tenía en manos de un empleado y le dice que el dinero grande lo tenía en Bogotá. *Taisón, Arete, Comanche*, y todos los bandidos leales a Pablo, tras la infraestructura económica de los Hermanos Moncada. *Chopo* mata de un disparo en la cabeza a *Kiko Moncada* y va por su hermano William. Lo saca de la oficina, junto con 20 bandidos y lo lleva a *Sabaneta* a una finca de Pablo. Allí lo pone a firmar unos papeles en blanco y lo mata en el acto. *Yova* estaba en un viaje de placer. *Chopo* y demás van por las propiedades de los Moncada, automóviles, ganado, acciones, dinero, aviones, helicópteros. Secuestran a los contadores, y van por los socios y amigos. Los cadáveres aparecen en las calles de la ciudad. La matanza fue corta pero definitiva. Pablo retoma el control de la *Fany.*

En el *Cartel de Cali*, se reúne con urgencia José Santacruz Londoño, Helmer Herrera Buitrago, Miguel y Gilberto Rodríguez Orejuela. Como buenos cazadores saben que el *Patrón* está listo para caer. Aprovechan sus conexiones políticas con la *DEA* y la Fiscalía. Llevan la familia de los muertos ante el Fiscal General de la Nación, Gustavo de Greiff, a denunciar la muerte de sus seres queridos y el robo de la fortuna.

Un socio de los Moncada que se salvó de la vendetta. Mike Ramírez, va a *La Catedral* y se le fila a Pablo Escobar, su frase fue:

—«A rey muerto, rey puesto».

Escobar confía en Mike Ramírez y le da detalles de la matanza. Los caleños abordan a Mike y éste acepta ir a la Fiscalía y contar todo. Una avioneta sobrevuela la ciudad de Medellín arrojando volantes denunciando la matanza. Era una estrategia bien montada para desvirtuar al *Capo.*

La *DEA* entra en escena y presiona al gobierno, con la embajada, por los malos manejos que Pablo le esta dando a *La Catedral.* Una gran cantidad de dinero se derrama sobre gente del gobierno por parte de los caleños. Uno a uno, van quitándole gente al *Patrón* y llevándoles a sus filas. Los contadores y gente de *Kiko* van hacia las toldas de los caleños.

*La Catedral* toma un movimiento más fuerte, el *Patrón* trabajando duro, tratando de parar la bronca, se levanta a las 8:00 a.m., y comienza a atender a las personas que subía *Limón* en el camión. Yo cuadrando las citas y pasándole en orden la gente.

El Fiscal General recibe la visita de un delegado del *Cartel de Cali*, con más denuncias a mano.

## *Capítulo XXXIII*

# *El éxodo*

El doctor Gustavo de Greiff es convencido de que Pablo Escobar sigue traficando, matando y manejando el *Cartel de Medellín* desde la prisión. Con el testimonio de *Mike*, con la familia de los muertos y la visita del delegado de los caleños, el Fiscal no lo piensa más y va donde el Presidente de la República.

La policía presiona por su lado. El trabajo del *Cartel de Cali* llega a los medios de comunicación. «Pablo Escobar Gaviria no cumple». La prensa pasa su cuenta de cobro por la muerte de Guillermo Cano, el atentado a *El Espectador*, el secuestro de Diana Turbay, la muerte de Jorge Enrique Pulido, el atentado dinamitero al periódico *Vanguardia Liberal*, el secuestro de Francisco Santos y el miedo que los aprisiona durante tantos años, lo desatan contra Pablo y *La Catedral*.

El 22 de julio de 1992 el día comienza como siempre. Llega el camión con la mujer de Guido Parra y tres personas más; el *Patrón* los atiende. A las 8:30 a.m., el Coronel del ejército encargado de la policía militar y la seguridad externa, habla con el Capitán que tiene el control de la puerta de la cárcel y se va. Pablo es informado y vamos donde el Capitán. El *Patrón* le pregunta que a qué se debió la visita del Coronel, si nunca subía; el Capitán le contesta con evasivas y mentiras.

Pablo se devuelve al interior del penal, sabe que el militar anda en algo oscuro. A las 10:00 a.m suena el citófono, avisan que diez camiones suben hacia la cárcel, llenos de soldados. A las 10.20 a.m llega el General del Ejército Pardo Ariza, comandante de la 4ta brigada, hasta la puerta del penal. El *Patrón* se alerta y espera a ver qué decisión toma el General. El director de la cárcel se encontraba en Bogotá, la cárcel estaba bajo el control interino del sargento de prisiones Mina. El General va a una parte alta y con binóculos en mano, mira la cárcel. La mujer de Guido Parra y los tres hombres, no son visitas autorizadas y ante la inminente entrada del ejército, el *Patrón* me ordena que hable con los soldados que tienen el control en la parte externa, para que dejen salir a la mujer y los tres hombres. Estos no ven problema, ya que es sano para todos que, en un registro no aparezcan visitas no autorizadas. Con una escalera y después de quitarle la energía a la malla, salen del penal los visitantes. A las 11:30 a.m., el general instala dos ametralladoras M-60 apuntando hacia el penal y comete su primer error: retira toda la tropa que conocía el área y la reemplaza por soldados profesionales acabados de llegar de Bogotá. Llama la atención de Pablo que algunos llevan silenciadores en sus armas.

A las 3:20 p.m llegan el Director de Prisiones Coronel Navas Rubio y el viceministro de justicia doctor Eduardo Mendoza, acompañados del Procurador Regional. Vía citófono el *Patrón* habla con el Coronel Navas pidiéndole que entren al penal y hablen sin problemas. En la garita de la puerta había un citófono, conectado a uno dentro del penal.

El Coronel y el Viceministro no ven problema en ingresar y comienzan a caminar hacia el interior de la cárcel. El *Patrón* ordena:

*—Usted Popeye, con Palomo, lleve el viceministro a una pieza y yo me encargo del Coronel Navas.*

Ya tenemos en nuestro poder las armas de los guardias municipales. Entran al área de celdas y los tomamos con fuerza; ellos se sorprenden al vernos armados. *Palomo* y yo cumplimos con lo que nos ordena Pablo, éste se lleva junto con *Oto* al Coronel, los dos funcionarios se miran y no dicen nada.

El Vice-Ministro sube la voz y pide respeto para su investidura, le monto una ametralladora *Uzi* y se la pongo en la cabeza, hasta ahí le llegó su orgullo y le digo:

*—Doctor no se preocupe, que mañana a esta hora nos estarán enterrando a los dos.*

Éste ruega por su vida como un niño asustado. Se habían metido a la boca del lobo. Escobar le pregunta al Coronel a qué venían y éste le contesta:

*—Venimos a cambiar la guardia por soldados.*

No le dice nada y va hacia donde teníamos al Vice-Ministro y le hace exactamente la misma pregunta, obteniendo la siguiente respuesta:

*—Venimos a trasladarlos para la 4ta brigada del ejército.*

La contradicción de los dos funcionarios le da la idea al *Patrón* de que venían a matarnos. Si los dos funcionarios tenían versiones encontradas, las reales órdenes las tenían los soldados profesionales, llegados de Bogotá. Era un círculo cerrado, ni el mismo General Pardo Ariza sabía lo que iba a pasar; la información estaba compartimentada.

Sólo un pequeño grupo de fuerzas especiales tenía la orden del Presidente de la República, en buscar un enfrentamiento con Pablo y matarnos a todos.

En ese momento Pablo Escobar recuerda una información que le había llegado meses atrás de su inteligencia infiltrada en el Palacio de Nariño, cuando supo que el Presidente Cesar Gaviria se había reunido con un grupo de Generales de la República, Álvaro Gómez Hurtado y Julio Mario Santodomingo y se había tomado la decisión de matar a Pablo Escobar. Esto fue exactamente después del incidente de la explosión del avión de Avianca.

Pablo Escobar ordena le traigan un teléfono y se lo pasa al Vice-ministro Mendoza; con voz seca le dice:

—*Márquele al Presidente.*

El doctor Eduardo Mendoza obedece en el acto, mientras nos mira de arriba a abajo. Marca al Palacio de Nariño, le contesta el Secretario del Presidente Miguel Silva. Mendoza inmediatamente pide hablar con su superior, Silva le contesta que el gobierno no lo ha autorizado a él y al Coronel Navas para ingresar al interior del penal, que ya estaban listos los Decretos de destitución de los dos y le cuelga el teléfono.

Mendoza palidece y Escobar se aleja. Ante el secuestro de los dos altos funcionarios estatales, más tropa comienza a llegar al penal. Todos toman posiciones, pero no avanzan sobre la cárcel.

El General está en aprietos para asegurar el minúsculo lugar, ya que no deja ni los guías cuando retira la tropa que llevaba quince meses en el área. El único que conoce la zona perfectamente es Pablo Emilio Escobar Gaviria.

Ya caía la tarde entre consulta y consulta, la noche se asomaba. Al General lo tranquilizaba que tenía rodeada la casa-cárcel con más de 200 hombres. De la casa no nos atrevíamos a movernos; tres millones de dólares escondidos en un mueble en la cabaña del *Patrón*, no le preocupaban; sólo los documentos que reposaban en la mesa de noche, sobre la guerra con el *Cartel de Cali*.

El *Patrón* toma la decisión de lanzarnos a la fuga.

—*A las 11:00 de la noche, que baje la neblina, nos vamos.* Ordena.

El Coronel Navas se comporta como todo un militar, sólo decía:

—*Nos van a matar a todos.*

Se desanuda su corbata, se desabotona la chaqueta y espera sentado, como quien aguarda su ejecución.

El Vice-ministro entra en pánico, habla una cosa y la otra, se comporta cobardemente.

La operación del Gobierno es tan perfecta, que les sale mal.

La gente del *Patrón* en la ciudad sabe de la fuga y está alerta. Los guardianes nacionales permanecieron en las garitas de vigilancia y en sus alojamientos. El ejército trae más equipos, se les ven sus visores nocturnos, traen demasiadas cosas. Los soldados nos respiran en la nuca, les oímos sus conversaciones de los radios, están desubicados, la noche los sorprende sin conocer el área.

El *Patrón* ríe y hace la gran lista:

*—Mi hermano Roberto, Gustavo, Mugre, Oto, El Palomo y Popeye se van conmigo, el resto se queda con los secuestrados.*

Los que se quedan, se miran entre sí, pero una orden es una orden.

Llegan las 10:45 p.m. La neblina empieza a cubrir *La Catedral* como nunca, el destino la guía con su mano, no se ve a más de cinco metros. A las 11:00 p.m, los escogidos y el *Patrón*, nos reunimos al lado de la malla. La electricidad de la malla es desconectada por un guardián municipal apodado *el Perro*. Salimos en el más completo silencio, muy cerca se oyen los soldados.

El *Patrón* adelante, la salida es perfecta. Nos deslizamos por una pendiente hasta salir del perímetro de la cárcel. El reflector ahogado por la neblina, se vislumbraba a lo lejos; el ejército estaba cubierto por la neblina, su potente reflector no les servía de nada.

Caminamos con extrema dificultad, cayéndonos a todo momento, pero avanzando. Vamos hacia Envigado, Roberto protesta y dice que es una locura, que nos dirijamos hacia la montaña. Pablo dice de nuevo, vamos a *Envigado* y jalona el grupo. El *Patrón* sabe de sobra lo que pasaba cuando nos internábamos en la montaña y además nadie soñaría que vamos a la ciudad. Las luces guiaban al *Patrón*, nosotros detrás en completo silencio. No teníamos persecución encima.

Llegamos a las cinco de la madrugada al barrio *El Salado* de *Envigado*, apenas entrando, se va la luz. Fuimos a la casa de los difuntos *Trinos,* el *Patrón* conocía al viviente. La entrada fue perfecta, no nos podíamos dejar ver de nadie. Un solo pitazo a las autoridades y en la casa moríamos todos. El destino nos protege y el racionamiento de luz de la ciudad, que comienza a las 5:00 a.m.

El *Patrón* asegura la casa, nadie sale, nadie entra; nosotros vigilamos. Pablo se acuesta a dormir. El hijo de Roberto Escobar, Nicolás, suelta la noticia que estamos dentro de un túnel, en la cárcel con alimentos para un mes. El ejército se tranquiliza, ya que supuestamente nos tienen rodeados.

Desde el patio de la casa se ve a lo lejos *La Catedral*, enclavada en la montaña. Comienza el sobrevuelo de helicópteros sobre la cárcel, a las 6:45 a.m, el general Pardo pide la presencia del sargento Mina, el encargado del penal. Cuando el sargento se aproxima a la puerta principal de ingreso al penal, los soldados profesionales y encapuchados, lo matan. Esta es la prueba reina de que venían a matarnos.

Ingresa a *La Catedral* un espectacular operativo con detonaciones y tiros de alerta. Van a la celda del *Patrón* y rescatan al coronel Navas y al Viceministro Mendoza, que fueron llevados allí por *Icopor* y los compañeros. Reducen a los muchachos y van a ubicar a Pablo Escobar Gaviria; lo buscan en todas las celdas y en las cabañas. Registran la cocina y cuanto lugar posible de ocultarse es cateado.

El Presidente de la República pendiente del operativo, listo para dar el anuncio por televisión de la muerte de Pablo Escobar. Los helicópteros peinan la zona en nuestra búsqueda. Su única esperanza de encontrarnos era el famoso túnel o los helicópteros. El día avanza y el operativo se hace más fuerte, más tropa ingresa a la zona.

El *Patrón* le pide al viviente que salga y llame a *Arete* y José Fernando Posada, les da los números y a las dos horas, estaban los dos en la casa de *Los Trinos*. Aguantamos hasta las 3:30 p.m en la casa, el *Patrón* da la orden que salgamos hacia la montaña y vamos por ésta hasta la *Pesebrera*.

*—Al no encontrarnos en la cárcel el operativo será gigantesco.* —Vaticina el *Patrón*.

Pablo da la orden que nos dividamos. *Arete* y José Fernando salen por donde entraron con Gustavo González, Roberto Escobar y *Tato*. *Arete* recibe el encargo que le lleve un teléfono móvil a Pablo a la *Pesebrera*. Vamos caminando a campo traviesa rumbo a la *Pesebrera*, como siempre el *Patrón* adelante con ánimo y fuerza. Vuelve y juega, estamos de nuevo en conflicto, la situación es preocupante pero no desesperada, nuestro líder estaba firme y en pie de guerra.

El *Cartel de Cali* había triunfado, lograron sacarnos de *La Catedral*. Llegamos a las 8:10 p.m a la *Pesebrera*; allí estaban cuatro muchachos de *Yova*, cuidando un secuestrado de la guerra contra los caleños. Los muchachos se alegran de vernos y le informan al *Patrón* del secuestrado, un hombre joven, delgado y muy pálido que nos miraba con terror, no le quitaba la mirada a Pablo. Amarrado de pies y manos nos oía conversar. Delante del pobre diablo el *Patrón* les ordena que lo saquen y lo maten. El secuestrado agacha la cabeza y comienza a orar.

El *Patrón* ordena:

*—Nos separamos, Popeye va conmigo.*

*Mugre, Oto, y Palomo* por su lado; los muchachos de *Yova* salen del escondite, sólo queda el viviente. Dos carros que están en la Pesebrera son utilizados por *Oto, Mugre* y los demás. Sacan el secuestrado a rastras y lo meten al baúl de uno de los carros. El pobre diablo se orina en los pantalones y calla. El *Patrón* camina, va y mira la salida hacia la montaña y regresa. Yo vigilo la carretera, prende su pequeño radio transistor, se lamenta de la linternita. Su tranquilidad es pasmosa.

A las 9:20 p.m llega *Arete* con el teléfono; le abro la puerta y vamos a ver el noticiero. La televisión sólo se ocupa de *La Catedral*. El Vice-Ministro Eduardo Mendoza se vende como un gran héroe y relata la gran hazaña de cómo había manejado la situación y al final remata:

—*Yo soy el único que después que Popeye, me monta una ametralladora en la cabeza, sale vivo.*

Pablo Escobar al ver en las noticias que habían matado al Sargento Mina dice,

—*No nos equivocamos al salir, nos iban a matar, la muerte del sargento era el detonante para matarnos; después seguían el Coronel y el Vice-Ministro y después nosotros.*

Ante el mundo iban a decir que nosotros ejecutamos al sargento Mina, al Coronel Navas Rubio y al Vice-ministro de Justicia y en el enfrentamiento habíamos muerto a manos del ejército, remata Pablo:

—*Popeye nada raro que después mataran dos o tres soldados para legitimar la operación. Por eso se demora tanto el operativo, el Gobierno Colombiano buscando el apoyo del Gobierno Norteamericano y planeando el jaque-mate al Cartel de Medellín...*

Nos despedimos del *Arete* y partimos hacia una casa que queda a veinte minutos a pie. Allí estábamos al descubierto con vista sobre la ciudad, incluso veíamos *La Catedral* y el sobrevuelo de helicópteros, que era constante.

El *Patrón* toma la decisión de sacar un comunicado donde nos adjudicamos el secuestro de los dos funcionarios y denuncia el rompimiento de los acuerdos por parte del Gobierno. El comunicado decía:

«Pablo Escobar Gaviria y Jhon Jariro Velásquez Vásquez, nos adjudicamos la retención del Vice-Ministro de Justicia y del Director de Prisiones, Coronel Navas Rubio, lo hicimos para preservar nuestras vidas».

Firma el *Patrón* con huella y a continuación lo hago yo, también con huella. Ese día me sentí muy orgulloso de firmar al lado de un hombre como Escobar.

Vía telefónica cito al *Arete* en la *Pesebrera* y le entrego el comunicado. Con el comunicado al aire, el ejército sabe que Pablo va lejos y que fueron burlados. La noticia de nuestra fuga estremece al país. El presidente sabe que la oleada terrorista que se viene es brutal. Un Pablo Escobar más peligroso y sin nada que perder se movía de nuevo en libertad.

El General Pardo Ariza va a los medios de comunicación y con una cartelera explica cómo nos fugamos; era risible su explicación, el *Patrón* se reía a carcajadas. El General decía mostrando el papel:

*—Por este agujero huyó la alimaña y sus secuaces.*

El alto militar, nunca habla de los 3 millones de dólares en billetes de 100, que estaban escondidos en el mueble del televisor de la cabaña del *Patrón* y de 220.000 dólares de la caja menor, que estaban a la mano.

Con la cantidad de ejército que había en el operativo, si se toman de las manos, rodean tres veces *La Catedral.*

Detienen al Sargento Joya del ejército y lo sindican de que antes de ser relevado de su puesto, le permitió la fuga a Pablo Escobar vestido de mujer. El General Pardo hasta las 6:00 p.m, supo de los movimientos de Pablo dentro del penal y no hizo nada por su sargento, sabiendo que era inocente. Sólo quería salvar su responsabilidad, filtró la noticia a los medios que se había vendido por una olla con arroz. Con un superior así, para qué enemigos.

El *Patrón* prende el teléfono y habla con su mujer, por espacio de 15 minutos. Una avioneta comienza a sobrevolar el valle de *Aburrá*, como se le llama al centro de *Medellín* y sus alrededores, el *Patrón* apaga el teléfono, ve la avioneta y sabe que nos están rastreando. Espera una hora, vuelve y le marca a su mujer y habla con Juan Pablo y Manuela; la avioneta aparece de nuevo y esta vez, sobre nuestra casa.

Escobar sabe que nos ubicaron, me pide que nos alistemos por si acaso, me encarga no dejar el teléfono; es la 1:30 p.m, yo vigilo entre unas plataneras, hacia la *Pesebrera*. A las 2:40 veo subir, a unos 3 kilómetros un grueso número de soldados. Alerto a Pablo, va mira y sólo dice:

*—Si nos tuvieran tan ubicados, tendríamos los helicópteros encima.*

Salimos de la casa caminando a una carretera interna del acueducto, cuando ganamos la montaña, saltamos el alambrado de púas y de frente a menos de 15 metros, 3 camionetas llenas de civiles armados:

*—La DIJIN,* —dijo el *Patrón*, *—y nos vieron*.

«Retrocedimos por debajo del alambrado de púas y caminamos duro hacia unas pineras, ya los soldados llegaban a nuestra casa. En una pequeña cañada nos mimetizamos. Por todas partes había tropa, estábamos rodeados. De lejos se oían los helicópteros pero cerca a nosotros no; llegaron las 3:50 p.m., ese día sí pensé que de esa no salíamos, donde lleven perros nos encuentran.

«En la casa no demoraron mayor cosa y salieron en "operación rastrillo" a todas las casas campestres del sector. Escobar saca su pequeño radio y se pone a oír un partido de fútbol que se jugaba en el estadio Atanasio Girardot, entre los dos equipos de sus amores el Nacional y el Medellín, pero siendo él hincha del *Medellín*.

Yo no soltaba mi pistola, el *Patrón* ni siquiera la tenía en la mano, de pronto me llama pasito…

—*Pope, Pope*...

—*Señor* —le contesto, igualmente pasito.

—*¡El Medellín hizo un gol!*...

Me dice como si estuviéramos en la mejor de las circunstancias.

—*Gol Patrón es el que nos van a hacer ahora cuando nos encuentren*... —Le contesto, éste se sonríe y sigue atento al partido de fútbol.

«En la zona había más de 500 hombres del ejército. Llegan las 6:00 de la tarde, el ejército comienza a desmontar el operativo. Desde nuestro escondite vemos las filas de soldados caminando de nuevo hacia *Envigado.* A las 7:20 p.m el *Patrón* me ordena prender el teléfono y llamar al *Arete*, para que nos recoja en ese sitio; hablo con él y apago inmediatamente el teléfono.

«Emprendemos la caminata, ésta vez me envía adelante; Pablo toma su pistola en la mano, yo la mía, no la había soltado desde que nos tropezamos con la *DIJIN*. No tomamos caminos, sino que vamos por los potreros; a las 8:10 de la noche llegamos a la *Pesebrera*. De lejos vemos al *Arete*, entramos tranquilos a la casa. *Arete* feliz de vernos, como él sabía que estábamos por ahí, cuando vio el operativo se asustó, sólo se tranquilizó con nuestra llamada.

«De allí salimos a una casa de *Arete* en *El Poblado*; no tuvimos problemas en el desplazamiento. *Arete* le mostraba la casa al *Patrón* y éste comentaba sobre lo que veía, como si no hubiera pasado nada anteriormente. Allí nos bañamos, comimos y en un *Renault 4* que tenía *Arete* partimos sólo el *Patrón* y yo, después de organizar de nuevo el correo y dejar el teléfono, hacia una casa en la avenida, *El Poblado*. Una señora sola la habitaba, ya llevaba dos años viviendo en ella. Un buen escondite con garaje, este lugar había sido comprado por el *Patrón* meses antes de ir a *La Catedral*. La señora sabía que llegaríamos allí, nos esperaba. Una mujer educada de 50 años, bien puesta; la señora Camila, así la llamaba el *Patrón*, era de total confianza de Escobar. De nuevo el correo, con la señora Camila y el *Arete*.

«Pablo Escobar tranquilo contestando el correo, enviándole cartas a *Taison* para que saque toda su gente de Cali y se quede solo en Medellín, cuadrando la compra de dinamita con *Chopo*, supervisando las propiedades, vehículos, aviones y helicópteros, que le quitaron a los Moncada. Pendiente de la *Fany*.

«La señora Camila llegaba con el correo y nos servía la comida. Le toco al *Jefe* el tema de la casa del acueducto y me dice:

—*Popeye, cuando a uno le da miedo por todo, se muere veinte mil veces en la vida y cuando usted no es miedoso, sólo se muere el día que le toca y le da miedo una única vez.*

Y remata:

—*Apréndase este refrán: «vendo mi vida, cambio mi vida, juego mi vida, total la tengo perdida»...*

«Cambiamos de tema y vamos a contestar el correo. A las 9:30 p.m vamos a ver el noticiero y abre con la noticia que una poderosa bomba había estallado en el Centro Comercial Monterrey. El *Patrón* se extraña ya que él no había ordenado esto; en los medios de comunicación una voz desconocida se adjudica a nombre de Pablo Escobar en retaliación por la toma de *La Catedral*.

«Los enemigos del *Patrón* son muy inteligentes y este atentado dinamitero cierra cualquier puerta, a un nuevo sometimiento a la justicia de Pablo Escobar. El bombazo del Centro Comercial Monterrey trae de nuevo a Medellín al *Bloque de Búsqueda,* al mando de los Coroneles Hugo Martínez Poveda, Jorge Daniel Castro y el Coronel Danilo. Llegan una vez más *Los Rojos*, el Capitán Posada y toda la *DIJIN* en pleno, junto con el *Grupo Elite*, nuevamente van a la *Escuela de Policía Carlos Holguín*.

El *Patrón* no ordena la ejecución de policías, tiene que tener los hombres leales para capotear el problema interno que se le vino por la muerte de los Moncada. La policía cambia su estrategia y no masacra los jóvenes en los barrios. Ahora tenían información de la misma gente del *Cartel de Medellín.* Los caleños reclutan los arrepentidos y los ofendidos, y le pasan toda la información al *Bloque de Búsqueda,* hasta Chucho Gómez, el suegro de *Pinina,* se pasa a las toldas de los caleños.

Le llega al *Patrón* una carta de la cárcel de *Itagüí*, allí fueron llevados *Icopor, Tato, Valentín Taborda,* la *Garra y* el *Gordo Lambas.* Le comentan que están bien y firmes y le dan pormenores de la toma a *La Catedral*, que el ejército preguntaba desesperadamente por él; que cuando comenzó la toma, el Vice-Ministro de Justicia entró en pánico y pedía que le tiraran un colchón encima; que el Coronel Navas Rubio se comportó a la altura de las circunstancias; que los guardianes municipales fueron llevados a la cárcel Bellavista. Le informan que los hermanos Ochoa los habían recibido muy bien.

El *Patrón* se extraña que se hayan llevado presos a los guardias municipales; yo le recuerdo el delito de fuga de presos y éste se ríe y me dá la razón. Pablo Escobar le hace saber al Gobierno que está dispuesto a volver a prisión, pero en *La Catedral* bajo el control de las Naciones Unidas.

No obtiene respuesta. *Yova, Taison, Arete, Chopo* y *Comanche* firmes y en pie de guerra. Salen de nuevo los anuncios de «Se busca» en la televisión. Por el *Patrón* dan dos millones de dólares, por *Oto* 50,000 dólares, por *Mugre* 50,000 dólares y por mí lo mismo.

Vuelve y juega, esta vez el anuncio de «Se busca» trae dos nuevos rostros *Taison* y *Chopo*. Pablo Escobar listo, era un guerrero y el guerrero vive en la guerra. *Chopo* reconoce la foto suya que sale en los carteles, esa foto la tenía la *Negra Vilma*, el *Chopo* secuestra a la hermana de la *Negra* y al hermano. Maritza confiesa que ella entregó la foto a las autoridades ya que el *Chopo* se había convertido en una pesadilla para su hermana Vilma y su familia. Maritza, una simpática morena y su hermano Diego, son asesinados por *Chopo*. La *Negra Vilma* se esconde en los Estados Unidos.

«Yo no podía salir, ya que a todos los soldados que nos conocieron en la cárcel, los regaron por la ciudad.

«*Cuco* firme, armando los carros bomba y comprando dinamita; yo de nuevo enamorado y pensando en Ángela María. El *Patrón* ordena los secuestros de industriales. Coordina el envío de dinamita a Bogotá. Ordena la muerte de allegados a los Moncada y le pone precio a la cabeza de *Mike Ramírez*. *Chopo* se pone serio y deja el licor yendo con todo a la guerra.

El ejército nunca triunfó contra el *Cartel de Medellín*. Lo único que hicieron fue capturar a la *Quica* y se les voló de la cárcel modelo. Pero con la policía era a otro precio. El *Bloque de Búsqueda* recibe todo el apoyo de los norteamericanos, económico y tecnológico.

La información llega a manos llenas al *Bloque de Búsqueda*. En la carrera 70 es detenido, por un lío de licor, *Bolaqueso,* un hombre de confianza de *Chopo*. Lo presionan en el *sauna*, el centro de torturas de *La Escuela de la Policía Carlos Holguín* y se convierte en informante. La policía estaba actuando inteligentemente, ya no ejecutaban a los miembros del *Cartel de Medellín*, sino que los convertían en delatores.

El *Cartel de Cali* le da manejo a la Procuraduría, para que le de maniobrabilidad al *Bloque de Búsqueda*, tienen vínculos con los tres poderes del Estado. Se relacionan con la *DEA* y la *CIA*. Cada día que pasaba Pablo Escobar sin ser ubicado, era un triunfo para él y una derrota para sus enemigos. Teníamos el mundo encima, las cosas esta vez estaban más duras. La presión se sentía más pero Pablo Escobar estaba firme, parecía de piedra, hacía bromas y no paraba de escribir.

Envía sendas cartas a los amigos que todavía le quedan, explicando la decisión que tomó de matar a *Kiko Moncada:*

*—Es como cuando uno lleva veinte años de casado y un día llega a su casa y encuentra su mujer con otro; ahí se acaba todo.*

Le justifica el *Jefe* a *José Orejas* y a diez traficantes más que le quedaban como amigos y los Hermanos Ochoa. Acá rompe Pablo Escobar una de sus reglas:

*—Explicación dada a pregunta no formulada, es confesión anticipada.*

Nadie le estaba pidiendo explicaciones al jefe de la mafia y éste las estaba dando; yo lo noto y no digo nada, por respeto. Era muy fácil saber lo que estaban pensando todos los amigos del *Patrón*:

*—Si Pablo mató a Kiko Moncada, que era su amigo desde los comienzos, le prestó dinero en los momentos más duros, lo escondió...* ¿qué hará con nosotros?

Los caleños con su gran poder de convencimiento y mostrando el caso de *Kiko Moncada,* le voltearon la gente a Escobar. A favor del *Patrón* estaba que, después de tumbar la extradición, lo dejaron a su suerte y buscaron el cobijo del *Cartel de Cali.*

El *Jefe* comenzó a maquinar en su mente un movimiento rebelde, incluso llegó a bautizarlo con el nombre *Antioquia rebelde*. Pasaba horas enteras callado, maquinando la salida al atolladero en que nos encontrábamos...

*Capítulo XXXIV*

# *Una tumba en Colombia*

Llega el día que el *Patrón*, como tantas veces, va a cambiar de escondite, nos llama a *Oto* y a mí, para decirnos:

—*En diez días voy a cambiar de escondite; mi hermano Roberto se va a entregar, piensen si se quedan o se van con Roberto. Les doy hasta la noche para que me contesten.*

—*Listo Patrón dénos hasta la noche para pensarlo,* —le contestamos casi en coro.

Por ahí dicen que las ratas son las primeras que abandonan el barco cuando se hunde. Por el físico miedo y cobardía, tomamos la decisión de dejar solo a nuestro amigo, *Patrón* y buen guerrero, Pablo Emilio Escobar Gaviria. Antes de la respuesta final, se me acerca *Oto* y me dice:

—*Qué Pope, ¿qué pensó?*.

—*Yo me entrego, viejo*, —le contesto secamente.

—*Yo también*, —me dice sin titubear.

Llega la noche el *Patrón* me llama.

—*Cupido, ¿qué pensó? Llame a Oto y vengan los dos.*

Pablo de muy buen genio, nos sienta y dice:

—*No se preocupen por la decisión que tomen, yo los apoyaré; ustedes son mis amigos.*

—*Señor, yo me voy*. —le digo bajando la mirada.

*Oto* dice lo mismo.

El *Patrón* no cambia con nosotros, al contrario se pone más amable y me dice:

*—¡Hey Cupido!, ¿te está haciendo falta Ángela?*

*—Sí, señor,* —le contesto, ocultando mi miedo.

«En los siguientes diez días que estuvimos con él, se comporta normalmente; no tenemos acceso al correo, sólo nos deja saber que el *Bloque de Búsqueda* ha ejecutado a *Cejitas* en *La Estrella.*

«Con esta decisión gana mi familia y Ángela. La guerra cada día se pone más dura y es cuestión de tiempo que fueran por mis hermanos y por ella. Coordinados con Roberto llega el momento de alejarnos para siempre de nuestro *Jefe* y amigo, ese mismo día Pablo sale de aquel escondite.

«Una vez bañado y vestido, voy al cuarto de *Oto;* juntos vamos hacia Pablo después de despedirnos de la señora Camila. El *Patrón* empaca sus cosas y las lleva al baúl del carro. Cierra el maletero y quedamos de frente. Nos habla amablemente:

*—Muchachos, mucha suerte; de pronto, si me decido, en la cárcel nos vemos.*

Me da la mano fuerte mirándome a los ojos; no soy capaz de sostenerle su mirada y bajo la mía.

*—Adiós Patrón,* —le digo con voz temblorosa y entregándole mi pistola y dos proveedores, le doy la espalda. Se está despidiendo de *Oto*; va hacia la puerta y salimos caminando, como dos ciudadanos comunes y corrientes.

«Cuando llevamos recorridas dos cuadras, miramos y en la distancia veo el carro del *Patrón* alejándose, conducido por él mismo.

Esa es la última vez que lo veo.

«En el punto acordado nos espera Roberto Escobar y partimos hacia el *Centro Internacional del Mueble* en *Itagüí,* cerca de la prisión; allí nos espera personal armado de la nueva fiscalía, en un carro blindado y después de unas declaraciones a la prensa, somos llevados al penal de *Itagüí.* Allí nos reciben don Jorge Ochoa y sus hermanos, Fabio y Juan David. Nos encontramos con los compañeros que habíamos dejado en *La Catedral* el día de la fuga.

«La Embajada de los Estados Unidos saca un comunicado, protestando porque nos movieron en un carro blindado, donado por ellos. … *«Los carros, donados por el gobierno norteamericano, son para la protección de jueces y no para proteger bandidos»…*reza el comunicado. Era risible e irónica la situación, los gringos pagando para que nos mataran y la justicia colombiana, protegiéndonos con sus propios automóviles blindados. Por eso es que amo tanto esta tierra mía.

«Una mañana que estoy en mi celda, llega un grupo grande de policías bajo las órdenes de un Coronel. En ese momento me encuentro esperando la visita de mi novia. El Coronel ordena que empaque mis cosas y me aliste; el director de la cárcel deja ingresar a mi novia y le pido que informe a los medios de comunicación que me encuentro en manos del *Bloque de Búsqueda*. Empaco unas pocas cosas y salgo acompañado de mis peores enemigos; me tienen pero legalmente me sacan del penal, después de un largo papeleo, no pueden hacerme nada, pues si hay algo a lo que un policía le teme, es a la cárcel.

«Salgo a la puerta del penal junto con mi novia, soy llevado a un helicóptero de la policía que nos espera afuera. Ángela me acompaña hasta donde le es permitido; me despido con un beso, camino unos veinte pasos, volteo y miro a mi novia: se ve bellísima con su minifalda negra y sus tacones rojos; con una mano sostiene la falda y con la otra me despide.

«Los policías miran a mi novia de arriba abajo, con odio total. Odio que se respira en el ambiente; yo noto esto y pienso «un día matan estos *hijueputas* a mi pobre loca, después de violarla». Así actúan con sus enemigos. Me preocupa su niño de cinco años de edad, Alejito, que es muy cariñoso conmigo.

«Soy esposado con violencia y custodiado entre dos policías. El helicóptero toma vuelo. No tengo ni idea hacia dónde se dirige. Lo que sí sé es que ahí llega mi final. Ahora mi incertidumbre es imaginar cuánto dolor puedo resistir antes de morir.

«A los diez minutos de vuelo, comprendo a dónde me llevan; veo la temida y tenebrosa *Escuela de Policía Carlos Holguín*. Pienso inmediatamente en el Coronel Hugo Martínez Poveda, quien es el más asesino de los tres coroneles a cargo del *Bloque de Búsqueda*. De matón a matón nos entenderemos, pienso. Yo era «Popeye» . Un hombre de Pablo Escobar no podía sentir miedo y menos dejarlo aflorar, tanto que me buscan y por fin me tienen.

«Al lado de Pablo Escobar aprendo que un hombre de verdad debe guapear hasta el final, nunca empequeñecerse ni doblegarse y éste era el momento para demostrar lo aprendido. Cuando me estuvieran torturando, yo debía decir:

*—Más duro, partida de triplehijueputas, que todavía no me duele.*

«Aterriza el helicóptero dentro de la *Carlos Holguín*. Un cordón de policías armado rodea la aeronave. Un Capitán me toma del brazo y sorprendentemente me baja con respeto, sin atentar contra mi dignidad; los policías me miran con total desprecio y uno escupe al suelo. De una, un superior le ordena al Capitán:

*—Métalo al sauna.*

No me asusta.

«La situación es delicada, amedrentadora y grave pero no fatal.

Yo pienso en el *Patrón*, con él en las calles no se atreverían a tocarme.

«Me meten al temido *sauna*, pero no cierran. Me paro en la puerta y observo el helicóptero. Pienso inmediatamente en todos mis amigos que fueron arrojados vivos desde éste, en plena selva, a más de mil pies de altura. Pienso en *Cuchilla*, en las orgías de sangre que allí se vivieron.

«*La Escuela* me huele a sangre. El *sauna* no me atemoriza, estaba tranquilo. Miro las paredes, el suelo, el techo y pienso en mis amigos que pasaron por allí. Los policías, fusiles en mano, me miran con sus ceños fruncidos; yo les contesto con un profundo silencio. La mirada los delata: se babeaban como perros con rabia, por descargar toda la carga de sus fusiles contra mí; siento que el tiempo no corre, pues estoy atrapado en él. Una voz fuerte y seca me saca de mi letargo:

—*Tengan listo a «Popeye» que ya viene mi Coronel; prepárenlo y tráiganlo.*

Ordena un Mayor con uniforme de combate. El Capitán me toma nuevamente del brazo y me conduce hasta la oficina del Coronel.

—*Siéntese Popeye*. —Me ordena con cortesía, señalando una de las dos sillas al frente de su escritorio; me tranquiliza el ver que no es el Coronel Martínez Poveda.

—*Buenos días Coronel*. —Le saludo.

Me contesta con un movimiento de su cabeza y sin dejar de observarme. Nos miramos a los ojos escrutándonos con la mirada pero sin odio. El Coronel rompe el silencio:

—*Vea Popeye, la situación para ustedes es muy, pero muy grave; no imagina la cantidad de personas que están colaborando con nosotros y Pablo lo sabe*, —me dice el Coronel llamado, Jorge Daniel Castro.

*—Yo lo sé coronel, pero el Patrón va a pelear hasta el final.* — Le contesto con seguridad.

Y él me dice:

*—¿Por qué lo deja Popeye*?

Respondo:

*—Yo ya estoy quemado y él anda con un grupo nuevo.*

De pronto ordena una gaseosa fría y me la ofrece, yo la tomo sin prevención.

*—Bueno Popeye vamos al grano; si nos ayuda a ubicar a Pablo usted tendrá muchos beneficios. De lo contrario se pudrirá en la cárcel, si antes no lo matan sus poderosos enemigos…* —El Coronel me suelta de una esa perla.

Sin pensarlo le contesto:

*—No señor Coronel, no cuente conmigo.*

Se ríe y reposta:

*—Bueno al menos dénos el sistema de escondites que está usando.*

Me sonrió y no le contesto nada.

Retaca el Coronel y me muestra sus cartas:

*—Oiga Popeye ¿es verdad que Pablo tiene un piloto suicida con sida, que se va a arrojar sobre la Escuela, con un avión lleno de dinamita?*

—*Es mentira Coronel; pura mierda*, —le contesto mirándolo fijamente a los ojos, este dato se lo doy al Coronel como agradecimiento por el trato respetuoso que me está brindado.

La charla para y le pido al oficial me preste el baño de su oficina para orinar, sin pensarlo me dice:

—*Bien pueda.*

—*Por favor ordene que me quiten las esposas,* —le digo enseñándoselas.

—*No... no... no... Popeye, yo no le suelto las manos a usted: si quiere orine la taza, a Popeye no,* —remata muy serio.

Voy al baño, veo que el temor es mutuo. La guerra ha hecho mella en la policía y en nosotros; incómodamente me subo el cierre y voy de nuevo a la silla, no me deja sentar y ordena:

—*Llévenselo*.

Me despido con cortesía.

El Coronel, sin mirarme me contesta, atento a unos papeles.

El Coronel Castro, oficial de carrera, es el más mesurado de los tres coroneles. Al salir acompañado por el Capitán veo a las afueras de la oficina del Coronel unos retratos hablados de las posibles características del rostro del *Patrón*; son exactos, con barba, con chivera, y sin bigote.

Soy llevado al helicóptero, estoy tranquilo y miro con sorna a los mal encarados policías, éstos se quedan serios. Al abordar la nave observo un camión cargado, donde vive «*Boliqueso*» el hombre de *Chopo* que se vuelve informante; al *Patrón* le llega esa información. Partimos con rumbo desconocido para mí.

«Estuve en las entrañas del monstruo pero no pudo cerrarme la boca. A los pocos minutos veo el aeropuerto *Olaya Herrera* y un avión militar. Es mi avión.

De pronto un policía me habla:

—*Regáleme esa gorra tan bacana que tiene, Popeye.*

La tomo, dándosela; los demás policías lo miran con odio y reproche.

«Aterriza el helicóptero y soy sacado hacia el avión militar; me esposan a éste e inmediatamente parte y nuevamente voy con rumbo desconocido.

«Unos 50 policías, todos armados hasta los dientes me miran de arriba abajo. Yo no me amedrento ni me dejo amilanar. Con el mismo talante también los miro. Cierro los ojos para aislarme de tanto odio y arrullado por el ruido de los motores con mi cabeza recostada en el fuselaje del avión, tan sólo pienso en lo linda que se veía mi novia al pie del helicóptero y como descubrían sus hermosas piernas el remolino que levantaba el maldito aparato.

«Analizo la situación vivida dentro de la *Escuela Carlos Holguín* y la conversación con el Coronel Castro. Siento que he aprendido del *Patrón* a controlar los nervios y a mirar de frente los problemas. Ni en mi peor pesadilla soñé que iba a estar dentro de la temida Escuela.

«A los cuarenta y cinco minutos aterrizamos en el aeropuerto El Dorado de Bogotá.

«En la pista esperan cinco carros escoltados con efectivos policiales. Rápidamente soy introducido a uno de los automóviles. La misma historia, los policías no hablan, sólo miran con ganas de comerme y trasbocar, pero no lo expresan de viva voz.

De nuevo recurro a mi mirada para la pelea psicológica que usa los ojos para enviar mensajes, pero el asesino soy yo y hasta este momento voy ganando. Estoy en manos del *GOES* (Grupo de Operaciones Especiales) de la policía, abriéndonos paso por las congestionadas vías de la Capital, en quince minutos estamos en la puerta de la cárcel *Modelo*; se abre el portón de la prisión.

Los policías del *GOES* me entregan al Director del penal, previa la tramitación de un voluminoso papeleo. Soy llevado al pabellón de alta seguridad y allí me recibe Iván Urdinola Grajales, quien me cuenta que mi novia sale en los noticieros, denunciando mi sacada de la cárcel por parte de la policía y dándole la responsabilidad de mi vida a éstos.

Amo en este momento a la prensa colombiana; le ha salvado la vida a este bandido. Ahora entiendo las amabilidades del Coronel. Iván me presta un teléfono, llamo a mi novia y le doy las gracias, prometiéndole amor eterno. También llamo a mi madre y le informo que estoy bien.

El pabellón de alta seguridad es tranquilo y agradable. Iván Urdinola, un barón de la droga del Norte del Valle, lleva detenido siete meses. No está en la guerra contra Pablo Escobar. La guerra es entre Pablo y la mafia del centro del Valle. Iván es amigo de Pablo Escobar, de los Hermanos Rodríguez Orejuela, de don Chepe y de Pacho Herrera; vive muy agradecido con Pablo Escobar por la tumbada de la extradición que lo tiene hasta este momento, aún en el país. Critica abiertamente a los cuatro jefes mafiosos del centro del Valle, por intentar torpedear la caída de la extradición en la *Constituyente*.

La *Picuda* llega a Bogotá y detona un carro bomba en el centro comercial de la 93 con carrera 15, matando a once personas e hiriendo a ciento ocho; es un atentado brutal. La noticia recorre el mundo y entristece al país. La televisión muestra la desolación del lugar.

—*Pablo está loco,* —dice Iván Urdinola.

Yo callo.

Al día siguiente llega al pabellón el Director del *INPEC*, el Coronel de la Policía Gustavo Socha Salamanca, con su escolta; de forma grosera nos hace retirar unas matas que dan vida al lugar y da instrucciones al Director del penal de que nos apriete. Toda esta presión del Coronel se debe a que en la bomba de la 93 uno de sus cuñados muere y otro queda herido. La *Picuda* es detenido en *Medellín* al otro día del atentado. Entrega a todas las personas que están en la cadena del bombazo, sale en los medios de comunicación acompañado por once hombres.

Es el fin de la organización.

El *Patrón* está utilizando hasta los telefonistas para activar las bombas. El noticiero anuncia que Pablo Escobar evade un cerco policial en *Belén, Aguas Frías.* Le es rastreada una llamada y solo, se escabulle en una motocicleta. La *DIJIN* toma en custodia la familia de Pablo Escobar bajo la falsa fachada de protegerlos; diez efectivos de la *DIJIN* se convierten en la sombra de doña *Tata*, Manuela y Juan Pablo. Una jugada maestra del *Bloque de Búsqueda;* tienen el tesoro más preciado y saben que serán llamados vía telefónica por Escobar.

Los agentes americanos listos, junto con el *Bloque de Búsqueda* para dar el jaque mate a Pablo, ayudados por los *Pepes* y el *Cartel de Cali*. La última muerte que ordena el *Patrón* es la de un sargento de la guardia penitenciaria de la cárcel *Bellavista,* que ingresa dos pistolas para matar a tres hombres de la organización que están recluidos en el patio de especiales; ni en prisión estamos seguros.

El sargento se da el lujo de ser la última víctima de Pablo Emilio Escobar Gaviria. El *Patrón* busca sus viejos amigos de la guerrilla del *ELN* (Ejército de Liberación Nacional) y les pide protección en el seno de su movimiento, buscando un aire para así formar su propio grupo guerrillero *Antioquia Rebelde*; pero primero quiere sacar a su familia del país.

Pablo Escobar, sin su talón de Aquiles es imparable y ganando la montaña nadie lo volverá a tener cerca. El país elegido para solicitar refugio es Alemania, la *DIJIN* acompaña a la familia de Pablo Escobar hasta el aeropuerto *El Dorado* y éstos abordan un vuelo a Frankfurt, la capital financiera de Alemania. Los agentes norteamericanos alertados por la *DIJIN*, truncan el ingreso de la familia de Pablo Escobar al seguro país europeo y son devueltos el 28 de Noviembre de 1993.

De nuevo los amables policías de la *DIJIN* los reciben en el aeropuerto *El Dorado* y los llevan a Residencias Tequendama. El *Patrón* se despide y comienza a amenazar con grandes atentados terroristas en la capital y como así también a los diplomáticos alemanes. La *DIJIN* y los agentes norteamericanos toman bajo su control los teléfonos del hotel. El 1° de diciembre Pablo Escobar cumple 44 años de edad, ese día se ha comunicado con su familia, habla corto y cuelga.

Al otro día llama de nuevo a su familia, marca el número telefónico del hotel y pide ser comunicado con la habitación. La *DIJIN* alerta inmediatamente al *Bloque de Búsqueda* y comienza la triangulación buscando el origen de la llamada.

El *Patrón* habla con Juan Pablo, le ayuda a contestar un cuestionario que les envió una revista; lleva mas de veinte minutos al teléfono, cuando es derribada la puerta por el Mayor de la Policía Hugo Heliodoro Aguilar Naranjo y diez uniformados más.

Pablo suelta el teléfono y gana el techo de la casa con su inseparable pistola en mano, lo alcanza el Mayor, se enfrentan a tiros y es abatido Pablo Escobar.

En el primer piso ha sido dado de baja el *Limón*, el último de sus hombres que lo acompaña. Fue cazado en una casa del barrio *Los Olivos*, lo mata el amor por su familia. La noticia estalla mas fuerte que una bomba, el país atento, nadie lo puede creer, el escurridizo Pablo Escobar ha muerto.

La noticia recorre el mundo, anunciando la muerte del Capo. Cuando me entero, se me embota la cabeza; Iván Urdinola me llama a su celda, se le ve contento y dice:

*—Popeye, esto es lo mejor que nos pudo pasar a todos.*

Lo miro y no le contesto nada.

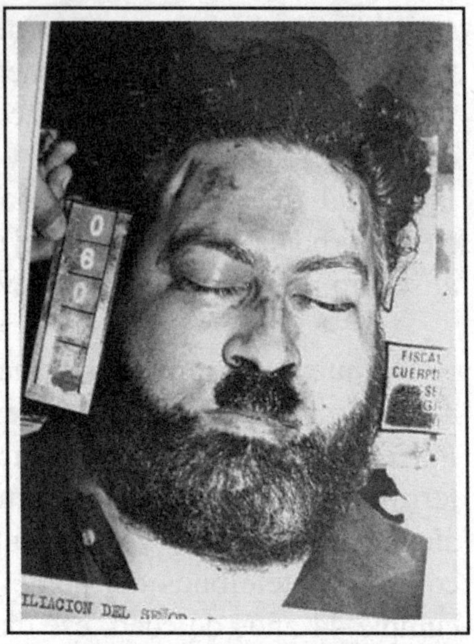


*Pablo Escobar muerto. Foto de la Fiscalía practicada durante la necropsia (Foto cortesía periódico El Espectador)*

Esta aseveración muestra lo que la mafia siente por el hombre que tumbó la extradición. Los policías bailan en un solo pie, un agente de la *CIA* corta medio bigote del cadáver del *Patrón* y lo toma como recuerdo o quizá como un trofeo.

Iván Urdinola llama a Cali y la fiesta es total; los mafiosos de Cali en la cúspide del poder. Miguel Rodríguez, llorando de la felicidad abraza a sus amigos. Gilberto Rodríguez y Pacho Herrera le acaban de ganar la guerra a Pablo Escobar Gaviria. Los tontos no saben que, esos mismos agentes norteamericanos van más tarde por ellos.

El pueblo festeja en las calles, la euforia llega a la clase política, a los empresarios, a la justicia, a la embajada norteamericana. Todos paran sus actividades y arman una fiesta. El Presidente de la República, Cesar Gaviria Trujillo se pronuncia ante el país, con una sonrisa en sus labios; anuncia de forma ilusa e ingenua el fin del terrorismo y la violencia, avizorando un gran futuro para Colombia; los militares de plácemes; ministros y altas personalidades del país en euforia colectiva. Los informativos enloquecidos; la prensa hablada bota todo su odio contra el abatido Pablo Escobar. Los gobiernos del mundo felicitan al Presidente Gaviria.

Iván llama de nuevo a Cali y le informan que la mafia está en una gran fiesta; miles de botellas de licor se destapan a nombre del recién caído Pablo Escobar. El Presidente recobra su prestigio político, perdido el día de la fuga de *La Catedral* y pasa a la historia como el mandatario que abate al temible *Capo*. Los Estados Unidos lo premiarán por eso. Los altos funcionarios estadounidenses, en cabeza del Presidente de la Nación, se pronuncian complacidos ante los medios de comunicación; George Bush padre da un parte de victoria. La Policía Nacional recobra su tranquilidad y credibilidad a nivel mundial.

Pero no todos en Colombia festejan la muerte. Lo lloran su amada María Victoria Henao, su bella hijita Manuela, su afligido hijo Juan Pablo quien, en su dolor se lanza a los medios de comunicación anunciando venganza por la muerte de su padre. La congoja alcanza a sus hermanos, sus sobrinos, su sufrida madre doña Hermilda, don Abel, su padre, los habitantes del barrio *Pablo Escobar* y muchos humildes de Antioquia y del país.

«Lo lloramos sin lágrimas los hombres que lo habíamos dejado solo y ahora estamos en prisión. Yo miro con pena a mi alrededor por haberlo abandonado a su suerte, me doy cuenta de lo grande y poderoso que era el *Patrón*, cuando andábamos juntos lo miraba con respeto y admiración, porque en realidad era un gigante. Un visionario de la dignidad nacional…

«El fiscal Gustavo de Greiff no oculta su satisfacción, sabe que Pablo estaba tras su huella, habiendo siendo el artífice del fin del temido Capo.

«Llega la noche y con ella la tristeza acrecienta el dolor, junto con la preocupación de qué va a pasar con la familia del *Patrón* y con nosotros; muerto Pablo, vienen a por nosotros. Con el poder de los caleños manejando la Policía, el *DAS*, la Fiscalía, la Procuraduría, la política con varios senadores, la Contraloría, con conexiones en la Presidencia de la República, La *DEA*, la *CIA*, el Ejército y hasta la Iglesia nuestras esperanzas son pocas.

«El *Cartel de Cali* en las manos de Dios, se venden como los elegidos por la Divina Providencia para acabar con Pablo Escobar. Ninguna funeraria quiere encargarse del entierro por miedo a los *Pepes*; el cadáver, sin arreglar es introducido en un ataúd y llevado al cementerio *Jardines Monte Sacro*, allí lo espera su pueblo al que siempre ayudó y el que lo quiere de todo corazón. Hoy hay casas en las comunas de Medellín con su foto y una veladora. Era el símbolo de lucha de los "sin fortuna", era "la voz de los sin voz".

«No todo el país está bailando. Más de diez mil personas humildes lo acompañan y desfilan ante su ataúd. Doña Victoria, Manuela y Juan Pablo junto con doña Hermilda y demás familiares van al entierro protegidos por la *DIJIN*.

«El cadáver de Pablo en proceso de descomposición, emana un fuerte olor; pero esto no aleja a la multitud. Cientos de personas lloran sinceramente. Una sensación de orfandad me invade viendo el ataúd con el cadáver de mi *Patrón*.

«Me acuerdo de lo feliz que estaba el día que caminaba, entre la multitud de la Avenida de la Playa, viendo el alumbrado. Una sola lágrima del más humilde de los asistentes a su entierro era suficiente para Pablo Emilio Escobar Gaviria.

«Los periódicos anuncian la derrota del *Capo* pero saben que también ha triunfado su eslogan:

*—«Preferimos una tumba en Colombia a un calabozo en los Estados Unidos».*

Se ha cumplido al pie de la letra.

Alguna vez me dijo el epitafio que quería para su tumba:

*—«Fui todo lo que quise ser, un bandido».*

*Capítulo XXXV*

# *Arma de doble filo*

El ambiente en la torre es lastimoso; en el teléfono reflejan toda su tristeza; hablan como si fueran rumbo al cadalso; la historia es la misma, le firman la extradición a fulano o a zutano; «pobrecito…», dice uno, que sigue en turno. Razón tenía el *Patrón* al pelear contra la temida extradición. Es mejor morir con orgullo en la patria, que vivir deshonrado en un calabozo de los Estados Unidos. Pero el destino me tiene deparada otra sorpresa.

«Me levanto al llamado de los guardias a las 5:00 de la madrugada; ya el comentario corre de boca en boca: los hermanos Miguel y Gilberto Rodríguez Orejuela, se bañan en las duchas del primer piso. En el patio los hermanos son la novedad. Nos saludamos con respeto, con ellos viene Félix Antonio Chitiva, alias *la Mica*, que ha entregado a la *DEA* un apartamento con treinta millones de dólares de sus socios, después de ser capturado con fines de extradición. Por ahí dicen que su cabeza vale tres millones dólares. Apenas sabe que yo estoy en el pabellón llama a sus amigos de la *DEA* y en quince días es sacado de la fría prisión a los calabozos de la *DIJIN* y de allí a los Estados Unidos.

«Los hermanos Rodríguez, han perdido todo su poder; el gobierno del presidente Álvaro Uribe Vélez va tras ellos sin contemplaciones, cumpliendo todas las exigencias de la *DEA*. Llegan «pesos pesados» de la mafia como Víctor Patiño Fómeque, con la extradición firmada a los Estados Unidos. Los hermanos Rodríguez no están pedidos en extradición, pero dicen que el presidente colombiano los enviará al gobierno de Bush. El nuevo sistema penitenciario es para todos.

«Soy llamado por el guardia para ir a los locutorios del penal, donde está autorizada la entrevista con los abogados; también es llamado Miguel Rodríguez. Cuando menos lo pienso, nos han enganchado con las mismas esposas. Alguien, en algún lugar del universo, sonríe y juega con nosotros. Don Miguel de la mano izquierda, yo de la mano derecha. El destino hace sus cosas de forma insospechada. ¿Cuándo me hubiera yo imaginado esta escena? El hombre que tanto persiguió al *Patrón*, ahora está esposado conmigo. El *Capo* que ayuda al gobierno para darle fin al *Cartel de Medellín,* camina a mi lado, en las mismas circunstancias de tiempo y lugar. Todos comiendo la misma bandeja mísera y helada, aguantando el mismo fuerte frío. Cuando se escucha la proximidad de un helicóptero, es una señal inequívoca que vienen por alguien para extraditarlo. El temor se apodera de todos los extraditables, porque aquí tienen la diabólica costumbre de no avisar.

«Un ex-senador de la República, Samuel Santa López Sierra, llega al pabellón, pedido en extradición por los Estados Unidos con el cargo de narcotráfico. Cuando este hombre estaba en el Senado de la República, fue uno de los principales impulsores de la ley de extradición. Percibo la sonrisa del que juega con nosotros, en algún lugar del universo. Todos lo miran con desprecio y se ríen a sus espaldas. Le toca beber de su propio veneno. El ex-senador, ahora se pudre, supongo que de vergüenza, en un calabozo gringo. Seguramente, tratando de zafarse de las garras de la justicia americana y hecho de esa mezquina y miserable contextura de traidor, se habrá convertido en delator.

«Pepe Henao es un viejo antioqueño, de 72 años, que espera ser extraditado a los Estados Unidos, injustamente involucrado en un falso caso de narcotráfico. Tiene buen humor y una salud férrea, las leyes norteamericanas juzgan con más severidad a un hombre de edad ya que se argumenta que tiene más raciocinio.

«Ningún colombiano gana en las cortes de los gringos. Se puede ser condenado a veinte años de prisión. Defendiendo los derechos mínimos de los extraditables ante la guardia, un día cualquiera dirigí un pequeño motín de 5 minutos; me sentí muy orgulloso ya que todos respondieron fieramente. He despedido a más de quince colombianos que, con sus cabezas agachadas y sus corazones destrozados, marchan desesperanzados a su cruel destino. Tarde o temprano los mafiosos del país, por más poderosos e influyentes que sean, pasan o por el cementerio o por la torre número seis de la cárcel de *Cómbita,* en *Boyacá*. Los hermanos Miguel y Gilberto Rodríguez Orejuela, como muchos colombianos, no merecen la extradición. Recuerdo la tarde en que don Gilberto, en estricto derecho obtiene su libertad y sale en medio de una calle de honor hecha por los compañeros de la torre, bajo aplausos, abrazos y lágrimas de felicidad, entre las que se destacaban las de su hermano Miguel.

«La torre seis sólo queda para personas pedidas en extradición. Somos sacados don Miguel, varios compañeros más y yo, rumbo a la torre número uno. Todos se despiden de mí con sinceridad. Me duele dejarlos, pues la torre a donde me dirijo es habitada por otra clase de personas; bandidos curtidos, duros y valientes guerreros. Es otro mundo, donde las ofensas se zanjan a punta de puñal. De todas formas somos recibidos con aprecio y sinceridad por los muchachos. A pesar de ser un terreno hostil, es el terreno al que pertenecemos. Encajamos fácilmente. Hombro con hombro, don Miguel y yo nos ganamos el respeto y aprecio de nuestros compañeros. Recuerdo cómo con don Miguel nos cuidábamos la espalda, de una población carcelaria de 200 reclusos.

«Una noche en la televisión vemos a don Gilberto disfrutando de su libertad; explotamos en gritos de alegría y júbilo, era el triunfo de nuestra rebeldía sometida; los periodistas lo enfocan bailando en la feria de Cali. Don Miguel sueña también con ese momento a escasos días de ser un hombre libre. Tiene esa noche 56 años de edad y su hermano 64. Están en la época de terminar sus días en compañía de sus familias y la sonrisa de sus nietos. Han superado toda clase de trampas en esta vida azarosa que es el mundo de la mafia. Sobreviven a un pedido de extradición cuando son capturados en España. Por aquellos días, los norteamericanos pierden una batalla jurídica con los abogados del *Capo*. También sobreviven a la despiadada guerra contra el *Cartel de Medellín*, enfrentándose a pesos pesados como Gonzalo Rodríguez Gacha y Pablo Escobar. Pero el destino tiene deparado otro fin para los hermanos Rodríguez Orejuela. Terminan en manos de los gringos. Don Gilberto Rodríguez es detenido nuevamente y traído a la cárcel de *Cómbita* bajo los cargos de narcotráfico; su hermano Miguel es trasladado a los calabozos de Valledupar, desde donde lucha por su libertad. Don Gilberto comienza una batalla jurídica para recobrar nuevamente su libertad. Un problema de salud agrava su situación y le ataca una trombosis, perdiendo motricidad del brazo derecho y además se le cae el párpado del ojo de ese mismo lado; es trasladado a la cárcel *La Picota* de Bogotá para facilitar su recuperación. Una nueva y fatal noticia para los hermanos Rodríguez Orejuela estalla en los medios de comunicación. El día 22 de diciembre de 2003 un vocero del Departamento de Estado Norteamericano anuncia que van a pedir en extradición a los renombrados jefes del *Cartel de Cali,* bajo los cargos de introducir, en los Estados Unidos, 50.000 kilos de cocaína desde la prisión. Todos sabemos que es mentira. Anuncian tener pruebas y testigos que demuestran que desde la cárcel se coordina el tráfico; también piden al doctor Germán Navarro en extradición, el abogado que coordina el equipo jurídico de los hermanos Rodríguez Orejuela.

«Son detenidas varias personas y sindicadas de pertenecer a la organización y también son pedidas en extradición. Los norteamericanos los acusan de haber ganado más de dos mil millones de dólares con el tráfico de estupefacientes. El gobierno colombiano por intermedio de la fiscalía les notifica la orden de extradición. La Corte Suprema de Justicia de Colombia, se lava las manos.

«Les espera una condena igual a la de Fabio Ochoa en las más duras prisiones de alta seguridad de los Estados Unidos. No verán la luz del día, ni podrán comunicarse con sus familiares y la habitación donde los encierran es su antesala al infierno.

«La *DEA* es cosa seria. Aunque en el fondo el negocio seguirá, pues mientras haya un solo consumidor, hay otros colombianos con el propósito de satisfacer esa gigantesca demanda. La mafia no muere, simplemente cambia sus caras. Mientras la sociedad decadente de Estados Unidos y Europa siga demandando y consumiendo cocaína, habrá alguien en Colombia que se arriesgue. Las utilidades son tan monstruosamente fantásticas, que bien vale la pena correr el riesgo…

# *Epílogo*

El haber narrado todos estos hechos ha sido un atropellarse de recuerdos, en muchos casos olvidados, tal vez porque no me puedo enorgullecer de ellos…

Estos años de prisión han logrado que tome distancia de los sucesos y me permiten ubicarlos en su real dimensión. En los tiempos en que acompañaba al *Patrón*, día y noche, vivíamos en un torbellino, el único que tenía tiempo para pensar era él, nosotros sólo actuábamos siguiendo sus ordenes. Con la serenidad que da el paso del tiempo y mi madurez de hoy, puedo ver claramente el desperdicio brutal que fue la vida de *Pablo Emilio Escobar Gaviria*; su gran inteligencia intuitiva, sus dotes de estratega, su olfato político, su capacidad de mando y de generar lealtades a ultranza le hubiesen convertido en un personaje de primera línea en la vida de nuestra amada Colombia, si no hubiera elegido, no sé si voluntariamente, el camino de la sangre, la traición y la muerte.

«Cuando escribí este libro quería que mi testimonio de violencia, errores, deslealtades y cobardía quedara en la historia. Una sociedad que no descifra a sus criminales no avanza… Este país va a ser grande y lo único que puedo aportarle a la sociedad que tanto lesioné, son 14 años de prisión y contribuir a que se esclarezca el magnicidio del caudillo liberal, *Luis Carlos Galán Sarmiento* ya que este hecho fue lo peor que el *Cartel de Medellín* le hizo a la sociedad Colombiana.

«Con la muerte de Galán vino un gobierno bueno que fue el de César Gaviria pero de ahí al del Presidente Uribe Vélez, se sucedieron dos presidencias nefastas para el país.

«El libro muestra otras facetas nuestras, no sólo la de criminales despiadados; yo fui un joven normal buscando su lugar en el mundo y al no saber encontrarlo me convertí en un gran delincuente. ¿Por qué mi confesión? Lo hice sin esperar nada a cambio. Acuso a Santofimio para que el país pueda abrir sus ojos y conocer la calidad de su dirigencia política.

Mi testimonio es avalado por José Ever Rueda Silva, el llamado *Hombre de la Pancarta,* quien estuvo en el operativo orquestado por *El Mexicano* para asesinar a Luis Carlos Galán. Fue torturado, confesó y se convirtió en testigo de la justicia. Acusó a los autores materiales como Jaime Eduardo Rueda Rocha —quien disparó la *Mini Atlanta 380* que yo aporté al crimen— y también a los autores intelectuales, entre ellos principalmente Pablo Escobar, *el Mexicano* y Santofimio, entre otros.

Este libro me obliga a confrontar los acontecimientos de mi vida desde una óptica diferente y el haberlo hecho me puede enfrentar a la venganza de un hombre peligroso que maneja tráfico de influencias y es el mejor orador del país.

Mi testimonio ya está escrito y no pueden hacerlo desaparecer…

Pero yo estoy firme, el frío me acompaña y no temo, pues a mí no me puede matar… porque yo ya estoy muerto…